现代教学基础理论

主　编　范　智　林家勤

副主编　魏传庭　袁诗龙　杜　昂

参　编　曾　倩　翟凤玉　杜保亭

李跃泽　王　会　吴　攀

岳粹强　刘　雨　赵　飞

刘龙锐　金　栋　黄　路

主　审　马建华

合肥工业大学出版社

图书在版编目(CIP)数据

现代教学基础理论/范智,林家勤主编.—合肥:合肥工业大学出版社,2022.4
ISBN 978-7-5650-5634-5

Ⅰ.①现… Ⅱ.①范…②林… Ⅲ.①教学理论 Ⅳ.①G42

中国版本图书馆CIP数据核字(2021)第257942号

现代教学基础理论

范 智 林家勤 主编

责任编辑	张择瑞 童晨晨
出版发行	合肥工业大学出版社
地　　址	(230009)合肥市屯溪路193号
网　　址	www.hfutpress.com.cn
电　　话	图书出版中心:0551-62903204 市场营销中心:0551-62903198
开　　本	710毫米×1010毫米 1/16
印　　张	11.5
字　　数	219千字
版　　次	2022年4月第1版
印　　次	2022年4月第1次印刷
印　　刷	安徽昶颉包装印务有限责任公司
书　　号	ISBN 978-7-5650-5634-5
定　　价	38.00元

如果有影响阅读的印装质量问题,请与出版社市场营销中心联系调换。

前　言

一位老教授在评判教育的质量时曾说："评判布丁的好坏，不在品尝之时，而在品尝之后的数小时！"因此，提高人才培养质量是高等教育院校常研常新、历久弥新的课题，它是我国高等教育走向世界一流、实现高质量内涵式发展的需要，也是新时代中国特色社会主义事业建设发展的要求。

2019年2月，中共中央、国务院印发的《中国教育现代化2035》将"提升一流人才培养与创新能力"作为十大战略任务之一，即明确了我国高等教育院校人才培养的方向和根本遵循，也透露出提升我国高等教育人才培养质量的重要性和紧迫性。教学作为高等教育人才培养的主要途径，是高等教育院校适应社会经济发展、培养一流人才的关键，是高等教育院校工作的核心任务，更是塑造有理想、有道德、有纪律、有文化的新时代大学生最直接、快速的手段。教学理论是教学实践的行动指南，是新时代高等教育院校推动教学改革、提高人才质量的理论依据，加强现代教学理论研究，对现代高等教育教学具有重要意义。因而，编者编写了本书，围绕教学构成要素，结合新时期高等教育实践，对现代教学基础理论进行了深入的探讨和研究。

本书构思于大量教学实践观摩与教学成果点评的过程中，成书于以范智为组长的研究团队间紧密分工协作，鉴之种种相关理论版本重核心理论轻实践教学的系统论述方式。本书重在提高教师对现代教学理论基础的理解和运用，突出实践性，着眼实操性，以提高教师教学基本素养为目的，从基础领域促进高等教育院校教师更好地践行立德树人的根本任务。

本书由范智担任主编，负责拟定编写框架，并负责统稿等事宜，各章内容由编写组合作撰写。

编者在编写本书的过程中，参考并引用了很多教育专家、学者的研究成果，在此表示感谢。由于能力和时间有限，书中不足之处在所难免，恳请读者对本书提出宝贵意见，便于编者更好地修改和完善本书。

编　者

2021年11月

目　　录

第一章 教学概述

本章摘要

教学是高等教育院校人才培养的主渠道,教学工作是院校教育的中心工作,教学质量决定了高等教育院校的人才培养质量。因此,长期以来,提高教学质量成为所有院校的共同追求。随着我国社会经济的快速发展,高等教育肩负着为中国特色社会主义培养创新型人才的重任,在此背景下,对高水平教学质量的追求自然成为各院校关注的焦点。但教学是一个复杂性的系统,涉及教师、学生及教学环境等要素,具有太多的不确定性因素,需要对其进行系统研究,把握其基本规律和基本原则,进一步加强现代教学理论和教学实践的研究,以应对新时代高等教育领域面临的各种挑战。作为本书的起点,本章系统地阐述了教学的基本理论,分析了教学的两大主体——教师和学生,并对教学发生的环境进行了深入探讨,为后续章节对教学的深入探讨奠定了基础。

第一节 教学的基本理论

教学活动自人类诞生之日起,便存在于人们的生产、生活中,原始社会的教学活动,主要表现为父母或长辈对后代传授生产经验、社会风俗、宗教礼仪等,是一种自发性的行为。随着社会的发展,生产力水平的提高,社会分工日益细化,再加上文字的出现,促进了学校的产生,自此,教学开始从生活中分化出来,成为一种固定的、连续性的活动。

一、教学的词源

"教学"二字在我国古代就已经出现,甲骨文中即出现"教""学"二字。"教学"二字连用为一词,最早见于《尚书·说命》:"斅学半。"["斅"(xiào),同"教",据宋人蔡沈注:"斅,教也……始之自学。学也,终之教人,亦学也。"]《学记》开首曰:"建国君民,教学为先。"这里的"教学"可以解释为含有教者和学者双方活动的意思,但其含义较广,与"教育"一词相当①。许慎在《说文解字》中解释:"教,上所施下所效也;学,原为'斅',觉悟也;觉悟互训,'慧也';寐觉而有信曰寐;一曰書见而夜梦也。"②宋代欧阳修作胡媛墓表,说:"先生之徒最盛,其在湖州学,弟子来去常数百人,各以其经传相传授,其教学之法最备,行之数年,东南之士,莫不以仁义礼乐为学。"其中"教学"二字,正式指教师"教"和学生"学"③。与现代所说的"教学"含义最接近。

在西方语境中,表述教学的词汇有 teaching and learning,instruction。learn 来源于中世纪英语 lernen,意思是学习或教导。lernen 来源于盎格鲁撒克逊语中的 lernian 一词,词干是 lar,lar 是 lore 一词的词根,learn 的意思是获取知识。在中世纪,learn 和 teach 可以互换使用。teach 来源于古英语中的 taecan,taecan 是由 taikjian 派生来的,它的原始含义是拿给人看。instruction 是堆积的意思。根据上述分析,在英语中,教学强调以知识为核心、以接受为外在活动的变现形态④。

二、教学的含义

通过对教学的词源进行分析,我们可以看出,教学活动由来已久,它是每个人的人生经历中最重要的学习活动,古今中外的教育学者对于"教学"的含义都提出过自己的见解。例如,夸美纽斯认为,教学是把一切事物教给一切人的全部艺术⑤。阿基比鲁认为,教学是一个成熟或有经验的人努力把信息、知识、技能等传递给一个不成熟的、缺乏经验的人的有意识的、精心策划的活动⑥。国内的王策三认为,教学乃是教师教、学生学的统一活动,在这个活动中,学生掌握一定的知识和技能,同时,身心获得一定的发展,形成一定的思想品德⑦。李秉德认为,教学是教的人指导学的人进行学习的活动,是教和学相结合或者相统一的活动⑧。

由此可见,由于人们的视角不同,对教学的定义也各不相同,本书结合写作目的,采用裴娣娜在《教学论》中的定义:教学,即教师教学生认识客观世界,并进而促进学生身心发展的教育活动⑨。

---

① 顾明远. 中国教育大百科全书[M]. 上海:上海教育出版社,2012:606.
② 许慎. 说文解字[M]. 北京:中华书局,2002:205-206,571.
③ 王策三. 教学论稿[M]. 北京:人民教育出版社,1985:84.
④ 石中英. 教育哲学导论[M]. 北京:北京师范大学出版社,2002:126.
⑤ (捷)夸美纽斯. 大教学论[M]. 傅任敢,译. 北京:教育科学出版社,1999:75.
⑥ (尼日利亚)阿基比鲁. 教育哲学导论[M]. 董占顺,等译. 北京:春秋出版社,1989:84.
⑦ 王策三. 教学论稿[M]. 北京:人民教育出版社,1985:88.
⑧ 李秉德. 教学论[M]. 北京:人民教育出版社,1991:23.
⑨ 裴娣娜. 教学论[M]. 北京:教育科学出版社,2007:3.

(一)教学是教师教学生认识客观世界的活动

教师通过教学活动传授给学生的是人类认识的丰硕成果，是经过组织、加工、提炼过的，主要以文字记录下来的，关于客观世界的基本认识、基本技能。教师通过言传身教、课堂讲授，带领学生亲身实践、观察体验，使学生获得关于客观世界的知识，掌握客观世界的基本规律、基本原则，帮助学生理解和适应现实社会的生活，为未来发展打下基础。

(二)教学是促进学生身心发展的活动

教学是学校教育的主要活动，教学的主要目的就是促进个体的身心发展，各级各类学校通过开展课堂教学、社会实践、科学实验、实地观摩等形式多样的教学活动，丰富学生的知识、提升学生的技能、发展学生的能力、培育学生的品格，使学生的身心发生积极的、稳定的变化，使学生成长为既符合社会需要，又具有个性特点的心智成熟的个体。

三、教学的地位

教学在学校的各项工作中居于中心地位，这主要表现在：首先，学校以教育教学为根本任务，在学校的工作计划中，教学工作是最系统、最全面的工作，学校的各项工作都要围绕教育教学来展开，都必须优先保障教学工作的落实；其次，学校的主要工作是教书育人，教学是承担这一重任的核心工作，教学质量的好坏关系着学生的发展和学校的长远进步；最后，教学活动占据了学校工作的绝大部分时间、空间和设施，占据了学校资源分配的核心位置。因此，教学是学校教育的主体，是学校教育的基本途径，必须始终坚持教学在学校教育中的中心地位，积极发挥教学的核心引领作用，促进学校教育的发展和教学质量的提高。

四、教学的规律

规律是客观存在的，教学规律也是存在于客观的教育教学活动中的，是教育者对教育实践的反思，以及对实践的总结、提炼。教学规律的具体内涵是教学中客观存在的、本质的、内在的、必然的联系①。它是教师开展教学活动的根本遵循，对教学工作具有指导作用，是教学工作得以顺利展开的核心力量。根据教学规律的定义，我们可以从以下几个方面来理解教学规律。

(一)教学是直接经验和间接经验的统一的过程

学生获取的知识主要包括两个方面，一是通过亲身实践得来的直接经验，二是

---

① 李朝辉．教学论[M]．北京：清华大学出版社，2010：84.

通过课堂学习、他人经验、书本资料等渠道获得的间接经验。教学活动主要传授的是以书本知识为主的间接经验,这些间接经验是经过加工、处理过的人类文化的精华,学生通过有目的、有组织的教学活动,把这些丰富的理论和实践吸收、消化,使其成为自身的内在涵养,提升自身的认知水平,继而站在前人的肩膀上,继续攀登科学文化的高峰。因此,教师在教学活动中,要重视学生间接经验的掌握,同时,要合理地安排实践活动,增加学生对直接经验的学习时间,使直接经验和间接经验相互联系、相互作用,共同促进学习质量的提高。

(二)教学是掌握知识与发展智力的统一的过程

教学的过程是学生通过系统的学习获得知识的过程,同时又是学生智力获得发展的过程。智力是学生掌握知识的必要条件,掌握知识是发展智力的基础,学生掌握了丰富的知识和技能,可以内化为自己的智力,进而指导自己掌握更丰富、更深刻的知识和技能,因此,掌握知识和发展智力,两者相互联系、相互促进,共同作用于个体的成长与发展。教师在教学过程中既要注重知识的传授,又要注重发展学生智力,要充分发挥学生的主观能动性,引导学生自觉地掌握知识,促进智能的发展。

(三)教学是知识传授与思想教育相统一的过程

一方面,任何一门学科知识既是对人类文明的总结和凝练,又包含人类的智慧和精神品德。学生在学习科学文化知识的同时,也时刻接受思想品德的熏陶。另一方面,教师教书的过程也是育人的过程,教师将知识与品德有机结合起来,育德于教学中,同时,教师的道德品质,也在教学过程中对学生进行耳濡目染的熏陶。因此,教学的过程是知识的传授与思想教育相统一的过程。

(四)教学是教师主导与学生主体相结合的过程

教学过程是教师和学生共同活动的过程,学生是教学的主体,教学为学生学习知识和技能服务,学生在教学过程中具有主观能动性,但由于学生是不成熟的个体,因此,在教学过程中,教师作为知识丰富、专业的教育者,在教学过程中起主导作用,引导学生学习知识和技能,进而获得身心的全面发展。学生的主体地位和教师的主导地位在教学过程中得到有机统一,两者相互促进,积极发挥了教学对学生成长的重要作用。

五、现代教学观

教学活动通常在科学的教学理念指导下落实,随着社会的发展、科技的进步,在现代教学发展历程中,形成"以学生为中心"、全面发展等丰富多样的教学观念。

(一)"以学生为中心"教学观

学生是教学过程中最重要的构成要素,努力发挥学生的主体作用,是现代教学的一个核心理念。

1."以学生为中心"教学观的发展

"以学生为中心"教学观是从美国教育学家杜威的"以儿童为中心"的教育思想中衍生出来的。杜威认为,教学应充分尊重学生的兴趣和潜能,主张解放儿童的天性,发挥儿童的主观能动性,提倡在"做中学",这种思想对当时和现代的教学活动都有着积极的启迪作用。1958 年,美国的心理学家罗杰斯进一步发展了杜威的思想,他以"水壶和茶杯"的关系类比了教学中的师生关系,确立了"以学生为中心"的教学观。1969 年,罗杰斯在《学习的自由》中提出:"教育的目标应该是促进变化和学习,培养能够适应变化和指导如何学习的人。"[①]"以学生为中心"的教学观一经提出便引发了美国教育界一系列重大变革。1998 年,首届世界高等教育会议在巴黎召开,通过了《21 世纪的高等教育:展望和行动》大会宣言,明确了"高等教育需要转向'以学生为中心'的新视角和新模式"[②]。

回顾我国的教育教学历史,我们可以看出,师尊生卑这一观念在我国由来已久,且根深蒂固,"师道尊严"是我国传统教育教学观念的集中体现。即便如此,我国的先哲仍对"以学生为中心"做了许多积极的探索。例如,孔子提出的"因材施教"教育理念,尊重了学生的个体差异,是"以学生为中心"思想的萌芽;《学记》中提到"教也者,长善而救其失者也"解释了教师在进行教育时,要发现学生的优良品质,不断纠正其不良品质,反映了朴素的"以学生为中心"的教学思想[③]。

到了近现代,国内学者田昕提出"高校应改变传统的以'教'为中心的教育观念,向'以学生为中心'的人才培养观念转变[④]。刘献君认为,高校要向"学生、学习、学习过程"的"新三中心"转变,着力于学生的发展、着力于学生的学习和着力于学生的学习效果[⑤]。朱海燕提出,引入"以学生为中心"的教育理念,"从影响高校教学质量的教学资源配置、教师素质、课程体系、教学方法、教学评价入手,构建高校教学质量保障体系"[⑥]。总之,教育学者对"以学生为中心"都提出了充分的肯定。

随着我国教育从规模增长转变为高质量发展,人才培养质量成为衡量各级各类学校办学成效的首要标准。2012 年,在华中科技大学举办的"院校研究:'以学生为中心'的本科教育变革"为题的研讨会上,学者一致认为"以学生为中心"的理

---

① 满晶,马欣川. 罗杰斯"以学生为中心"的教学思想述评[J]. 外国教育研究,1993(3):1-5.

② 刘献君. 论"以学生为中心"[J]. 高等教育研究,2012,33(8):1-6.

③ 宋艳辉."以学生为中心"视角下的本科教学质量提升策略研究[D]. 大庆:东北石油大学,2019:10.

④ 田昕."以学生为中心"的高校教学质量保障体系构建[J]. 上海教育评估研究,2020(1):13-17.

⑤ 刘献君. 论"以学生为中心"[J]. 高等教育研究,2012,33(8):1-6.

⑥ 朱海燕,王琪. 基于"以学生为中心"理念的高校教学质量保障体系构建研究[J]. 教育评论,2016(3):51-54.

念是从学生角度建立健全教育制度，是推动我国教育质量提升的内在条件。2016年，我国加入《华盛顿协议》，这一协议其中最突出的理念就是“以学生为中心”。2018年1月30日，教育部颁布了《普通高等学校本科专业类教学质量国家标准》，该标准进一步强调了“以学生为中心”的教学理念，引导学校教学从教师“教得好”向学生“学得好”方面积极转变。

2.“以学生为中心”教学观的内涵

通过对“以学生为中心”的教学观发展脉络的梳理，可以得出“以学生为中心”的教学观是指以学生的全面发展为宗旨，以学生的学习产出为教学设计的依据，以支持学生自主学习的教学实施和以评价学习产生的评价体系等为教学评价相关标准的一种教学理念[①]。针对这一定义，我们可以从以下三个方面来理解其内涵。

第一，着力于学生的发展。教育教学的根本目的是促进人的发展，人的全面发展包括知情意行的共同发展与提升，而人的认知、情感、意志、行为与大脑的发展密不可分，人的大脑会在遗传和环境中不断变化和发展，教学作为影响人脑发展的重要环境因素，在个体发展中居于核心地位。教学就是通过对人的智力、知识、技能的引导，进而促进学生的全面发展。因此，在教学过程中，要充分了解学生的学习背景，遵循个体发展的规律，推动学生身心健康、有序地发展。

第二，着力于学生的学习。促进学生的发展，要通过学生的学习来实现，学生在学习中发展，在学习中提高。学习活动，是人的内在需求，是人类的生存方式之一，是人类的精神活动，着力于学生的学习，首先要满足学生学习的需要，学习的需要包括发展成人的需要和求职成才的需要[②]。其次，要遵循学习的规律。在教学过程中，教是手段，学是目的，学生才是学习的主体，凭借原有的知识和经验，在与外界环境的相互作用中，获得知识、提高技能、不断成长。教师是学习活动的设计者、学习环境的营造者、学习过程的辅导者，为学生的学习提供物质保障和精神支持。

第三，着力于学生的学习效果。教育具有不确定性，因为教师通过教学活动对学生进行知识和技能的传授，需要学生自己发挥主观能动性，对进入大脑的知识进行内化，使其成为自己的认知、情感和价值观，所以，教师教学与学生学习之间不是直接的、必然的关系，教师要想发挥教育教学对学生的促进作用，就要以学生为中心，了解学生、因材施教，促进学生的个性化发展，要以学生的学习效果为评价依据，根据学生的学习反馈，及时调整教学策略，提高教学效果。

---

① 庄小松．以学生为中心的大学课程教学评价研究[D]．大连：大连理工大学，2020：15.

② 李庆钧．基于“以学生为中心”理念的高校教学质量保障体系研究[J]．扬州大学学报，2021，25(4)：1-7.

3."以学生为中心"教学观指导下的教学转变

落实"以学生为中心"的教学观,要充分考虑教学观念、师生关系、课程组织形式、学校环境等多种因素的变化,使学校教育各个要素协同作用,激发学生的学习自主性,真正实践以学生为中心的教育教学。

第一,转变教学理念。"以学生为中心"的教学观是对教育教学思想观念的深刻变革,是从"教"转向"学"的重大转变,各级各类学校要积极破除传统思想的束缚,重新认识教学,积极转变教学理念、教学方法,把"以学生为中心"放在教学的首要位置,使教育教学各项工作紧紧围绕这一理念来展开,坚持做到心系学生、融入学生、了解学生,制定有利于学生学习的制度、政策,创设有利于学生学习的环境、氛围,为学生的成长提供广阔的空间。

第二,改革教学方法。课程是教学活动的基本依据,是学校实现教育目标的基本保证,是一切教学活动的中介[①]。落实以学生为中心,就是要根据学生的学习需求,改革教育教学方法、手段,着眼于学生的全面发展,着眼于学生的个性培养,着眼于学生创新能力的生成,鼓励教师自觉转变教学理念,积极探究教学方法,将先进的教学方法、手段运用于教育教学过程中。

第三,重建师生关系。传统的师生关系是以教师为主导的师强生弱的关系。这种关系使学生迫于权威的压力而不能充分发挥主观能动性,不利于学生积极地参与课堂教学。因此,在"以学生为中心"的教学观指导下,要构建以学生为中心的平等、友好的师生关系。教师要理清教学的本质,突破传统观念的影响,重视学生在教学中的主体地位,尊重学生、相信学生,回归教育的初心,以真诚、平等的态度对待,给学生以充分的学习指导和帮助,鼓励学生自主学习。

第四,建构教学空间。教学环境是学生在教学过程中感受最直接的要素,教学环境的布局与设计对学生的影响是无形的、潜在的。坚持以学生为中心,就要求在教学空间的设计中,充分考虑学生的学业学习、情感体验、身体活动、心灵放松等多方面的需求,对教学空间进行合理规划,桌椅、装饰等布局充分彰显学生的主体地位,使其成为学生表达思想的方法和手段,激励学生积极投入学习。

(二)全面发展教学观

社会的进步离不开人的全面发展,全面发展教学观是在马克思主义理论的基础上,人们对人的全面发展的客观认识和实践指南。

1. 全面发展教学观的发展

全面发展观历史悠久,是马克思主义思想关于人的发展的重要解读和实践指

---

① 刘献君．论"以学生为中心"[J]. 高等教育研究,2012,33(8):1－6.

导。1845 年,恩格斯在《在爱北斐特的演说》中提到“每个人都无可争辩地有权全面发展自己的才能”。马克思在《1857—1858 年经济学手稿》中,把人的全面发展理论作为历史发展的基准,把社会演进分为三个阶段,即“人的依赖关系”“物的依赖关系”“自由个性全面发展”的三个历史形态①。马克思主义关于人的全面发展的理论是人类对人的发展问题的初步探索,是马克思把人的全面发展与社会主义、共产主义发展结合起来的智慧结晶,为全面发展理论的中国化发展奠定了基础。

中国共产党人始终坚持把人的全面发展理论同中国特色社会主义理论与实践相结合,提出了一系列具有中国特色的全面发展思想。革命时期,毛泽东将人的全面发展理论本土化,提出了“三育并重”的发展方略,即德育、智育、体育全面发展,要求人的身体和学识都要得到充分、和谐的发展。他认为,劳动是实现人的全面发展的必要条件,劳动教育是人的全面发展的重要途径,这一思想为当时中国的教育教学事业提供了全新的发展方向。改革开放时期,邓小平站在时代的背景下,提出了把教育放在优先发展的战略地位,将教育与生产劳动相结合,培养有理想、有道德、有知识、守纪律的社会主义新人,这一思想既是对前人的继承,又是对后人的指导。胡锦涛在 21 世纪之初,提出坚持以人为本,全面、协调、可持续发展理论②。这一理论的提出,是对马克思主义人的全面发展理论的全新发展,指出在社会全面发展的同时,要促进个人综合素质和能力的提升,实现人的全面、可持续发展。习近平在中国共产党成立 100 周年大会上强调要“推动人的全面发展”,通过德育、智育、美育、体育、劳动教育“五育并举”,共同作用,全方位提高人的素质,开发人的潜能,促进人的发展。

2. 全面发展教学观的内涵

全面发展教学观是指人作为一个完整的个体,全面占有自我,发展自我,是个体充分解放自我,实现生活活力的依据和根本。全面发展教学观有其丰富的内涵,主要包括以下几个方面。

第一,以人的劳动实践全面发展为前提。劳动是人类认识世界、改造世界的重要行为方式,是人类创造物资财富和精神财富的基本途径,是人类文明发展的动力和源泉。要想实现人的全面发展,就必须首先实现劳动实践的全面发展。劳动教育的目的是以劳树德、以劳增智、以劳强体、以劳育美,丰富的劳动实践有助于培养学生尊重劳动,树立正确的劳动观、价值观,培养学生热爱劳动、积极投身劳动的习惯,使学生在劳动教育的过程中,深切感受社会发展对个体成长的需求,掌握劳动

---

① 马克思,恩格斯. 马克思恩格斯全集(第 1 卷)[M]. 北京:人民出版社,2016:167.

② 胡锦涛. 胡锦涛文选[M]. 北京:人民出版社,2016:2.

技术、形成劳动技能、锻炼吃苦耐劳的精神，进而培养出理解劳动、创新幸福内涵的新时代“四有”（有理想、有道德、有文化、有纪律）新人。

第二，以人的能力全面发展为核心。个体的能力包含先天能力和后天能力、显性能力和潜在能力、物质能力和精神能力等多个方面，个体的各种能力随着社会的发展而不断进步。全面发展观认为在人的能力的发展上，要充分发挥人的各种潜能，使个体的各种能力得到全面的、无限的发展。

第三，以人的需要全面发展为重点。人的需要的丰富性、普遍性是人的发展的全面性，人的全面发展必须满足人的发展需要和需要的发展。人的需要是人对一定客观事物的偏好和欲望，是人的自然性，也是推动人的全面活动的内在动力。人的需要是动态的、开放的，随着社会历史的发展，人的需要的层次呈现多样化，需要的结构多样化[①]。

第四，以人的社会关系全面发展为精髓。人的发展不能脱离社会而存在。随着人类交往的范围不断发展和扩大，人们的关系也逐渐从单纯到复杂，人与人之间的关系进一步加强与密切。个体在交往的过程中，自身在不断地丰富和发展，人们通过交往建立起各种各样的社会关系，促进人们形成独特的个性，推动自身的发展。

第五，以人的个性全面发展为主要成果。人的个性是由多种要素相互作用、相互影响构成的，是各种特质的综合体。人的个性包括需求、兴趣、理想、信念、人格等方面，既包括个体的个性特征，也包括个体的社会性特征，是人的精神面貌和社会形成的统一。全面发展观主张人的个性的全面发展，鼓励学生根据自己的喜好，自由地安排学习和生活，学生在个性得到解放的环境下，摆脱限制发展的各种束缚，使个体的个性得到真正的全面发展。

3. 全面发展教学观指导下的教学转变

学校教育是促进学生知识、能力提升，培养良好品德的重要地方，教学是学校的生命线，随着教育理念的更新，教育教学要不断地创新以适应不断变化的时代发展。

第一，转变教育教学理念。学校要转变过去教师“灌输”的理念，贯彻以学生为主体的理念，担任好“引导者”的角色，激发学生学习的兴趣，引导学生主动参与教学活动，及时跟进学生的学习状态，对学生的学习反馈给予针对性的指导，最终实现学生的全面发展。

第二，创新教学方式。当今，互联网和信息技术快速发展，学生的学习需求和

---

① 王倩，李久亮．“人的全面发展”思想在当代大学生教育中的重要作用[J]．中国电力教育，2020(8)：63.

发展需求已不再是低水平的知识和技能需求，而是更高层次的全面发展的需求，教学要充分借助现代技术成果，用学生喜闻乐见的方式来创新课堂教学方式，提高课堂教学的表现力，使线上、线下教学互为支撑、相互补充，共同促进学生的全面发展。

第二节　教学主体

教学活动是教育活动的重要组成部分，教学主体是教学活动的主要创造者和承担者，然而，长久以来，“何为教学主体”一直是教学理论界争论不休的话题。我们通常所说的教学主体主要包括教师和学生，在教学活动中，教师是教的主体，学生是学的主体，他们共同围绕教学目标开展教学活动，实现教育目的。因此，搞清教学主体的内涵、角色定位及两者之间的关系对于顺利推进教学活动有重要的意义。

一、教师

古代教育家韩愈曾指出：“师者，所以传道、授业、解惑也。”教师是教育事业的中坚力量，是教育活动的组织者、实施者和管理者，是人类文化的保存者和传播者。教师是指在教学活动中，根据学生的身心发展规律和教学目标、教学要求，通过讲授、启发、引导等方法促进学生掌握知识、提升能力、形成价值观的高素质专业性人才，教师在学生的成长中发挥着核心作用①。

随着教育改革的推进，教学环境不断更新，教师在教学活动中承担的任务多种多样，这就决定了教师在教学中的角色呈现多元化和精细化。因此，教师只有首先明确自己在教学活动中的角色和定位，知晓自己该做什么、能做什么，才能更好地指导自己按照角色要求开展教育教学活动。

（一）教学活动的组织者

教学活动一般由教师来筹划，学生的知识和能力水平相对较弱，而且学生身心发展脆弱，容易受到伤害，学生的学习活动需要教师发挥组织者的角色，对教学活动进行设计和实施。首先，明确教学目标。教学活动的展开不是盲目的、随意的，而是围绕特定的教学目标而进行的，通过教师的引导，学生对教学目标做到心中有数，能够激活学生内在的求知欲，进而产生强烈的参与感，使师生之间的活动向着

---

① 顾明远．中国教育大百科全书[M]．上海：上海教育出版社，2012：571.

有意义的方向不断前进。其次，设计教学活动。教师通过创设各种教学情境，将教学内容转化成学生喜闻乐见的形式，引发学生的认知冲突，吸引学生的学习兴趣，使学生自发地融入教学情境，与教师、同学、书本产生互动与联通，最终实现学生的自我发展、自我提升的育人目标。最后，调控教学资源。要使教学资源发挥最优的效果，离不开教师对教学资源的优化与组合，教师对教学方法的选用、教学媒体的选择、教辅资料的选定进行调控，使教学活动能够有条不紊地开展，以期实现良好的教学效果。

（二）教学内容的转化者

教学内容来源于生活、又高于生活，它是对生产、生活经验的升华与提炼，是个体获得知识和技能的主要教学资源。教学内容是各个学科的间接经验，这些经验单靠学生自学是很难融会贯通的，教师的作用就是在教学内容与学生之间扮演知识转化的角色，是指教师运用自己的知识储备、专业素养将系统的知识碎片化分解到学习的各个阶段，根据学生的认知水平和身心发展规律把控教学节奏，将知识由点到线、由线到面进行多维的深化与融合，最终实现对学生知识、能力的充分指导。近年来，随着信息化、智能化的发展，教学内容不再拘泥于书本，这对教师提出了新的挑战，作为内容转化者的教师还要承担资源整合、信息筛选、数据处理等任务，教师要充分发挥创新精神、钻研精神对教学内容进行整合、完善，使教学资源在师生之间得到充分的转化和运用。

（三）教学过程的答疑者

教师是学生最直接、最有效的辅助者，教师作为学科专业人才，熟悉知识间的联系，通晓知识的发展脉络，能够在课堂教学中，针对学生的学习情况，结合自身的教学经验提出有针对性的问题，帮助学生在答疑解惑的过程中发现知识、转化知识，搭建自己的知识体系。

（四）教学效果的评价者

教学评价是对教师教学能力、教学态度、教学效果，以及对学生的学习状态、学习效果做出的价值判断。教师是教学活动的主导者，在课堂教学中，教师要积极关注每位学生的课业表现和行为习惯，通过精细化的评价指标，全面地观察学生，对学生的学业成就和综合素质给予客观公正的评价，多角度、多层次地展现学生的学习状态，同时也为教师的下一步教学设计提供努力的方向。

（五）教学活动的反思者

教学反思是教师成长的重要途径，它主要包括两个方面：一是对教学行为的反思，即教师在完成教学实践后，对自己的教学实践进行分析、总结，积累教学经验，调节教学行为；二是对教学效果的反思，即教师对教学活动的设计与实施是否达到教学目标归纳总结，有目的、阶段性地对教学问题进行研究，教师始终保持高度的教学敏感性，不断促进自身专业能力的提高。教学反思是一种创造性的活动，通过教学反思，使教师体会到教书育人的乐趣，有效地避免教学中的重复劳动，提升教学的效率。

(六)学生学习的推动者

学生的学习是特殊的认知活动，离不开教师的指导与推动，因此，引导学生学习是教师的基本任务。一方面，学生具有差异性，不同学生的学习基础不同、学习能力不同、学习状态不同，教师要全面统筹学习规划，对学生的学习状况进行系统设计，在学习的安排上注重详略得当、重难点适宜，以促进学生的全面发展为最终目的；另一方面，教师要善于激发学生的学习积极性和自主性，在传授知识的同时，帮助学生掌握知识整合与迁移的方法，引导学生运用知识解决具体的问题，使学生学会自主学习。

综上所述，随着教育观念和教学环境的改变，教师在教学过程中扮演的角色不断丰富，教师对每个角色的深入诠释都有利于教师个体更加深入地理解职业特性，对教师在教学过程中有效地发挥教书育人的作用有重要的指导意义。

二、学生

《中国教育大百科全书》对“学生”一词的界定如下：“学生一般指在各级各类学校和研究机构中学习的儿童、少年和青年。”[①]由此可见，学生是教学活动的主要对象，学生的主要任务就是学习。广义来说，学生是指处于学习状态的所有人，如牙牙学语的婴儿、耄耋之年的老人、在校求学的适龄学生、职场奋斗的继续学习者等。随着终身教育理念深入人心，学生的外延也不断扩大，各级各类的学习者、各种各样的学习者都可以统称为学生。狭义来说，学生是指在各级各类专门学校中，接受有目的、有计划、有系统的知识学习和技能训练的个体，是教育教学活动的重要参与者和教学对象。本书根据研究需要，以在校学生为主要研究对象。

在教学活动中，学生是教师观察、研究的对象，也是教学活动的主体。明晰学生在教学中的角色定位，对于师生互动，激发学生的积极性、主动性有很好的促进作用，能够更好地实现学生的全面发展和自由生长。

(一)学生是发展的个体

促进学生的全面发展是教学的根本目的，学生的发展包括两个方面：一是身体的发展，通过体能、技能的教学、训练，学生的身体素质得到提升，强健体魄，造就阳光、健康的个体；二是心智的发展，通过学校教育教学，学生的知识更加丰富、更加

① 顾明远．中国教育大百科全书[M]．上海：上海教育出版社，2012：2004．

深厚，学生的心理更加成熟、更加活跃。学生是极具发展性和可塑性的群体，学生的发展性验证了教育教学的必要性，教育教学充分发挥育人的功能，使学生得到完满的培养，成长为身心健康发展的个体。

(二)学生是独特的个体

学生的独特性表现在两个方面：一是学生具有差异性，不同的学生具有不同的遗传因素、成长背景、个性特征等，教学要尊重个体的差异性，坚持因材施教，让每个学生都能获得全面发展。二是不同阶段的学生特点不同。不同年龄阶段的学生在身体、心理、认知、情感等方面都表现出不同的特点。例如，小学生发展基础较弱，教学要注重基础知识的传授和行为习惯的养成；大学生属于比较成熟的个体，教学过程中要注意引导其形成正确的人生观、世界观、价值观，增强学生学习的自主性。学生的独特性要求教学遵循学生的差异性，按照每个学生不同的兴趣、能力、性格有针对性地规划成长路径、实施教育教学，培养学生的独特个性和创造力，使学生在自身的水平上获得长足的进步。

(三)学生是自主的个体

学生的首要任务就是学习，在教学过程中，学生不是被动的接纳者，而是具有主观能动性的积极参与者。学生的自主性首先体现在对教学内容的选择，学生会根据自己的兴趣、爱好有选择地筛选知识信息，会对自己感兴趣的知识投入更多的专注力；其次，学生在课堂教学中的心理变化、态度变化都会根据自身的程度自主调节；最后，学生在教学过程中具有创造性，他们能够在教师的启发、引导下，主动思维，积极创新，充分发挥在教学活动中的主体作用。

三、师生观

教师和学生在教学活动中的关系一直是社会争执不下的问题，具体来说，有以下几下几种观点。

(一)教师中心说

教师中心说强调教师在教育教学活动中的主体作用、核心地位，学生是教学活动的客体。在教学过程中，教师要主动确定教学目标，把握课堂节奏，根据学生身心发展规律，对学生的学习过程进行监督、调控，通过对学生施加影响，获得良好的教学效果。这种“以教师为中心”的师生观由来已久，在中国乃至世界教育发展史中都占据了重要的位置。在我国，战国时期的荀子十分重视教师的地位，提出“师道尊严”的思想，强调学生对教师的服从；唐代的韩愈也曾提出“尊师重道”的思想，在其著名教育论著《师说》一文中强调了教师的主体地位和作用，指出学生必须尊敬师长，重视师道。直到建国初期，“老师讲，学生听”的教学模式仍在教学过程中占据主导地位。在西方，德国的教育学家赫尔巴特是“教师中心说”的集大成者，他十分强调教师在教学中的中心地位，认为教师是至高无上的，学生完全听令于教师管理，所有的教学管理都是为教师开展教学创造的外部条件。教师中心说使教师在教学活动中拥有绝对权威，有利于学生获取系统的文化知识，保证了知识传授的有效性，有利于教学目标的高效达成，但是这种观点忽视了学生的地位，学生必须被动地、僵化地接受教师的指导，学生的主观能动性得不到发挥，阻碍了学生想象力、思维力的发展。

(二)学生中心说

学生中心说是指学生在教学过程中居于主体地位，学生是具有主观能动性的个体，教师要充分尊重学生的个性及差异性，以促进学生学习和发展为主要教学目标，具体表现有：一是促进学生发展，学生的发展包括智力、情感、技能、道德等各个方面，教学活动通过对学生学习的引导，促进学生知识和能力的提升；二是促进学生学习，学习是学生发展的主要途径，"以学生为中心"强调学生学习的重要性，强调学生必须以满足学生需要为目标，学生通过学习获得进入社会所必备的专业知识和实践技能；三是关注学习效果，将学生的学习效果作为评价教师教学的重要指标。在我国，早在 2000 年前，教育家孔子就提出了"因材施教"，在教学实践中尊重学生的个性差异，发挥学生的主动性；到了近代，著名教育家蔡元培认为教学应激发学生的学习兴趣，引导学生独立探究，陶行知也提出："怎样学就须怎样教；学得多，教得多；学得少，教得少；学得快，教得快；学得慢，教得慢。总之量力而行，因材施教。"在西方，古罗马教育家昆体良强调要根据学生的能力、资质，有的放矢地开展教育教学。启蒙思想家卢梭提出了"自然与自由"的教育观，强调遵循儿童的自然发展规律，顺应儿童的天性，教师的职责是引导儿童从外界事物和周围环境中学习。瑞士的裴斯泰洛齐、德国的福禄贝尔、俄国的乌申斯基、英国的斯宾塞都强调教育教学要以儿童为中心，顺应自然的原则，使他们成为积极的发现者。学生中心说强调在教学过程中以学生为中心，学生在教学中充分发挥自身的积极性、创造性，教师作为教学的指导者和学习活动的组织者，要从学生的角度出发，依据学生的个性和喜好设计教学，使教学真正发挥促进学生个性化发展的作用。但是，学生中心说在指导教学实践的过程中，容易出现过分强调学生的主体地位，忽视教师的作用，教师的引导作用和专业权威得不到充分发挥，一定程度上，影响了学生学习的效率和水平。

(三)主体主导说

20 世纪 60～70 年代，苏联的教育家在马克思主义理论的指导下，对教师中心说和学生中心说提出了批评性分析，他们认为教学过程是一种特殊的认识过程，教师在这一过程中，发挥着领导性、教育性的作用。因此，教师在教学过程中居于主导地位，但同时，也要注意到学生具有自主性、积极性，学生是教学的主体，教师的教学活动要始终围绕学生来展开。这种学说致力于摆正教师和学生在教学中的地位，通过优化师生关系，发挥教师在教学中的主导作用，促进学生自主发展。

(四)双主体说

双主体说是在主体主导说的基础上衍生出来的，主要是指教师和学生都是教学活动的主体。在教学活动中，既有教师教的活动，又有学生学的活动，教师和学生都是具有主观能动性的个体，他们有共同的教学目标，共同开展教学实践，因此，教师是教的主体，学生是学的主体。

四、师生关系

在教学活动中，教师和学生的关系是最稳定、最重要的关系，良好的师生关系有助于提升教学效果，提高教学质量。因此，充分了解师生关系的内涵、发展，以及如何建立良好的师生关系，对教学活动的顺利实施有重要的指导意义。

(一)师生关系概述

师生关系是指教师和学生在教育教学活动中形成对立统一的相互关系，它们既相互区别，又相互依存、相互影响，共同作用于教学活动中，具体表现如下。

1. 师生在教育活动中相互依存

教师的"教"是教师的根本，学生的"学"是学生的根本，离开了教师，就没有学生，同样，没有学生，也无所谓教师，教师和学生相互依存，共同构成对立、统一又密不可分的关系。

2. 师生之间相互平等

在中国的历史发展中，教师有着崇高的地位，古语有云"一日为师，终身为父"，这种师生关系缺乏平等的交流和对话，不利于学生主体地位的体现。随着社会的发展进步，现代教育推崇师生彼此尊重、人格平等、民主和谐的新型师生关系。这种关系对教育活动的展开有积极的作用，能够提高教育教学的效率，提升教师教学质量。

3. 师生之间共同成长

在教育活动中，学生向教师学习是主要教学活动的体现，但同时，教师也在向学生学习，师生之间在思想、情感、价值观等方面相互交流与碰撞，必然会促进师生双方共同成长。

教师和学生在师生关系的发展中相互影响、相互促进，共同获得在知识、情感、价值观等方面的不断成长。

(二)师生关系的发展

在我国传统的教育活动中，强调"师道尊严"，学生对于教师绝对服从，但随着我国社会政治、经济、文化的发展，师生的地位随之发生了改变，师生关系也有了新的定义和解读。

1. 传统的师生关系:师尊生卑

在我国传统的教育过程中,受传统“师道尊严”文化的影响,学生对教师绝对服从,学生获取知识的渠道单一,对教师的指导亦步亦趋,再加上国家选拔人才制度的影响,教师在教学活动中的地位颇高,学生高度认同和听从教师的“传道、授业、解惑”,师生各就其位,相安无事,师生关系相对和谐、稳定。

2. 现代的师生关系:师生平等

随着我国经济的飞速发展、互联网的迅猛扩张,学生在学校的地位发生了转变,学生获取知识的途径增多,独生子女增多,未成年人的法律保护意识增强,因此,教育教学政策也发生了翻天覆地的变化。一方面,以教师为中心的观念仍占据课堂教学的主流地位,教师依然坚持“师道尊严”的传统;另一方面,生长在新时代的学生,有着强烈的自主意识、独立意识、自我求知能力,他们对教师的崇拜减弱,在教育活动中,渴望与教师平等相待。

师生关系的变化,一方面反映了社会变化的影响;另一方面,反映了教育发生的根本性变革,新的时代,亟待新的师生关系,促进师生双方共同进步。

(三)和谐师生关系的构建

师生关系是教学活动中最重要的人际关系,贯穿于教学活动的全过程,如何构建和谐的师生关系,直接关系到教学效果和教学目标的实现。

1. 转变师生理念

从教师的角度来说,要树立以学生为中心的教学理念,打破传统的教师高高在上的状态,使师生处于平等的位置,教师尊重学生、关心学生,愿意俯下身子倾听学生的心声,尽力满足学生的需求,使教师面向全体学生,因材施教,促进个体的成长。从学生角度来说,学生要树立尊师重教的观念,教师是学生成长的领路人,在教学过程中肩负教书育人的重任,学生尊重教师既是对中国优秀文化传统的继承,也是构建和谐师生关系的重要前提。

2. 建立平等互助的师生交往模式

在教学过程中,教师要积极地关注学生,尊重学生的差异,采用启发式、探讨式教学方法,以平等态度与学生交心互动,尊重学生的思想,鼓励学生在教学活动中积极参与,展现自我,对学生的学习反馈给予有针对地指导,营造平等、友好、互助的新型师生交往模式,在和谐的教学活动中提高教学的质量。

3. 促进师生共同成长

教师与学生是教学活动的命运共同体,师生在交往的过程中,生命都能得到成长和发展,都能因对方的光芒给自己的生命补充能量,生命价值得以实现,因此,师生的共同成长离不开双方的努力[①]。教师要主动提升个人综合素质，提升自己的专业素养，主动创新教学模式，充分调动学生发展，关注学生的独特体验和思考。学生也要尊重教师的生命成长和发展，使课堂教学的活力在师生双方的共同作用下得到充分的彰显。

(四)不良师生关系的应对

师生冲突实际上是指师生之间情绪对立或公开对抗。造成师生冲突的主要原因有以下几个。第一，师生双方期望不一致。教师对学生不合理的行为进行批评指责，容易引起学生情绪的压抑和怨恨，学生制造冲突，释放情绪压力和对抗行为。第二，角色意识过强。教师的角色意识过强，容易造成教师产生"强权"意识，要求学生绝对服从，不符合新时代师生观，容易造成冲突。第三，师生之间有"代沟"，师生之间存在客观的年龄差距，不同时代的人的思维方式、价值观念、行为方式存在明显差别，因此，对待统一问题，师生双方会产生不同的观察视角，所得结果也不一样，这种观念和行为上的"代沟"造成师生之间的冲突难以避免。

在日常教育活动中，师生冲突应对得当，有利于营造和谐、向上的师生关系。要解决师生冲突，可以从以下两个方面入手。

1. 抓主要矛盾

面对冲突，教师切忌就事论事，要考虑冲突背后的根本原因和产生背景，不过分纠结细节，与学生通过深入剖析本质原因，找到解决问题的对策、方法。

2. 加强沟通

面对冲突，师生之间要坦诚以待、相互理解。教师要向学生详述其思想和行为产生的真正动机，同时理解学生的想法和感受，用真诚的态度赢得学生的谅解和支持，用宽广的胸怀包容学生的错误行为，引导学生认识不足、改正错误。

第三节　教学环境

教学环境是人类环境中的一个特殊组成部分，它贯穿于教学全过程，通过对教师和学生产生生理及心理的影响，发挥对师生积极的促进作用。教学环境是教学理论中汇集教育学、社会学、管理学、心理学、环境学、文化学等众多学科的极具综合性的研究课题。通过对教学环境的深入研究，人们能了解教学活动中有形的和无形的影响因素，指导人们在教学实践中充分利用环境实现教育教学的目标。

---

① 叶澜．新基础教育研究和新型教师的培养[J]．教书育人，2011(16)：15.

一、教学环境概述

教学环境与教师和学生的教学活动密切相关，是影响教学活动的各种外部刺激。教学环境广义上是指一切制约教学活动的自然地理条件、人员、语言和文化因素的综合。教学环境狭义上是指与教学活动直接关联的具体的自然地理条件、人员、语言和文化因素的综合，由教学活动所处的场所、影响教学的物质因素和精神因素、教学活动过程中发生的各种事件、与教学实践相关的各种人际关系等综合而成①。

学校中各种有形的、无形的事物，都可以对教学活动产生重大的影响。

(一)生理环境

教学的生理环境是指教学活动中教师与学生自身的特点，如身心发展特点、个性特征等。

1. 教师的年龄

不同年龄段的教师有不同的教学风格，年龄较大的教师，教学经验丰富，能够灵活使用各种教学方法，对知识点的讲解也更为透彻。由于他们在教学岗位上兢兢业业工作数十年，对学生的身心发展特点也颇为熟稔，对教学中的问题能够以稳定的态度来处理，有针对性地给予学生鼓励和引导，但年老教师容易因循守旧，缺乏创新能力，教学模式较为固化，在一定程度上影响了教学的质量。年轻教师身心素质俱佳，干事创业热情高，敢于探索不同的教学理念，勇于创新教学方案，能在教学活动中逐渐形成独特的、稳定的教学特色，再加上他们与学生的年龄差较小，容易与学生产生共鸣，师生关系融洽，自然地建立良好的师生关系。但年轻教师由于缺乏教学经验，还处于理论向实践的探索阶段，遇到工作上的棘手问题，容易产生情绪波动，进而影响教学质量。

2. 学生的年龄

不同年龄段的学生具有不同的身心发展特点、不同的学习需求、不同的学习状态。小学阶段的学生，各种能力发展较快，呈现多个阶段的发展状态，如注意力水平从较短逐渐变为持久、稳定，思维活动从直观、形象、具体的具体感知水平逐渐转向抽象的、概括性的意义识记水平等。因此，小学教学也呈现出渐变的趋势，从关注学生的行为习惯发展为关注学生知识和能力的学习；从讲授式教学转变为启发式教学；从形象教学转向抽象教学，使教学的过程符合学生不断变化发展的身心特点。初中生处于身体和心理的快速发展期，也是人生的一个重要转折期，针对这一

① 顾明远．中国教育大百科全书[M]．上海：上海教育出版社，2012：626．

阶段的学生，教师教学应保持谨慎的态度，恰当地选择教学方法，以及教育教学目标，结合年龄特点，对学生进行知情意行多方面的教育，最大程度地发挥教学的作用，帮助他们顺利度过人生的关键时期。高中学生的身心发展逐渐成熟，理想、信念、人生观逐渐形成，对学习的动机和目的认识也更加明确，因升学的压力，学生的学习容易出现波动，这一阶段的教学要注重加强对知识的深度讲解与融合，促进学生对知识的理解，同时要积极关注学生的学习状态，给予学生正向的引导，帮助他们端正学习态度，规划学习进程，增强学习的信心。大学阶段学生的学习意识逐步发展，自我调控能力增强，学习的独立性和自主性逐渐提高，智力发展水平也处于最优时期。因此，大学阶段的教学以“助力”为主要目标，通过创设适宜的学习环境，拓宽学生学习的途径，鼓励学生发挥主观能动性，学会培养兴趣、解决问题、融会贯通，进而不断提升自己的自学能力、自我发展能力。

（二）物理环境

教学的物理环境是指教学中有形的、静态的环境，如教学场所、教学设施、班级规模、座位编排等。

1. 教学场所

教学场所是一个由多种不同要素构成的复杂系统，是相对安宁、稳定、安全的教学环境，它主要围绕教学来设置，包括校址的选择、面积的大小、建筑物的位置、教室的布置等，使学校内外富有吸引力。广义的教学场所是指开展教育教学的各类场地，狭义的教学场所主要指教师向学生传授课业的教室。

2. 教学设施

教学设施是构成学校活动的物质基础，它不仅包括校园、教师、宿舍、图书馆、实验室、操场等的规划、建设与管理，还包括教室内部桌椅、实验器材、图书资料、教具器材等方面的保养与维护，使教学中的各种物质基础能够满足教师和学生开展各种活动的需要，更好地适应学生发展的需求。

3. 班级规模

班级规模是教学环境的一个重要组成要素，班级规模的大小对课堂教学的效果和学生学习成绩都具有不同程度的影响。一般来说，大班教学便于教师根据课程进度对教学大纲要求的知识点进行集中讲解，能够缓解师资压力，有利于提高教学效率，但大班教学因人数限制，师生互动较难保证惠及所有学生，教学针对性较弱。小班教学能够适合不同学生的需要，学生纪律较好，教师管理课堂的时间较少，增加了学生参与教学的机会，但小班教学需要更多的师资力量投入教学活动，教学进度也比较缓慢。

4. 座位编排

座位编排是一项看似细微，又非常重要的内容，对学生的学习状态、身心健康、全面发展有着重要的影响。亚当斯和比德尔曾对座位编排进行过研究,结果表明,教室前排到中间的地带,处于教师课堂“监控”的有效范围内,师生互动机会较多,课堂气氛最活跃,被称为“行动区”。“行动区”以外是教师的视觉“盲区”,处在这一区域的学生,接收不到教师的及时反馈,课堂行为容易散漫,学习效果不理想。我国常用的集中座位编排方式有长方形方式、圆形方式、马蹄形方式、开放式方式等。

(三)心理环境

教学的心理环境是指教学中无形的、动态的教学环境,包括社会信息、人际关系、校风班风、课堂气氛等。

1. 社会信息

学校具有创新性和包容性,它向社会开放,与社会环境进行各种各样的交流。一方面,社会生活中衍生出的新的生活、生产形态、新理论都会被学校教育容纳、吸收,成为学生知识与实践的有益内容;另一方面,社会媒介,如广播、电视、书报、网络等的迅猛发展对教学活动的影响不可估量,它促进了教育教学的内容、方式、手段不断更新。

2. 人际关系

学校中的人际关系多种多样,有师生关系、生生关系、同事关系、校领导与教师的关系、校领导与学生的关系等。这些关系通过影响个体的认知、行为、情绪,进而对教学活动产生影响,尤其是师生关系、生生关系、教师之间的关系,他们对教学质量具有最直接、最具体的影响,平等、友好、互助的人际关系,对于学生之间、教师之间形成良性竞争、友好互助、相互鼓励有重要的促进作用。

3. 校风班风

校风是指学校形成的一种集体行为风尚。班风是指班级内部所有成员在长期交往中形成的一种共同的心理倾向。校风班风都是学校建设的重要前提,在立德树人、铸魂育人的方面有强大的影响力和决定力。良好的校风班风既糅合了优秀的传统文化,又弘扬了学校的理念和传承,具有丰富的内涵。校风班风在教育教学过程中以“春风化雨”的作用感染着每位师生,使学校凝结成积极向上的状态,不断向前发展。

4. 课堂气氛

课堂气氛是指教师与学生共同作用产生的,在课堂情境中占据主导地位的师生情感、情绪、心理等综合状态。活跃的课堂气氛,一定是师生情绪饱满、行动积极、充满信心的情感状态。教师发自内心的讲授,能够使学生产生学习的动力,教师富含哲理的话语能够使学生产生思想触动、行动呼应,学生积极配合教师开展课堂教学,约束自己的行为,高效完成课堂学习任务。

二、教学环境的特点和功能

(一)教学环境的特点

教学环境在教学活动中发挥着积极的作用,这是由教学环境具有客观性、系统性、能动性等特点决定的。

1. 客观性

教学环境是教学活动的动态表现形式,教学环境与教学活动相互依存,教学活动只有在一定的教学环境中才能进行,因此,教学环境的客观性是无条件的、绝对的。同时,教学环境也受到教学活动的制约,因此,教学环境又是可变的、有条件的。总之,教学环境的客观性是指教学环境受自然、社会等条件的制约。

2. 系统性

教学环境是一个有机统一的整体,由自然条件、客观物质、语言、文化、人际关系等多个子系统构成,它是自然与人为的复合体,具有物质和心理的双重属性。同时,教学环境还是一个开放的系统,它时刻与周围的环境发生物质的、信息的交换,既受到周围环境的影响,又能够反作用于周围环境。

3. 能动性

教学环境的能动性表现在两个方面:一是教学环境能够主动地、自觉地与周围环境保持平衡,不管是社会环境的动荡不安,还是快速发展,教学环境都能做出积极的反映,自觉地调控自身的各要素,使其不断为社会发展需要和教育教学目标服务;二是人是教学环境的重要要素之一,人本身具有能动地认识世界、改造世界的能力,个体的能动性决定了教学环境也相应地具有能动性、创造性。

(二)教学环境的功能

教学环境是通过有形的物质作用和无形的精神熏陶,对教学活动中的教师和学生产生潜移默化的促进作用,这种促进作用通过教学环境的五种功能表现出来。

1. 导向功能

教学环境是按照国家教育方针、学校培养目标、学生身心发展特点的具体要求将物质和信息统一起来的场所,其中的每个环节都渗透了国家的教育期待和教育的育人理念,它们汇聚成强大的精神动力、文化氛围,引领着师生的思想、规范着师生的行为,塑造着师生的个性,使学校教育和学生发展朝着国家及社会期望的方向持续推进。

2. 凝聚功能

教学环境通过共同的文化氛围、心理机制、情感认同将教师、学生聚合在一起,使其产生认同感和归属感。宽阔整洁的校园、绿树成荫的环境、宽敞明亮的教室能够激发师生对学校的热爱,进而产生对知识的渴望;严谨务实的教学氛围、团结奋进的校园风气、积极向上的学习文化能够激励学生求知若渴，激发学生产生内在的学习动力；共创共建的优良班风，更是一种持久而强大的力量，团结师生共同进步，使师生在心理上产生极大的满足感和愉悦感，推进教学工作顺利进行。良好的教学环境可以陶冶师生的情操，培养师生高尚的道德品德和恰当的行为习惯，可以激励师生产生教学的动力，提高教育教学的质量。

3. 益智功能

学校是知识最丰富、最集中的地方，在良好、有序的教学环境中，教学资源可以得到高效利用，教学信息可以实现顺畅流转。教学的有效性促进了学生智力的发展，提高了其智力活动的效率。信息的流转可以使有效信息得到传递，不良信息得以屏蔽，使学生的智力发展得到持续不断的良性刺激，进而形成对客观事物的正确认识。

4. 美育功能

在和谐美好的教学环境中，处处蕴藏着丰富的审美内涵，校园的自然美、教室的装饰美、教学中的创造美，以及师生的仪表美、情感美、语言美等①，都能激发教师和学生的美感，培育他们审美的情趣，提高他们对美的感受力、鉴赏力，进而形成正确的审美观。

5. 整合功能

当今时代，信息技术发展迅速，信息和技术成为教学环境的重要组成部分，学校通过对信息和技术的有效整合，对教师和学生产生积极的促进作用。一方面，教学内容不断丰富和深化，知识和技能不再拘泥于书本，师生通过现代技术、多媒体、计算机、网络等现代化教学环境，跨国界、跨区域、跨学校实现知识学习和知识互通，获得大量最新的、更深刻的、更精细的知识。另一方面，在多媒体手段和网络信息技术的发展下，学生能够通过局域网环境，通过在线的方式学习网络课程，开展远程教学和虚拟教学，使师生在校园环境中突破时间和空间的限制，充分利用信息技术资源辅助教学，实现教学的最优化。

综上所述，教学环境既与外部环境形成密切联系，又在系统内部形成良性运转，共同影响师生身心的健康发展，促进教学活动的有序展开。

三、教学环境的设计

教学环境是由多种因素共同组成的复杂的生态系统，教学环境的优劣对教学活动的进程有重要的影响，甚至在某种程度上决定了教学活动的成效。因此，为了

① 李朝辉．教学论[M]．北京：清华大学出版社，2010：8.

充分发挥教学环境的积极功能，我们应根据一定的原则，对教学环境进行合理的设计与规划，构建适合教学活动有序推进，促进教师和学生持续进步的有机环境系统，实现教学质量的不断提升。

(一)教学环境的设计原则

教学环境的设计原则是教学环境设计过程中的基本遵循、指导思想，结合教学环境的内涵和功能，教学环境设计一般遵循以下原则。

1. 整体性原则

教学环境是由多个要素统一构成的有机整体，只有树立大局意识、全局观点，对各构成要素进行统一协调和规划，才能发挥教学环境的最优效益。因此，在设计教学环境时，既要重视教学物质环境的设计，又要营造良好的校风、班风；既要改进教师教学方式，又要革新师生关系；既要调整教学结构，又要优化教学内容，从整体出发，使各类教学环境因素有机统一起来，共同促进师生身心健康发展，提高学校教学质量。

2. 教育性原则

教学环境既是培养人的场所，又对个体的精神世界产生潜移默化的影响，学校的规划、教学设施的装饰、教师的布置都对学生的精神品质产生潜在的影响。因此，教学环境细微之处的设计更要慎之又慎，要充分考虑学校的历史文化传承，以及学校教育所传递出的育人理念，将教学环境的装点统一于教育教学思想中，让学生在点滴中感受教育的启迪，感受先哲的鼓舞，感受知识的力量，激励学生不断向上、向好发展。

3. 针对性原则

环境影响人的同时，人也在不断地改变环境。教育教学具有针对性，不同年龄、不同阶段的学生要接受不同的学校教育，不同的学校教育有不同的教育目标，教学环境要随着教学的目标来规划和调整，围绕教育目的，突出教学环境的不同特性，形成有针对性的环境条件，促进学生的身心发展。

4. 校本性原则

每个学校受其环境、地域、类型、历史、文化的影响，都表现出自己的特点和优势，对教学环境进行设计时要立足学校的实际情况，充分利用校本资源，对校本资源进行优化、整合，充分发挥校本资源的最大优势，注意扬长避短，突出优势，推动教学环境的改善，进而促进教学质量的提升。

5. 主体性原则

学生是教学的主体，教学环境的设计与改善离不开学生的参与和支持，如教学设施的维护、校风班风的建设、课堂纪律的保持等，都与学生密切相关。因此，在教学环境设计时，要充分考虑学生的主体作用，调动学生的积极性、主动性，培养学生对环境的责任感，提高学生管理环境、控制环境的能力，以形成良好的教学环境，进而通过环境反作用于个体，使个体在和谐的氛围中产生学习的不懈动力。

（二）教学环境的设计策略

教学环境的设计是为了构建人与社会的和谐统一、学生学习与教师发展共同推进的理想状态，因此，教学环境的设计与优化应当遵循以下策略。

1. 以学生为中心

首先，要构建以学生为中心的教学空间。教学环境是使学生产生直观感受的基本要素，教学环境的设计在无形中将教育教学信息传递给学生。因此，一是要对教学空间进行合理的规划，构建以学生为中心的教学空间，满足学生多元化的需求；二是在桌椅的摆放中也要突出学生的中心地位，根据学生中心或师生平等的思想调整桌椅的摆放位置；三是设置环境装饰要考虑学生需求，如装饰一些名人名言，对学生产生激励，启迪学生的人生，充分尊重学生。

其次，采用切合学生特征的教学用具。教师会根据教学需要有选择地使用各种教具，这些教具也是教学环境的重要组成部分，因此在选择教具时，一是选择有助于学生理解知识的教具，教师通过使用相应的教具能够促进知识更加清晰地呈现或表达，特别是一些相对抽象复杂的知识尤其需要借助教具来变现，教具的使用能够吸引学生的注意力，更加有利于学生对知识的理解；二是选择符合学生认知特征的教具。不同年龄的学生有不同的认知特点，对不同教具的使用也会产生不同的体验，因此，选择符合学生认知特点的教学用具，最终使教具能够真正为学生学习服务。

最后，构建尊重学生的师生关系。以往课堂的师生关系以教师为主导，由于教师具有权威性，学生很容易产生畏惧心理，进而不能在课堂教学中充分发挥自己的主观能动性。因此，要构建以学生为中心的平等和谐的师生关系，厘清教学关系的本质，突破传统观念的束缚，认清教学为学生学习服务，信任学生、尊重学生，肯定学生在教学中的主体地位，根据学生的个性特点，选择合适的教学方式、交流方式，鼓励学生在平等友好的师生关系中获得长久的进步。

2. 整体协调

教学环境的构成要素多种多样，既有物质层面的，又有精神层面的，在教学环境设计的过程中，设计者要具有全局观念，既要考虑各个要素的特点和功能，又要从整体的角度对教学环境中的各要素进行统筹规划。例如，把校园绿化和校舍建筑统一起来，把室内装饰和室外布置协调一致，把校风建设和班风管理全面把控，把师生关系和校内人际关系有机调和，使教学环境中的各要素通过优化组合，发挥各自的最大效益，向着有利于促进学生身心发展和提高教学质量的方向发展。

第二章　教学内容

本章提要

教学内容来自人类文明的宝库，是人类文明的精华。在教学过程中，教学内容是连通教师和学生的桥梁，实现师生在知识、情感、价值观方面互通与交流，让学生领略知识的魅力，汲取丰富的养料，获得身心的全面发展。学校的教学内容是学生知识和能力的基础，为学生在未来的生产生活中创造性地获得新知识、学习新技能、创新新理论打下了坚实的基础。本章首先界定了教学内容的内涵，辨析了教学内容同课程、学科、知识等的联系和区别，介绍了教学内容的构成要素、功能；其次，梳理了教学内容的发展历程；再次，介绍了教学内容选择和组织的依据；最后，介绍了教学内容中的特殊形态——教科书，集中介绍了社会的发展对教学内容产生的影响。

第一节　教学内容概述

在人类漫长的历史发展过程中，积累了大量的科学文化知识，这些知识中有浅显的基础知识，也有深刻的思想见解；有关于生活的积累，也有关于实操的训练；有正确的知识，也有错误的观点。能够走进学校、走进课堂的内容，都是经过一代又一代的教育家、实践者反复甄别、反复验证的具有科学性的知识，而这些内容又根据不同学科的特点进行排列、组合，整合成易于学生学习的、促进个体发展、推动社会进步的有效教学内容。

一、教学内容的内涵

(一)教学内容的定义

教学内容是指教师和学生进行教学活动的重要依据，是学生认识和掌握的主要对象，表现为各门学科中的事实、观点、概念、原理和问题。教学内容的载体主要是课程计划、课程标准和教科书;教学内容的主要形态是书本知识,是根据教育目的、学生的年龄特点,而从人类千百年认识成果中精选的特色的知识系统[①]。

1. 教学内容即学科知识

我国历史上的“六艺”——礼、乐、射、御、书、数,欧洲中世纪的“三科四学”——文法、修辞、辩证法、算术、几何、天文、音乐,都是系统化的知识、观点。这些教学内容诞生于特定历史条件下,使人们根据一定的分类依据,对不同的知识进行归纳、总结,形成不同的学科知识,是人们对经验的总结和提炼,是对知识之间的联系、逻辑进行提炼后汇集而成的。

2. 教学内容即生产生活经验

杜威提出“教育即生活”“教育即生长”“教育即经验改造”,我国学者陶行知也曾提到“做中学”,这些教育思想都体现出教学内容是对社会生产、生活经验的总结和提炼。教育的最初形态就是人们通过口耳相传、身体力行,将前辈积累的生产、生活经验传授给后代,这些经验在文字发明后得以固定下来,形成体系化的内容,它们包含人们对事物的认识、对技能的操作、对问题的思考,是人类智慧的综合体现,在代代相传中得以验证、修订和完善,逐渐成为引导人类更好地适应社会、融入社会的宝贵经验。因此,生产、生活的经验是教学内容的主体部分,学生通过学习,为未来的有效生活做好充足的准备。

(二)教学内容的关系辨析

教学内容与课程、学科、知识、课程内容、教材内容等概念既相互区别又相互联系,厘清教学内容与这些概念的关系,有利于人们清晰地认识教学内容的内涵与特点,便于人们针对教学内容开展更深入的探究。

1. 教学内容与课程、学科、知识的关系

(1)教学内容与课程

课程是指按照一定的教育目的,在教育者有计划、有组织的指导下,受教育者与教育情境相互作用而获得有益于身心发展的全部教育内容[②]。教学内容是课程的一部分,课程包含着教学内容。教学内容既体现了课程相对静止、相对稳定的一面,又体现了课程随着时间不断发展、变化的一面。

(2)教学内容与学科

学科包含两层意思,一是学术的分类,是指一定的科学领域或一门学科分类,如生物学、化学、物理学、人文学、教育学等。二是教学科目,是指有一套系统而成

---

① 裴娣娜. 教学论[M]. 北京:教育科学出版社,2007:161.

② 钟启泉,汪霞,王文静. 课程与教学论[M]. 上海:华东师范大学出版社,2020:2.

熟的知识体系，即通常意义上的科目，如语文、数学、英语等，是教学内容的具体表现形式。

(3)教学内容与知识

知识是人类文明成果的集中体现，是学校教学内容的主要来源。到目前为止，知识没有明确的定义，它主要包括陈述性知识、程序性知识、规范性知识等内容。在个体的成长过程中，需要不断地接触和学习人类已获取的各种知识，学校教育是个体成长的重要阶段，但个体通过学校教育获得的知识仍只占人类文明的一部分，学校的教学内容是经过筛选和提炼的文明成果，具有基础性、经典性、系统性，学生在掌握这部分教学内容后，可以通过创造性的实践，来丰富自己的认识，进而推动人类知识的进一步发展。

2. 教学内容与课程内容、教材内容的关系

课程内容是由课程标准规定的，学生应当学习的内容；教材内容主要是指根据课程标准编写的教科书的内容；教学内容则是教师在教学过程中，以课程标准为指导，以教科书为基础，经过精心设计、挑选出来的，安排学生学习的内容。

在具体的教学实践中，教师只有仔细辨别教学内容与课程、学科、知识之间的细微差别，把握好教学内容的难度、深度和广度，处理好教学内容同课程内容、教材内容之间的关系，才能发挥好教学内容基础性、辅助性、创新性的积极作用。

二、教学内容的构成要素

教学内容实际上是结构化的知识体系，根据知识的属性对教学内容的进一步分解，可以发现，符号与文字、事物与事实、概念与原理、方法与技能、价值与规范是构成教学内容的主要要素，通过对教学内容各要素的有机整合，充分发挥各要素对学生的影响作用，实现教学活动教书育人的重要作用。

(一)符号与文字

符号是指社会全体成员共同约定的用来表示特定意义的记号或者标记，它是有意义的载体，是人类精神的外在表现，它不仅可以用来传情达意，还可以传递知识和思想。文字是指用来表征事物、记录实施、交流思想的特殊符号，它是从符号中逐渐演化发展而来的，文字的诞生意味着人类开始进入有历史记录的文明社会，它使人类的生产、生活经验可以通过稳定的方式固定下来，得以代代相传，人类的文化知识在文字的发展中不断得到积累，逐渐形成人们对客观世界的清晰认识。符号与文字都具有抽象性、普遍性、多变形的特征。随着人类知识、文化的不断丰富和发展，它们逐渐成为客观世界的一部分，成为人们认识世界、发现世界的重要对象。因此，符号与文字作为构成教学内容的第一要素，所有的教学内容都要以符号与文字来呈现，它们成为学生必须掌握的对象。

(二)事物与事实

事物的哲学定义是人类思想认识活动的结果,是人类通过思想认识活动所发现的影响人类生存发展的自然对象,同人脑中形成和产生的关于自然对象的观念或知识组成的对立统一体[①]。结合本书的写作内涵,将事物定义为客观存在的现象和物体。事实是指客观存在的现象和情况。事物与事实既有自然属性,又有社会属性,还有精神属性。个体对世界的认知,首先来源于对身边事物和事实的直接了解和认识,如太阳、星星、月亮等事物,“苹果是红的”“盐是咸的”等事实;而后,在客观事物和事实的基础上通过更丰富的直接经验和间接经验去了解间接经验,如“地球围着太阳转”等,这些直接经验和间接经验构成学校教学的主要内容。

(三)概念与原理

概念是指人们对感知的事物进行加工、概括,提炼出它们的共同特点,并加以归纳,进而得出客观事物的一般属性、本质特征,是一种反映事物本质属性的思维形式。例如,无机化学中有关“原电池”的概念,即“原电池是将化学能转变为电能的装置”。原理是指通过大量的观察,以多次的实践为基础,经过归纳、总结、概括得出的关于事物的最基本规律,它既能够指导实践,又是经过实践检验的认识。例如,《大学物理》中有关惠更斯原理的界定,即惠更斯原理是指介质中波动传播到的各点都可以看作发射子波的波源,而在其后的任意时刻,这些子波的包络就是新的波前。现代学校所教授的内容以科学文化知识为主体,无论是自然学科、人文学科还是社会学科都会选择核心概念和基本原理作为教育教学的主要内容,这类知识是促进学生知识增长、思维发展的重要内容。

(四)方法与技能

方法是指为实现某一目的而采取的一系列办法、措施、程序和规则,主要是指事情该“怎么做”。技能是指个体通过反复练习,形成的按照某种规则或者操作程序完成的智慧任务或身体协调性任务的能力。方法与技能是教学内容的重要组成部分,它们共同构成指导学生开展学科实践和实验的指导性知识。例如,英语课程教授听说读写的有关方法与技能;再如,计算机课程教授的信息资料的查询、搜集、筛选、辨析、实验、探究、观察、归纳、整理等的方法与技能。

(五)价值与规范

价值是指事物的用途或积极作用;规范是指明文规定的或者约定俗成的,人们处理各种事务、关系的标准或条例。例如,孔子将“仁”作为教育的核心思想,是孔子关于教育价值的深刻理解;我国古代把“文以载道”作为教育的传统,可以解读为

---

① 百度文库。

对教育作用的规范。学校教育将价值和规范作为重要的教学内容,是因为它们与个体的情感的培养、信念的塑造、需求的满足密切相关,与社会发展中的政治、经济、文化等因素相辅相成,学生通过对价值和规范的学习,能够更好地投入社会、适应社会,促进自身发展。

三、教学内容的功能

英国哲学家培根曾说:"读史使人明智,读诗使人聪慧,演算使人精密,哲理使人深刻,伦理学使人有修养,逻辑修辞使人善辩。"[①]美国教育家斯宾塞也曾提出:"为我们的完满生活做准备是教育应尽的职责,而评判一门教学科目的唯一合理办法就是看它对这个职责尽到什么程度。"[②]这些名家名言都对教学内容的功能提出了各自的观点,教学内容是教学活动得以实现的媒介,它主要包含以下两个方面的功能。

(一)为学生的发展奠定基础

教学活动是有目的、有计划的活动,它集中体现在对教学内容的选择上,教学内容是对人类的文化、经验进行选择、加工、改造而形成的内涵丰富、结构合理的知识体系,学生通过对这些系统化的间接经验消化和吸收,充分了解古今中外的生产、生活知识与实践,从而更快更好地适应社会,完成个体的社会化过程。这一功能主要体现在两个方面。首先,当学生掌握具有特定性质的精神客体的时候,其特定的内容和掌握方式就以改造的形式,转化为个体经验的一部分。这些内化的知识经验,不仅成为一种认识、实践的手段、工具和能力,还极大地影响着个体对现实世界和自身生活意义的基本看法和态度[③]。其次,学生对教学内容消化、吸收以后,会形成对事物新的认知,这种新的知识结构和思维认知会影响个体的行为方式、心理结构等。随着学生掌握的教学内容日益丰富,他们对客观世界的看法就越全面和深刻,他们在改造社会实践中就会越主动。因此,教学内容的学习是学生了解社会、持续发展的基础,对学生的长远发展有着深刻的影响。

(二)促进社会的进步

首先,人类文化的传承与发展离不开一代又一代人共同的努力和创造,教学活动将人类文化中最核心、最经典的内容教授给学生,引导学生用科学的方法领会文化的内涵、创造文化,使人类的文化得到有效的传承,使人类文化始终保持与时俱进、旺盛的生命力,在不同的时代绽放不一样的美丽。其次,教学内容是对已有经

---

① 滕大春.外国教育史(第二卷)[M].济南:山东教育出版社,1989:301.

② (英)赫·斯宾塞.教育论[M].胡毅,译.北京:人民教育出版社,1962:7.

③ 裴娣娜.教学论[M].北京:教育科学出版社,2007:167.

验的选择和加工，同时又反作用于社会发展。未来的社会生活，既是现在生活的延续，更是根据人们对未来社会生活的期待，通过教学来主动实现的，这种主动性很大程度上是通过设置相应的教学内容来实现的①。可以说，教学内容也影响着社会实践的内容和方式，这种反作用力对促进社会的不断进步有着强大的助推作用。

第二节　教学内容的历史发展

教学内容随着历史的发展而不断变化，随着时代的变革而不断丰富。人类发展的不同时代、不同阶段，学校的教学内容也各不相同。本节通过对教学内容历史发展的梳理，深入探究教学内容在历史发展中的具体内容。

一、原始阶段的教学内容

在原始社会阶段，教育和生产、生活融合在一起。例如，妇女在采集过程中，可以教授儿童有关植物的知识和采摘的技能；男人在狩猎的过程中，可以教授儿童动物的知识和狩猎的技能；儿童可以在日常生活中学习衣食住行的基本知识和生活技能。这一时期，既没有形成独立的教育机构，也没有形成固定的教学内容，教育教学仅服务于个体的生存。但是，这种教学内容所产生的影响力一直持续到现在，生产和生活的知识与技能在当下依然是重要的学习内容。

二、古代的教学内容

从原始社会末期到奴隶社会，随着生产力的发展，社会分工有了进一步的明确，政治、经济、文化也随之产生了巨大变化，一方面，专门性人才需求增加；另一方面，城邦为了存续和发展，需要更多能够充分承担义务的公民。伴随着文字的发明，专门性的教育机构——学校开始出现。学校的诞生，使教学内容开始从生产和生活中分离出来，成为相对独立的教育要素。

我国五帝时期有“成均之学”，教学内容以乐教为主；有“虞庠之学”，兼作养老、藏米之所，且有大学、小学之分，教学内容以养老为主。到了夏商周时期，有“瞽宗之学”，教学内容以乐教为主。西周时期有国学和乡学——辟雍、泮宫，教学内容主要是六艺——礼、乐、射、御、书、数。春秋时期私学兴起，孔子及其弟子编订的《诗》《书》《礼》《乐》《易》《春秋》是私学主要的教学内容。到了汉唐时期，儒家的经典思想

① 裴娣娜．教学论[M]．北京：教育科学出版社，2007：168．

和文献典籍成为教学的主要内容。唐代以后，四书五经占据了教学内容的主要地位。

公元前 7 世纪左右，古希腊（雅典）时期，教育主要是为作战和祭祀做准备，教学内容主要是跑步、跳跃、角力等与战争有关的体力和技能知识、训练，还有一些与祭祀有关的诗歌、文学教学。后来雅典被斯巴达击败，国力衰退，为了复兴国力，国家希望通过教育培养出政治指导者，教学内容以辩证法、修辞、文法、逻辑学为中心。到了中世纪时期，希腊罗马的教育为天主教会把持，教育以宗教教学为核心，教学内容主要是七艺——文法、修辞、逻辑、算术、几何、音乐、天文。15～16 世纪，欧洲随着生产力水平的提高，社会发生了重大变革。意大利在文艺复兴运动的冲击下，人们的思想开始向关注现实、关注自我、关注自由转变，这一时期的教育活动也发生了巨大的变革，教学内容以人文主义课程内容为主，着力培养和谐、理智、身心全面发展的人，使其能充分履行公民的职责。德意志的教育是将宗教改革和人文主义密切结合起来，教学的目的是培养智慧、贤明又善于雄辩的人，教学的内容也围绕这一目的来设置，主要以文法、辩证法、逻辑学为主。

综上所述，这一时期随着古代学校的出现，教学内容开始从生产和生活中分化出来，但各国的教学内容都比较简单、笼统，各学科之间没有明显的界线，教育教学作为统治者治理国家的重要补充，积极地为国家的发展和存续提供支持。

三、近代的教学内容

到了近代，生产力的进步带动技术发达，新发明、新发现层出不穷，机械技术、科学技术、制造业逐渐大放异彩，技术与科学的结合促使自然科学蓬勃发展起来。这一时期，各学科之间出现分化，实用学科逐渐成为学校教育的主导学科，教学内容以科学为主，人文知识为辅，着重培养符合社会生产发展需要和促进机械化发展的实用性人才。

在我国，17～18 世纪，现代学校教育初见雏形，中等教育兴起，基础教育、中等教育、高等教育逐步完备。清政府分别在 1902 年颁布了《壬寅学制》、1904 年颁布了《癸卯学制》，促成科举制度的废除，为现代学校教育制度的确立奠定了基础。学校教育中开始开设“格致”“博物”“理化”这类课程，教学内容包括物理学、化学、几何学、代数、三角算数等学科知识。而后，在西学思想的影响下，自然科学逐步进入并更加深入现代课程体系，并取得了合法地位。同时，一些新兴的人文社会科学也逐渐形成，并进入学校，教学内容除了自然科学知识，还将语言、历史、地理等人文学科知识纳入其中。

近代的西方，随着自然科学的发展，宗教神学的中心地位受到极大冲击，教育思想向实用主义转变，主张顺应人的自然生长规律，全面促进个体天赋能力的发展，教授个体关于生活所需要的知识和技能，使个体成为一个自主的人。这一时期的西方教育受到机械技术发展、数学研究、自然科学发展、语言发展等几种力量的影响，教学内容更加丰富和完善。一是机械技术的进步，对专业性人才需求量加大，学校教学不仅要培养学生读、写的能力，还要培养学生手工、制造等专业技能。一些初等学校、机械高级中学、职业专门学校将文学、文法、技术、制造、手工等知识和技术作为主要的教学内容。二是数学学科的引进，韦格尔、卢梭等教育学者将数学视为科学文化的基础，非常重视数学学科的学习，他们将几何、算数、数学等作为重要的教学内容融入各自的教育教学实践中。三是自然科学的引进，伴随着产业技术进步的要求，植物学、动物学、生理学、物理学、化学等描述性自然科学都获得了显著的发展。学校教育将物理、化学、地理、天文、生物等学科知识进行整理、分化，作为系统的教学内容传授给学生。四是人文学科的出现、文化的繁荣，打破了古典学科大一统的局面，实用主义、自然主义的思想对课程改造产生了巨大的影响，本族语、外国语、历史、地理等新学科开始出现，并作为教学内容进入学校教育。人文知识开始受到人们的重视，学校教育期望通过传授人文知识，使学生对本族文化产生深层次的认同感，提高学生的人文素养，促进学生的思维发展。

近代学校教育阶段，教学内容日益丰富，科学文化课程占据学校课程体系的核心地位，科学知识居于教学内容的首要位置，人文学科知识作为对生文化素养的补充，居于辅助性地位，宗教类教学内容逐渐退出学校教育体系。

四、现代学校的教学内容

现代社会，随着第三次科技革命的兴起，一批新兴技术开始发展，能源技术、空间技术、计算机技术等技术蓬勃发展，人类的生产生活进入了新的历史纪元，学校教育的发展充满了机遇和挑战。首先，学校教育迎来了机遇。一是自 19 世纪以来，人们的生活水平逐渐提高，物质基础日益丰富，人类对知识的追求从实用主义逐渐向关注个体发展转变。例如，杜威提出了“教育即经验的改造”，他在自己的教学实践中开设了经验类课程，教授手工、园艺、游戏、表演、自然研究等知识，鼓励学生为更好的生活做准备。二是学校教育理念开始从“教师中心”转变为“学生中心”，教学内容纳入艺术、雕塑、体能、操作等极具创造性的知识与技能，强调学生通过学校教育获得全面而完整的发展。三是受到信息技术的冲击，互联网、云计算、大数据等信息技术手段日新月异，融入人们生产和生活的方方面面，也改造了人们适应社会和认知社会的方式方法，学校教育快速吸收、整合信息技术知识，将网络发展、数据编程等内容充实到教学中，一方面为学生更好地适应社会变革做准备，另一方面为国家的未来发展提供更多高素质技术人才。其次，学校教育面临着巨大的挑战。一是学科间的界限又开始模糊，各学科知识相互渗透，很难用单一的学科知识解释更加复杂和多元的现象，因此，学科的交叉融合催生了一批新的跨学科知识体系，他们日益成为学校教学的重要内容。二是人类社会在进入现代发展后，如同走上了发展的“快车道”，社会发展瞬息万变，社会变革让人目不暇接，“知识的大爆炸”推动人类知识转型的速度也越来越快，现代教育也面临一场重大的危机。具体体现在现代教育满足了个体世俗发展的需要，但是在个体人格、精神、品德的塑造上还显出发力不足，学生学习的内容加重，造成学生身心压力变大。因此，现代学校提倡在教学内容的选择上，融入世界观、人生观、价值观、职业观、心理学等丰富的内涵，从基础开始为学生树立正确的价值观念和人生准则，鼓励学生以不变之心态应万变之形势，帮助学生在学习科学文化知识的同时获得身心的健康发展，找到自己的人生定位，为更好地适应未来、成就自我做好充足的准备。

现代教育内容伴随社会的快速发展，焕发出新的生命力，教学内容不再拘泥于单一的书本知识，体验式的经验、社会的现实问题、跨学科的知识、信息技术的发展都成为学校教学内容的组成部分，教学内容呈现多元化的发展态势，这就要求教师和学生在教学过程中灵活地选择教学内容、学习教学内容，通过教育活动获得个体的长久进步。

第三节　教学内容的选择

教学内容是教师施教的主要凭借，学科的开放性为教师选择教学内容提供了广阔的空间，有效的教学内容对提高教学的有效性有着举足轻重的作用。

泰勒曾提出选择教学内容的十条原则：①学生必须具有使他有机会实践目标所蕴含的那种行为的经验；②学习经验必须使学生由于实践目标所蕴含的那种行为而获得满足感；③使学生具有积极投入的动机；④使学生看到他以往的反应方式是不令人满意的，以便激励他去尝试新的反应方式；⑤学生在尝试学习新的行为时应该得到某种指导；⑥学生应该有从事这种活动的足够和适当的材料；⑦学生应该有时间学习和实践这种行为，直到成为他全部技能中的一部分为止；⑧学生应该有机会循序渐进地从事大量实践活动，而不只是简单重复；⑨要为每个学生制定超出他原有水平但又能达到的标准；⑩使学生在没有教师的情况下也能继续学习，即要让学生掌握判断自己成绩的手段，从而能够知道自己做得如何[①]。

---

① 施良方．课程理论：课程的基础、原理与问题[M]．北京：教育科学出版社，2000：110.

综上所述,教学内容的选择不是毫无目的的,而是有计划、有根据的,要综合考虑教学目标,学生特点,教学内容的深度、广度和难度,教学实际四个要素,对教学资源进行合理的开发和利用,使教学内容与学生的发展、社会的需求相一致,实现学生的长久进步和社会的健康发展。

一、依据教学目标选择内容

教学目标是教学过程中教师和学生将达成的教学成果和学习效果的根本指针,是教育教学活动的标准和依据,因此,教学内容要紧紧围绕教学目标来选择。这就要求教育者首先研究教学目标和教科书,通过潜心钻研,深刻理解教学规范制定者的目标和意图,并与作者产生学科共鸣,进而确定教学内容,找准教学重难点,通过对资料的筛选,找到能够实现教学目标的,具有启发性和教育意义的教学内容。例如,大学语文教学,语文是一门综合性和兼容性非常强的学科,每篇文章都蕴含丰富的思想、情感和见解,每篇文章都包含文字、修辞、文法、逻辑等内容,而大学语文的教学目标是通过系统的学习,培养学生对汉语言文学的阅读、欣赏、理解和运用能力,旨在提高学生的文学素养和实际写作能力。所以,教师在选择教学内容时,不能仅仅拘泥于语文课本,还要充分挖掘文章的来源、历史,以及文章呈现的文化、理念,再到对文字的使用和驾驭等这些方面的内容,通过精挑细选,优化教学内容,使学生通过大学语文学习,在知情意行等方面都得到极大的提高。

二、依据学生实际选择内容

对教学内容的处理要从学生实际出发,要从学生的需要入手,对教学内容进行合理加工、整合和拓展,促进儿童的素养形成与发展。这主要表现在以下几个方面:第一,从学生的身心发展规律出发,根据学生心理成熟度、智力发展程度,以及语言行动发展程度来选择教学内容,坚持做到因材施教,使学生能够通过对教学内容的学习,获取持续的进步;第二,从学生的学习规律出发,从学生先前的学习经验和兴趣出发,选择与学生前期认知水平和知识储备相匹配的教学内容,让学生能够带着原有的知识体验参与课堂教学,开展主动学习,构建新的知识体系。例如,大学英语的教学,大学生相比低龄的学生,心智更加成熟,接受知识的能力更快,对学习方法的运用也更灵活,他们已经具备英语的基础知识和基本技能,因此,大学英语的学习,如词汇的学习应该围绕培养学生更高阶的听说读写能力来选择教学内容,要从单词的基本意义拓展到词源、词性及单词的运用;阅读的学习要从生活化的学习内容转向专业性更强、理论水平更高的内容,使学生在完成英语学习后,熟练地掌握英语表达能力和更专业的读写能力。

三、依据适度原则选择内容

适度是指事物的深度、广度、难度要恰当合理，符合事物发展的一般规律。在选择教学内容时就要坚持适度原则，以学生可接受的程度为量度，立足于学生对知识和技能的掌握水平。这一原则主要体现在三个方面。第一，所选择的教学内容的深度要适宜。要在教学之初对教学内容的难易深浅做到心中有数，教学内容过难，会挫伤学生学习的积极性，无法使学生全面消化学习内容，学习浮于表面，长此以往，学生会因为对知识漏洞的补充乏力，而产生厌学情绪；教学内容过浅，不符合教学目标的要求，学生的智能得不到发展，会造成学生思维肤浅，不愿意动脑分析、解决问题。所以，教学内容的选择要立足于教学目标，使内容的难度恰好落脚在学生通过努力可以达到的潜在接受能力上，让学生在教学中有一种跳一跳就能摸得到的满足感，从而不断开发新的最近发展区，促进学生发展。第二，要把控好教学内容的广度。教学内容的选择要依托教材又不拘泥于教材，要把教学内容的广度和精度有机结合起来，让学生在课堂学习中获得充足饱满的知识养分，从而获得良好的学习效果。第三，选择的教学内容的难度要适中。教学内容过难，学生难以接受，很容易产生畏难情绪，不利于学生持之以恒地开展学习活动，影响学习的进度；教学内容过易，学生学习不饱满，一方面影响学生对教师水平的质疑，另一方面容易造成学生盲目自信，不愿意开展深层次的学习。因此，教学内容的适度选择是课堂教学有效性得以保障的重要方面，要坚持以学生可接受的程度为原则，促进学生持续、有效地开展学习。

四、依据教学实际选择内容

不同学科的教学内容的教学重点各不相同，只有根据教学实际需要选择教学内容，打破传统的教材结构，实现教学内容优化组合，才能激发学生学习的积极性、创造性，才能培养学生良好的学习能力和思维能力。例如，在实践类课程教学中，教学目标更加强调学生对知识的运用和技能的熟练掌握，因而，在选择教学内容时，要从实际出发，选择与实际生产、生活密切相关的内容，引导学生将课堂知识转化成实践经验，提升学生分析问题、解决问题的能力，加深学生对操作性技能的理解和掌握。对于理论性较强的课程，教师在选择教学内容的时候就要注意筛选有内涵、有深度、有独特见解的教学内容，使学生通过对教学内容的学习，能够更深刻地理解知识、更精准地把握内涵，学生的视野和理论水平能够在学习后得到拓展和丰富。

第四节 教学内容的组织

教学内容在选定后就要进行有序的组织和加工，使其以更加合理、更加系统的形式呈现给学生，促进学生更好地学习，因而，需要进一步对教学内容的逻辑关系和组织原则进行探讨。

一、教学内容的组织要遵循三个逻辑

人类的知识是具有一定逻辑关系的，在开展教育教学过程中，只有通过对文化知识的系统梳理，找到其中蕴含的逻辑关系，理清知识发展的脉络，才能使教师更好地理解教学内容，进而采用恰当的方法对教学内容进行组织、安排，帮助学生更加清晰地掌握教学内容。教学内容的组织要遵循的逻辑主要有以下三个方面。

(一)学科的知识逻辑

自然界是一个有机整体，由各种现象、各种物质共同组成，它们之间相互联系、相互变化、相互发展，人类通过对问题和现象的归纳、总结，分化出各种各样的学科，而这些学科就成为独立的知识系统，由若干知识元素构成，这些知识元素是按照知识发展的阶段、类别、属性等形成的相对独立的集合体。这些知识元素既相互区别又相互联系，构建科学、合理的知识网络，进而形成学科知识间的逻辑关系。教学内容的组织要根据学科知识本身及其内在的逻辑顺序进行排列，使学生能够按照有序的顺序进行学习，分门别类地认识客观事物，获得系统化的知识，形成学生自己的知识结构。

恩格斯曾批评孔德把各门学科按照数学、天文学、物理学、化学、生物学、社会学的形式进行排列，并在教学过程中安排先学完一门再学另一门。这种组织教学内容的方式割裂了知识之间的逻辑关系，不利于知识的交往与迁移，不利于学生学习。

(二)学生的身心发展的规律

心理学认为个体的身心发展有其规律性，一是个体的发展包括身、心两个方面的发展，即身体的生长发育和成熟，以及认知、情感、意志、行为等心理的发展；二是身心的发展具有各自的顺序；三是个体的发展具有关键期，教育应发生在关键期内；四是个体的发展既有共性又有个性，教学内容在保证主体内容、开展普适性教学的同时，要照顾到学生的个体差异，提供丰富多彩的个性化学习材料，满足不同学生发展的需要

(三)学校的教育逻辑

学校教育是特殊的育人场所,有其独特的条件和要求。学校的教育逻辑是指学校在长期的教育实践中总结的教育经验、形成的教育规律。它主要体现在以下几个方面。第一,进入学校教育领域的教学内容能保证人类优先经验的传递和延续。第二,学校教学内容受社会政治、经济、文化等发展水平的影响,落后或者超越社会发展的教学内容都无法深入人心。第三,教学内容组织应考虑它的育人价值,应最大限度地促进学生个性自由和全面发展。第四,学校教育制度、教师队伍素质、学校物资设备条件、教育行政管理水平也都是组织加工教学内容时要考虑的因素。因此,教学内容的组织要优先考虑学校的教育逻辑。

二、教学内容组织加工的方式

科学的教学内容组织方法是指按照一定的逻辑结构对教学内容进行有序组织和安排,促进了学生更好地进行学习。教学内容的组织方式主要有横向组织、纵向组织、螺旋上升式组织和主题式组织四种。

(一)横向组织

各学科之间是相互独立、相互区别的关系,如语文、数学、英语、物理、化学,它们是不同的学科,教学内容各不相同,但随着科学进步,学科间的界限逐渐模糊,学科之间的联系日益加强。教学内容的横向组织是指打破学科间的界限,将各学科的知识横向联系起来,既承认学科间的差异性,又积极寻找学科间的内在联系,不断拓展知识的广度,这对于拓宽学生的眼界、丰富学生的知识具有重要的意义。

(二)纵向组织

教学内容的纵向组织是指将教学内容的各要素根据学科的逻辑体系和学生的身心发展阶段由浅入深、由先到后纵向组织起来。这种教学内容组织方式强调学生的学习过程是从已知到未知、从具体到抽象的。《学记》中“先其易者,后其节目”,夸美纽斯的“由简到繁”的思想都体现了纵向组织原则。加涅的“学习阶段理论”、布鲁纳的教育目标分类,也都是从简单到复杂排列教学内容的典型。纵向组织教学内容,有利于教学内容的不断深化,由表及里,探寻知识之间更深层次的联系。

(三)螺旋上升式组织

个体认识事物遵循由低级到高级、由简单到复杂的逐渐深化、发展的规律,因此,在教学过程中,应遵循个体认识发展的规律,合理地组织安排教学内容,使知识的学习过程与个体认知事物的过程相统一,从而达到事半功倍的效果。美国学者布鲁纳最早提出采用螺旋式教学的观点,他认为,教学内容应从各学科的基本原理开始安排,学生通过对基本理论的学习,了解发展的脉络和基本理论,为后期的学习打下理论基础，在后期的学习中，随着学年的递升而呈螺旋式地反复，分阶段、分内容进行提高。这种螺旋式教学可以使学生打牢学科基础，加深对知识的理解和技能的运用，极大地提升教学效果。

综上所述，螺旋上升式组织方式是指在充分考虑学生身心发展规律的基础上，按照由简到繁、由浅到深的程度组织教学内容，在教学的不同单元、不同阶段，不断重复教学内容，在每次重复过程中，既加深学生对相同内容的理解，又在一定程度上对原有的教学内容进行深化或拓展，通过螺旋上升式组织深化教学内容，加强学生的认知能力，进而提升教学效果。但这种组织方式仍有一定的不足，由于经常性重复教学内容，容易造成一部分教学内容过于臃肿，这种不必要的重复加重了教师的教学负担和学生的学业压力。

（四）主题式组织

主题式组织是以某一主题为中轴，教师结合自身教学经验和学生最近发展区的目标，有目的、有计划地对教学内容进行筛选、组织和排列，使各教学内容之间协同合作，共同作用于教学活动，以便促进学生对知识的掌握和实践，开展有意义的学习。主题式组织可以将人类群体的智力资源重新排列、整合，以最优化的方式转化为学生的知识和能力，更好地激发学生学习的主体性和积极性。

例如，在高校思想政治教育课程中，针对“中国特色社会主义进入新时代”主题，将中国特色社会主义的政治、经济、文化、生态文明、党建等方面的教学内容进行整合，既为学生详细介绍了中国特色社会主义发展进程中政治、经济、文化、生态文明、党建变革的具体表现，又深入剖析了变革产生的历史原因、影响因素和主要特征，引导学生通过对教学内容的学习，深刻理解社会主义的发展变化，培养学生政治认同、科学精神、法治意识的核心素养，进而帮助学生树立正确的世界观、人生观、价值观。

第五节　教科书

教科书是教学内容的主要构成要素，是知识的重要载体，是师生之间发生教学联系的主要媒介，是实现教学理论与教学实践的桥梁。教科书的选择与使用对教学质量、教师发展、学生学习有着至关重要的作用。

一、教科书的内涵

（一）教科书的定义

教科书也称课本、教材，在《中国教育大百科全书》（2012 年版）中，教科书被定义为“根据课程标准或教学大纲编写的教学用书”①。中国古代社会有著名的蒙养教材——《三字经》《弟子规》《千字文》等。西方古代社会也将《圣经》《古兰经》等宗教经文作为主要的教学用材(教科书)。教科书是师生开展教学活动的主要媒介，它既对学生产生直接作用，向学生传递知识、熏陶情感、培育价值观，又是教师开展教学的“蓝本”和重要支撑。教科书是动态和静态的结合体，动态是指它是一种创造和再创造的活动，静态是指它以图片、文字、视频等形成呈现。因此，科学地定义教科书，对于教学内容的精准定位，以及教学内容作用的充分发挥有着重要的作用。本书结合教学内容的丰富内涵，立足写作目标，将教科书定义为基于课程标准编写的，在师生教学过程中起到关键作用的基础性教育资源，它包括课文、习题、注释、插图、附录、实验等内容，其中，课文是教科书的主体内容。教科书通常按照学年或学期进行分册，并按照学科逻辑划分成若干章节或单元。

(二)教科书的特点

从上述对教科书的内涵界定，可以看出教科书具有以下特点。

1. 教科书是课程标准的集中体现和系统落实

课程标准是教科书编写的指南与评价依据，教科书的编订必须依据课程标准。教科书是课程标准的重要载体，教师和学生通过对教科书的学习，掌握本学科课程标准的基本思想和内容，实现对学科的理解和运用。

2. 教科书反映了学科逻辑和学科特征，体现了学科知识及知识间的基本结构

任何学科的发展都有自己独特的逻辑联系与规律，教科书的编订要遵循学科知识发展的规律，遵循学生身心发展的规律，从易到难，从简到繁，合理地布局教科书的内容，从而能够更好地为学生讲清楚、讲深刻各个学科的内容，指导学生开展学习实践。

3. 教科书紧跟时代的步伐，满足了时代对人才质量的需求

教科书中的内容是学科知识的集中体现，随着时代的进步，科学技术不断发展，人们对客观世界的认知进一步深化，使各学科知识在技术的支持和检验下不断更新、不断优化，始终保持与时俱进，不断满足时代对人才提出的高标准、高要求。

4. 教科书是学生学习知识、掌握技能、培养价值观的重要载体

教科书是人类对科学知识的高度凝练，它不仅包含基础知识理论、实践技能，还蕴含学科精神。学生通过对教科书的学习，可以系统地掌握知识与技能，获得能力的提升，同时，感悟学科的科学精神与时代内涵，既能对学生进行专业教育，又能启迪学生进行精神内化。

① 顾明远．中国教育大百科全书[M]．上海：上海教育出版社，2012.

5. 教科书是教师开展教学设计的主要蓝本

教科书是教师开展教学设计的主要蓝本，是开展教学活动的核心资源，教学辅助手段和资源，如学具、练习册等都是围绕教科书进行开发和补充的。

二、教科书的作用

教科书作为教学内容的有机组成部分有着独特的作用，集中表现在以下几点。

(一)教科书是教学的主要依据

教科书是教学计划的主要表现形式，体现了教学目标的核心思想和具体要求，教师备课、上课、布置作业、评定学业水平都要依据教科书，因此，教科书是教学活动得以顺利实施的主要依据。

(二)教科书是学生学习知识的主要来源

教科书以精练的语言、合理的逻辑、概要的形式集中反映了人类学科的内涵与外延、历史与发展等内容，是人类认识的高度集中，是人类智慧的结晶，学生通过学习、阅读和理解，掌握教师所教授的学科内容和专业技能。

(三)教科书是课程标准的实施载体

教科书是课程标准的具体化，是教学理念落实的主要载体。根据课程标准的要求，教科书实现了课程目标、内容结构、教学要求、课程评价的有机统一，便于课堂教学，便于巩固学习，便于检验学习效果。

三、教科书的选择

任何知识的选择都必须依据一定的标准和原则，教科书作为知识的重要载体，其选择的过程就是一个价值判断的过程，要根据课程目标、课程特点、学生的兴趣和身心发展水平、学校的发展水平、社会发展需要有目的、有计划地进行选择。

(一)课程目标

课程目标是教学活动的行动指南，为教学活动的顺利实施指明了方向。因此，教科书的选择必须以课程目标为依据，使教学内容与课程目标保持一致，服务于课程目标的实现。

(二)课程特点

课程主要包括基础性和时代性两个特点。其中，基础性主要体现在三个方面：一是能够培养学生熟练掌握学科基础内容、经典知识，灵活运用知识的能力；二是能够引发学生学习本课程知识的兴趣，树立积极探索、坚持真理的科学态度；三是蕴含理论联系实际的特点，帮助学生习得分析问题、解决问题的能力。时代性是指教科书的内容要坚持与时俱进，吸收当今社会的先进理论和科技，关注学科发展趋势，符合学生成长需求，将知识学习与社会生活紧密联系起来。因此，只有坚持基础性和时代性相统一的教科书,才能培养出符合当今社会和未来发展需要的高素质人才。

(三)学生的兴趣和身心发展水平

使用教科书的最终目的是促进学生学习知识、提升能力。因此,教科书的选择比例要综合考虑学生的兴趣、身心发展水平,要选择适合学生身心发展,能够促进学生长久进步的教科书作为课程教学的主要内容。

1. 学生的兴趣是教科书选择的出发点

教学的目的是促进学生的不断成长,教科书是教学活动的重要载体,它的选择要充分考虑学生的兴趣和需要,选择学生感兴趣的内容,使学生愿意主动参与学习活动、完成学习任务,进而提升学习自主性和专注力,使学生获得良好的学习效果。不以学生兴趣为出发点选取的教科书,会使学生产生学习的压迫情绪,学习的内容不能被学生吸收和内化,不利于有效学习活动的实现,教学也就失去了应有的价值。因此,教科书的选择要坚持以学生兴趣为出发点,以发挥学生的潜能为最终目的,使教科书的作用能够在教学活动中得到充分发挥。

2. 学生的身心发展水平是教科书选择的重要依据

知识的教学要立足于学生现有的知识水平和经验,通过搭建知识的模型,实现知识的传授。首先,儿童心理学和发展心理学研究表明,不同年龄阶段的儿童身心发展水平各不相同,记忆、思维、想象等方面都呈现出不同的发展特点,个体心理发展呈现阶段性和连续性特点,这一特点和规律制约着教科书内容的深度和广度。因此,教科书的选择要考虑个体成长发展规律,符合学生身心发展规律的教科书能够促进学生的不断进步,相反,滞后或者超越学生身心发展规律的教科书则会给学生的学习带来影响和负担。其次,教科书的选择还要遵循最近发展区理论,教科书的内容应考虑个体身心发展需要,选择符合学生知识建构水平的内容,有助于学生理解知识、运用知识,能够引导学生实现自主学习和自我发展,保证学生呈现健康、良好的学习状态。

(四)学校的发展水平

不同阶段的学校承担不同的教学任务,不同类型的学校各有不同的发展目标,分阶段、多元化的学校教育实现了个体的全面成长与个性化发展。然而,要想充分发挥学校教育的有效性,在教学活动中,就要立足学校的发展目标和办学特色,选择与之相匹配的学科教科书,一方面,秉承学校的教育理念,通过对教学内容的筛选,让学生从中感受到知识与技能的传承和发展,通过对教科书的解读使学生更加认同学校教育;另一方面,选择与学校发展水平相一致的教学内容,能够为学生提供更加全面、合理的教学资源保障,能够引导学生获得长足的发展。

(五)社会发展需要

个体的发展总是与社会发展相互交融,学生在校期间习得的知识和能力能否适应社会生产和生活,是学校教学活动得以顺利开展的客观依据。因此,在选择教科书时,就必须考虑社会当下与未来发展的需要,促进学生为未来的独立成长做好准备。一方面,教科书的选择要符合现实社会的需要。教育的发展要立足当下,培养适应现实社会发展需要的高素质人才,因此,教科书的内容应当包含学科发展的脉络与时代的特点,能够帮助学生获得学科发展的基本知识、基本技能,进而坚持理论联系实际,发展学生分析问题、解决问题的能力。另一方面,教科书的选择要考虑未来社会发展的需要。为使学生能够在未来的社会生活中有所作为,就应当选择适度超越现实社会的教学内容,保证教学具有前瞻性,引导学生认识社会发展的特点和规律,让学生对未来社会抱有积极的期待,进而促进学生为了更快更好地适应未来社会而不断努力学习。

四、教科书的呈现

教科书的呈现方式多种多样,恰当的呈现方式对提高教学水平、激发学生学习兴趣具有积极的促进的作用。

(一)教科书的内容要贴近生活

陶行知先生曾指出"没有生活做中心的教育是死教育,没有生活做中心的学校是死学校,没有生活做中心的书本是死书本"[①]。因而,教科书的内容应尽量来源于生活、来源于社会、来源于自然,将教学与社会生活有机地联系起来,用生活中真实的案例、客观存在的现象吸引学生对教学内容的积极关注,引发学生对问题更深层次的思考,进而激发学生的好奇心和求知欲。

(二)教科书的内容呈现的方式应当有利于学生知识的建构

根据维果茨基的最近发展区理论得出教学应着眼于学生的最近发展区,为学生提供难度适中的内容,调动学生的学习积极性,进而发展到下一个阶段。根据儿童心理学理论得出学生的身心发展有其自身的特点和规律,教学要遵循个体发展的规律,采用恰当的方式和内容开展教育教学。因此,教学书的内容呈现的方式应该具有较大的开放性、可塑性,教科书的内容要以学生知识原点为出发点,提供给学生需要思考、分析、辨析的材料,鼓励学生对教学内容进行反思、质疑或者批判,通过采用多元的教学方法,为学生搭建知识的"脚手架",帮助学生找寻知识间的联系,实现知识的自主建构,最终实现对知识的理解和技能的掌握。

---

① 陶行知. 教学做合一之教科书[J]. 中华教育界,1931,19(4).

（三）教科书的内容要选择好的语言

俗话说："妙笔生花。"好的语言是有意义的语言，是对内容的高度凝练，是对文字的灵活运用，它能够启发人的心智，触动人的情感，引发人的思考。因此，教科书的内容编订应该是简洁、精炼、有艺术感的。学生在阅读内容丰富、层次分明、文采斐然的教学内容时，一方面可以学习文化知识，另一方面可以学习到对学科专业的精准表述，在提升学习能力的同时，更使学生得到了情感的升华和思维的训练。

五、教科书的再开发

教科书是教学活动的"蓝本"，在教学过程中，教师将教科书作为教学的核心资源进行研究，围绕教科书开展教学设计、选择教学方法、选取教学手段。教师根据自己的教学特点和学生的身心发展特点，对教科书进行不断开发，创造性地使用教学书来完成自己的教学活动。教科书的开发是指围绕教科书发掘出的辅导书、补充读物、工具书等教学辅助用具，以及使用各种信息技术手段活化教科书内容，通过计算机程序、影像、网络等方式变革教科书的使用方式，帮助学生深入理解学习内容。

随着信息技术的发展，一场新的学习革命悄然酝酿，教育领域也随之发生了翻天覆地的变化。教科书突破了以往单一的纸质出版形态，开始走上数字教科书的开发道路，这一重大变革已经成为信息技术作用于教育领域的重要体现。

数字教科书的开发是指以教科书的本质为出发点和落脚点，充分融入数字信息技术而发展出来的数字化教科书，它是依据信息技术和数字化技术的发展对教科书进行的深刻变革。数字教科书的开发主要体现在三个方面，第一，教科书的终端号，是指突破传统的实体形态，使教科书不再是纸质文本，而是通过使用数字终端呈现出来的虚拟形态，主要是电子书，可以在计算机、平板、电子书包等各移动终端使用，可实现无纸化教学。第二，教科书的多媒体化，是指活化教科书的内容，采用声音、图像、色彩、视频等手段将教科书的内容以更加生动、有趣的方式呈现给师生，真正实现教学内容"跃然纸上"。第三，教科书的智能化，是指深度发掘个人需求，并通过信息技术手段精准识别个人需求，进而使教科书呈现个性化特征。就像是你的朋友或师长，熟悉你的言语特点、表情、肢体动作，并通过对这些信息的分析为你提供符合个体特点的学习内容，实现个体的个性化学习需求。

第三章 教学方法

本章提要

《中国教育现代化 2035》提出，到 2035 年我国要总体实现教育现代化，迈入教育强国行列。这一战略部署为新时代我国高等教育现代化发展明确了方向。实现高等教育现代化的核心在于高质量发展。高等教育高质量发展的关键在于高等教育教学质量的提升，只有不断地提升高等教育教学质量，才能实现立德树人的根本任务，而教学方法作为教学四要素之一，是影响高等院校教学质量的关键要素。因此，教学方法改革和创新成为高等教育学术界关注的焦点。本章从教学方法的概念入手，阐述了教学方法分类和功能，并结合高等教育教学实践，分析高等教育教学过程中常用的教学方法特征、优势和要求，以此为基础，探讨了科学有效的教学方法的选择和运用。

第一节 教学方法概述

教育是一种科学，有其自身的规律性。高等教育要提高教学质量，实现立德树人根本任务，推动高等教育高质量发展，就必须采取科学、先进的教学方法。因而，加强教学方法研究，厘清教学方法的概念，把握教学方法的多样性和灵活性，深刻认识教学方法对人才培养的重要意义，有利于教学方法的改革和创新，同时，也是每位高校教师的必修课。

一、教学方法的概念

古今中外，关于教学方法的研究可以说从未间断过，但关于教学方法的概念，国内外教育专家从不同的角度提出了不同的看法，目前还没有形成统一的学术概念。概括起来，学术界大致从以下几个角度界定了教学方法。

从教师的角度认为，教学方法是教师为了完成教学工作而采取的一种工作方式、措施、方法和手段。例如，有的学者认为“教学方法是教师为了完成教学任务，实现教学目的，在教学过程中所采用的一系列方法措施”[①]。“教学方法是指教师在教学过程中为了完成教学任务所采用的工作方式和在教师指导下的学生的学习方式”[②]。“教学方法是教师为完成教学任务所采用的手段”[③]等。

从师生互动的角度认为，教学方法不仅包含教师教的方法，还包括学生学的方法。例如，有的学者认为“教学方法是为了完成教学任务而采用的办法，包括教师教的方法和学生学的方法，是教师引导学生掌握知识技能，获得身心发展而共同活动的方法”[④]。“教学方法是完成教学任务所使用的工作方法，包括教师教的方法和学生学的方法。在确定了教学任务、具备了相应的教学内容之后，教学方法的解决就成为一个非常重要的问题”[⑤]。

根据以上分析，我们可以看出，无论是从教师的角度还是从师生互动的角度出发，关于教学方法的概念界定都有一个共同点：教学方法的目的是完成教学任务，实现教学目的。不同之处在于：教学方法仅仅只是教师为了完成教学任务的方法，也就是说仅仅包括教师教的方法，还是教学方法不仅仅只是教师为了完成工作而采取的方式，同时也是学生为了获取科学文化知识而采取的学习方法，也就是说，教学方法不仅包括教师教的方法，还包括学生学的方法，是师生互动过程中采用的多种方法的总称。《中国教育大百科全书》(2012 版)认为，教学方法根据场合不同有三种不同的含义。第一种含义指教学过程中为了实现教学目标而使用的一切手段和途径。这种理解把教学原则、教学组织形式都作为教学方法。第二种含义将教学方法和教学原则区分开，认为教学方法是在教学原则的指导下采取的具体活动措施。第三种含义把教学方法与教学原则、教学组织形式区分开，只把如何讲授、讨论、实验、练习等称为教学方法，也就是一般意义上所指的教学方法，即教学方法是指为了达到教学目的、教授教学内容，在教学原则指导下，运用教学手段而进行的师生相互作用的活动，由一整套方式组成[⑥]。

由此，根据本书编写需要，我们采用第三种意义教学方法的概念界定，同时我们也认为，教学方法随着社会的发展而发展，处于不断变化发展之中。在新的教育形势下，高等教育要实现全程全员全过程育人，在教学方法的改革创新过程中，必

① 关甦霞．教学论教程[M]．西安：陕西师范大学出版社，1987：196.

② 张楚廷．教学论纲[M]．北京：高等教育出版社，1999：278.

③ 张楚廷．教学论纲[M]．北京：高等教育出版社，1999：278.

④ 王道俊．教育学[M]．北京：人民教育出版社，1989：244－245.

⑤ 南京师范大学教育系．教育学[M]．北京：人民教育出版社，2000：415.

⑥ 顾明远．中国教育大百科全书[M]．上海：上海教育出版社，2012：613.

须关注学生的学习方法。因为学习方法是影响学生学习质量的关键因素，换言之，要提高高等教育的教学质量，实现高等教育高质量发展，首先我们必须改进学生的学习方法，以此提升学生的学习质量，因为学习质量是教学质量最直接的体现。日常教学中，我们提到教学方法改革，理所当然地认为就是改革教师教的方法，教师教的方法固然重要，但对学生学的方法的忽视，一定程度上影响了教学方法改革的成效。只有教的方法，没有学的方法，师生互动终将成为教师的“单边活动”。因而，新时代的教学方法改革创新需要明确以下几点：

（一）教学目的实现需要师生互动

教学目的规定了学生通过学习应到达的标准水平，其中，教师的教在教学目的的实现过程中起着关键性的作用，教师采用科学先进的教学方法教，更有利于学生获取科学文化知识，但是仅靠教师的教，没有学生的主动学，会使教学陷入以教师为中心的灌输式教学，教师讲，学生听，这样的教学很难实现培养人的任务。教师和学生是教学活动的主体，教学目的的顺利实现离不开教师的教和学生的学，因而，教学方法包括教师教的方法和学生学的方法。例如，在《大学生学习方法导论》教学中，教师为了使学生理解学习的本质，选择讲授式教学方法，教师在讲授的过程中，需要学生认真聆听。在这个过程中，学生听课的方法尤其重要，如果学生只是机械地听课，对于教师讲的内容不加思考、囫囵吞枣，对于学生来说可以说这节课是无效的。因而，教师为了让学生真正理解学习的本质，需要在讲授的过程中，引导学生学会听课的技巧，边听边思考，及时与学生互动，在互动中，逐步引导学生结合自身学习经历，探讨学习的本质。虽然在实际教学过程中，有时候需要以教师教授为主，但是学生总是不可或缺的，教学方法充分体现了师生在教学过程中互动的必要性，忽视教师教的方法，会使课堂教学缺乏“主心骨”，而忽视学生学的方法，会使课堂教学失去生机，枯燥无味，很难实现教学目的。教学方法使用可以提升师生互动，促进学生学习的能动性，有利于教学目的达成。

（二）教法和学法相互作用

教学方法包括教师教的方法和学生学的方法，但并不是二者相加即教学方法，也就是说，并不是从教师角度研究教的方法，从学生角度研究学习方法，教的方法加学的方法等于教学方法，这种人为地将教法和学法分离的结果必然不符合高等教育教学的真实情景，自然也不利于教学方法改革和创新。事实上，教师教的方法和学生学的方法是相互依存、相互作用的。教师教的方法是否有效果，只有通过学生学的方法来体现，而学生学的方法需要在教师教的方法引导下才能发挥作用，二者相互影响、相互促进。

（三）教学方法的实质

教学方法是师生交流互动的方式，是教师为了教授教学内容，达到教学目的，学生为了掌握知识，培养能力，实现自我发展而选择的一系列方式方法，其实质是教师和学生对教学手段及现有教学资源的有效利用。内容决定方法，教师依据教学内容选择了什么样的教学方法，就决定师生在教学过程中应该怎样教学和学习，也就是说，教学方法规定教师和学生在教学过程中应该遵循的步骤。例如，在"大学生学习方法导论"教学中，关于有效学习的条件，教师选择了讨论式教学方法，因而，在课堂教学过程中，师生就要遵循讨论式教学方法的步骤，设置讨论主题，引导学生参与讨论，对讨论结果进行总结。

教学方法作为教学的基本要求之一，无论对教师的授课质量还是学生的学习质量都具有很大影响，因而，教学方法选择是否科学合理，直接影响教育教学质量。关乎教学目的的实现程度和人才培养质量，所以，正确理解教学方法的概念内涵，把握教学方法的实质，对于高等教育实现立德树人根本任务具有重要意义。

二、教学方法的分类

教学有法，教无定法，说明教学方法的纷呈多彩、千姿百态。学科专业和课程教学内容的多样性、教学对象的差异性，决定了教学方法的复杂性和教师选择运用教学方法的灵活性。因而，对于教师来说，要在众多教学方法中选择适合的用之于特定的教学内容，首先只有要对教学方法类别做到心中有数，才能灵活地选择行之有效的教学方法。教学方法的分类是指建立教学方法的次序和系统，通过把丰富多彩的教学方法，按照一定的标准归属到一起，又按照各自不同的特点，把它们相互区分，以便更好地分析、认识它们，把握各种教学方法的不同特征、作用和条件，以及它们发展运动的规律①。

从上面的分析可知，教学方法复杂多样、千变万化，因而，教学分类自然也具有复杂性和多样性，依据不同标准，出现了不同的分类方法。例如，有的学者按照教师教的方法和学的方法分类，教师教的方法包括讲授、谈话、讨论等，学生学的方法包括作业、练习等。这是最简单的教学方法分类。也有的学者依据知识的来源将教学方法分为直观的方法、语言的方法及实践的方法。还有的学者依据师生相互作用关系的不同，将教学方法分为以教师活动为主的教学方法和以学生活动为主的教学方法，以教师活动为主的教学方法包括讲授法、谈话法、演示法等，以学生活动为主的教学方法包括读书自学法、实验法、实习法等。虽然各位专家学者对教学方法分类的标准和依据有所不同，但仔细考究起来，这些教学方法分类各有千秋，有助于教师对教学方法的理解和运用。

---

① 王策三．教学论稿[M]．北京：人民教育出版社，2012：248.

基于本书编写的需要，将结合新时代高等教育建设发展的新形势，依据现代大学教学过程中出现的新情况，以传统教学方法和现代教学方法之分，探索分析传统教学方法在现代教学中的适用性，以及现代教学方法的优势和运用。

三、教学方法的功能

（一）教学方法是教学质量提升的必要条件

众所周知，质量是高等教育的生命线。党的十九届五中全会做出把握新发展阶段、贯彻新发展理念、构建新发展格局，推动高质量发展的重大战略部署，提出了建设高质量教育体系和建设教育强国的明确要求。高等院校肩负着为新时代中国社会主义事业培养德才兼备的高素质人才的重要使命，其课堂教学质量直接影响高等教育是否能够实现高质量发展。教学方法作为教学要素的重要组成部分，不仅影响高等院校课堂教学的教学质量，还影响高等教育是否能为中国特色社会主义培养合格的建设者和接班人，因而，方法问题一直是高等教育的关键问题。可以说，教学方法是影响我国大学教育质量的根本因素，高等院校只有适应新时期高等教育发展的新需要，与时俱进，创新教学方法，才能促进高等教育高质量发展，实现立德树人的根本任务。

（二）教学方法是教学改革的重要内容

教学的顺利开展离不开教学的两大主体：教师和学生。但教师和学生只是教学活动发生的必要条件，要达到教学目的，实现教书育人的社会功能，还需要教学内容和教学方法这两个基本要素，教学内容是教学的载体，决定着教学活动向受教育者传授什么样的知识，即“学什么”。教学方法是教学的方式，决定着教师怎样把教学内容传授给受教育者，即“怎样教”。“怎样教”的问题是影响教学效果的根本问题。古今中外的教育教学家从未停止过探索的步伐，而且都认为教学方法至关重要。中国古代教育家朱熹提出：“事必有法，然后可成，师舍是则无以教，弟子舍是则无以学。”捷克教育理论家夸美纽斯曾说：“教师应当知道一切可使悟性变得锐敏的方法，应当熟练地运用那些方法。”可见“怎么教”的重要性。然而，传统的教学方法以灌输式为主，忽视学生的主体地位，严重挫伤了学生学习的积极性，影响了学生身心健康发展，导致课堂教学质量难以提升。随着社会经济和高等教育的深入发展，传统的教学方式出现了不适应情况，亟须改革。《国家中长期教育改革和发展规划纲要（2010—2020年）》明确指出，要“遵循教育规律和人才成长规律，深化教育教学改革，创新教育教学方法，探索多种培养方式，形成各类人才辈出、拔尖创新人才不断涌现的局面”。可见，教学方法改革是教学改革的重要内容。

（三）教学方法是影响学生学习质量的关键因素

学习质量是教学质量的最直接表现，学生学得好，会学好，主要在于教师的教和学生的学，教师怎样教决定着学生怎样学，即教师的教法决定学生的学法。长期以来，教师的课堂教学主要以讲授为主，教师讲得多、讲得细，教师和学生互动少，教师简单单一的教学方法直接导致学生以教材为中心，学习方法单一，学习缺乏主动性，不善于自主学习，不探索较好的学习学法，这种僵化的学习方法使学生的学习质量难以提高。虽然随着社会经济和教育现代化的发展，高等教育院校逐步改变以往单纯传授知识的教学方法，而注意使用灵活多样的教学方法，学生的整体素质有了一定的提高，相继培养出一批批的社会所需要的高素质人才，但与时代和形势的要求相比还有很大差距，在一些大学的在校学生中，依然存在学习质量不高、学生学以不致用的现象，主要表现：一是有的学生只埋头书本知识，死记硬背，不会举一反三、融会贯通，学习能力较差。二是有的学生满足于书本知识的掌握，不重视实际能力的提高，因而动手能力很差。三是有的学生只重视专业知识和其他理论知识的学习，因而理论思维能力比较弱，等等。这些问题的存在严重影响了院校的教学质量，因而，要提高学生的学习质量，必须改革教学方法，引导学生学习方法多样化，只有这样才能提高学生的整体素质和能力，培养学生的责任感和使命感，使学生逐步走上自我完善、自我发展的道路。只有提高学生的责任感和自我完善意识，才能使学生坚持沿着学习、锻炼、提高的良性循环的路子发展自己，自觉地增强自身素质，自觉地培养和提高自己的能力。只有这样，学生才能紧跟形势的需要和时代的步伐，才能为新时代中国特色社会主义培养合格的建设者和接班人。

第二节 具体的教学方法

在教学过程中，一般常用的教学方法有讲授法、讨论法、演示法、读书指导法、练习法、实验法、情境教学法等。随着现代教育教学理论的发展，“以学生学习为中心”的教学理念已深入人心，“以学生学习为中心”教学观强调在教学过程中，充分发挥学生的主体地位，以学生的发展为本，理解学习，尊重学习，调动学习参与课堂教学的积极性和互动性。因而，教师在教学方法的选择上也要体现“以学生学习为中心”的教学理念，选择能够发挥学生主观能动性的教学方法，现代教学方法应运而生。现代教学过程中常用的教学方法有案例教学法、启发式教学法、合作教学法、探究式教学法等。本书根据编写需要，只介绍大学课堂教学过程中常用的几种教学方法，其他适合中小学的教学方法将不再一一介绍。

一、讲授法

讲授法由于其简单易操作，运用十分广泛，无论是在中小学课堂还是大学课堂，讲授法都起着十分重要的作用。尤其在大学课堂，由于高等教育传授的是“高深”的专业知识，理论性极强，因而，为了高校学生能够更好地理解“高深”知识的来龙去脉，需要高校教师系统地讲解。

与其他教学方法相比，讲授法由来已久，从远古社会的口耳相传，到最初学校的萌芽、产生和发展，讲授法如影随形，在教育教学发展过程中起着不可替代的作用，特别是随着夸美纽斯提出班级授课制以后，随着班级授课制逐渐成为教学组织的主要形式，讲授法得到了前所未有的发展，即使到了现代，教育信息化背景下，出现了智慧教学中的讲授、在线教学中的讲授、翻转课堂教学中的讲授，讲授法经历了千变万化，但是讲授法依然是现代课堂教学中最常用的教学方法。

（一）讲授法的含义

讲授法是指教师通过简明、生动的口头语言向学生系统地传授知识、发展学生智力的方法。从教师教的角度看，它是一种传授的方法；从学生学的角度看，它是一种接受性的学习方法[①]。讲授法根据教学内容和教授形式的不同，可以分为讲述、讲演和讲解等形式。

（二）讲授法的特点

关于讲授法的特点，我们需要客观地分析。和其他教学方法一样，讲授法也有优点和缺点之分，在教学的过程中，我们不能无限放大讲授法的优点，也不能因讲授法的自身存在的不足而放弃讲授法，而是要结合教学实际，具体问题具体分析，科学有效地利用教学法。

1. 讲授法的优点

讲授法之所以受到教师的广泛欢迎，主要是由其自身特点决定的。具体来说，讲授法的优点有以下几个方面。

(1)讲授法的系统性

讲授法的系统性是针对教师的教和学生的学而言。对于教师来说，教师可以通过教授法，系统地向学生传授科学文化知识，避免知识传授过程中的杂乱无章。班级授课制诞生以后，讲授法的系统性优势更加突出，教师可以通过系统的讲授，同时向几十个学生甚至上百个学生授课，一定程度上节约了教育教学资源，在大学课堂教学中发挥着重要作用。对于学生来说，学生可以通过教师的讲授，系统地学习知识，有利于知识的系统性和逻辑性。学生通过课堂上的学习，已经掌握了知识的来龙去脉，可以减少课后学习的时间。

---

① 李秉德．教学论[M]．北京：人民教育出版社，1991：188.

(2)讲授法的可控性

讲授法的可控性是针对教师而言的。讲授法是指教师的讲授，教师进行课前准备，设置课堂教学中教授的重难点，在课堂教学中，可以依据课前预设，详略得当地讲解。因而，教师可以有效地控制课堂教学节奏，课堂教学可以在教师的引导下，实现学生由易到难、由浅入深地学习专业性的知识。同时，在讲解的过程中，教师也可以充分发挥教学机智，针对课堂中出现的特殊情况随机应变，及时调整课堂教学计划，以确保顺利完成课堂教学。

(3)讲授法的适用性

讲授法从古至今、从国内到国外都得到了广泛运用，最根本的原因在于讲授法的适用性。讲授法的适用性体现在以下两个方面。一是讲授法不受专业、课程及年级的限制。讲授法可以适用于各个专业、各种课程及各个年级，在实际教学过程中、大学课堂教学中，讲授法无处不在，对于大学课堂教学质量的提升发挥着不可替代的作用。二是不受时间和空间的限制。讲授法不受时间的限制，教师可以随时随地进行讲解。同时，也不受空间的限制，课堂教学可以用讲授法，课外教学也可以用讲授法；教育信息技术发达的地方可以用教授法，教育信息技术相对落后的地方也可以运用教授法。

2. 讲授法的缺点

虽然讲授法有不少优点，在教育教学过程中，发挥了应有的作用，但在教育教学过程中，如果使用不当，则会不利于教育教学发展，严重地还会影响学生的身心健康发展。具体来说，讲授法的缺点有以下几点。

(1)导致课堂教学以教师为中心

讲授法以教师的讲授为主，课堂教学时间主要用于系统知识的讲解，如果教师只关注讲解的连续性，教学过程中按照教学预设“一气呵成”，忽视学习的听课效果，不关注学生听课的方式，这样的课堂教学就成为以教师为中心的灌输式教学，忽视学生的主体地位，不利于学生全面发展，当然也无法发挥讲授法的优势作用，这也是当前讲授法被人诟病的最根本原因。

(2)导致课堂教学“一刀切”

现代意义上的讲授法以班级授课为主要组织形式，在大学教学中，一个班级有几十名学生，有些大课，可能会有上百名学生，教师在讲解的过程中很难照顾到每名学生，也很难在备课的时候，关注到每名学生的已有学习经验，同时，教师也很难确保每名学生都可以听懂。因而，讲授法很难实现因材施教，不利于学生个性化的发挥，导致课堂教学出现了“一刀切”的现象。

讲授法虽然有以上的缺点，一定程度上影响了课堂教学质量，但是我们不能因为讲授法本身存在的缺点就全盘否定讲授法在教学过程中的积极作用。在教育教学实践中，讲授法要根据教学实践的需要，灵活运用，也可以与其他教学方法融会贯通，科学地选择运用。

(三)讲授法的要求

讲授法虽然简单易操作，似乎每位教师都可以使用讲授法，其实不然，要充分发挥讲授法的优势，对教师的教学能力提出了很高的要求。

1. 讲授的语言要精练、风趣、准确

根据讲授教学方法的含义可知，讲授法主要依靠教师的口头语言讲解。因为教师的语言表达能力在讲授教学方法的实施过程中至关重要，有效的课堂讲授的实现需要教师在语言表达方面做到以下几点。一是教师的语言表达要精炼。如果教学语言冗长，学生很难把握教师讲解的重点难点，学生听得云里雾里，导致学生在教师的语言中"迷失"。因而，教师在运用讲授法的过程中，语言一定要精炼，做到详略得当，该详解的详解，不该详解的要及时"刹车"。二是教师的语言要风趣。风趣是指说话幽默、有趣味。教师在课堂教学中的语言，如果一板一眼、中规中矩，学生很容易犯困、走神。幽默有趣的教学语言，可以让学生精神百倍，跟着教师教课的思路走，可以有效地调动学生学习的积极性，使学生主动参与课堂教学，积极思考。三是教师的语言表达要准确。教师的语言表达风趣、幽默固然重要，但要以事实为依据。教师的职责是教书育人，教师传授给学生的知识一定是科学的、先进的知识，因而，教师在讲解的过程中，要以事实为准绳，引导学生积极向上，实现既教书又育人的根本任务。

2. 讲授要遵从启发式教学思想

启发式教学思想指的是教师根据教学目标和教材的实际，从学生已有的知识经验基础、心理特点等实际情况出发，通过语言、行为等艺术，在教学过程中启发学生的思维，调动学生学习的积极性和主动性，引导他们积极、主动、自觉地学习，获取智能、陶冶情操，促进学生全面发展①。启发式教学的目的是充分发挥学生在教学过程中的主体地位，促使学生不仅"学会"，还要"会学"。现代教学观认为，学生是学习的主体，教学过程中要发挥学生的主体地位，调动学生学习的积极性和主动性，因而，教师在运用讲授法的过程中要遵从启发式教学思想，同时运用启发式语言，激活学生已有学习经验与新知识自然连接。有效的教师讲解就是能够启发学生，让学生豁然开朗，有"原来如此"的顿悟。例如，教师在讲解"大学生学习方法导论"的过程中，在讲解学习动机的内涵时，运用了启发式教学语言。"没有动力就不会有学习，现在已经是人们的广泛共识。可以说，学习动机是学习的助推器。我们

① 索桂芳．课程与教学论[M]．北京：北京师范大学出版社，2016：169.

一再强调学生是学习的主人，要发挥学生在学习中的主体地位，但是在实际教学中我们是存在误区的，教师在课堂上采取各种各样的方式激发大学生的学习动机，从根本上来说，大学生还是处于被动状态，其原因在于忽视了大学生在"学习动机"形成过程中的作用，认为外在强化可以导致动机的产生，也就是说，学生的学习动机形成的关键因素，只有学生深刻理解为什么学，朝着什么方向努力，才能有动力学习。"教师通过讲解学习动机与学习关系，启发学生认识到学生动机形成的关键在于学生，强调内在学习动机的重要性。

3. 讲授要以学生为中心

以学生为中心不是指教师与学生角色、身份、地位的高低之分，而是指教学理念、管理理念、服务理念的转变，教学方法、评价手段的转变。教学的目的、任务不在"教"，而在"学"。以学生为中心最根本的是要实现从以"教"为中心向以"学"为中心转变，即从教师将知识传授给学生向让学生自己去发现和创造知识转变，从传授模式向学习模式转变。以学生为中心，真正关注学生的学习，把学生的学习放在首要地位，突出强调学生的学习、学生的发展及学生的学习效果如何，因而，以学生为中心的教育理念要求教师从学生的学习兴趣出发，鼓励学生充分利用已有的经验，积极参与学习过程①。以学生为中心的教学理念，要求教师不再是知识的呈现者，而是学生学习的引导者。因而，教师在讲解的过程中，要避免"一言堂"，成为教学内容的控制者，而是要在讲解的过程中，引导学生参与教学过程，参与知识的学习，突出学生的主体地位，充分调动学生学习的积极性和主动性。

4. 讲授要融入课程思政

课程思政建设是高校落实立德树人根本任务的关键举措，关系着高等教育培养什么人、怎样培养人、为谁培养人是教育的根本问题，是我国高等教育提高人才培养质量的重要任务。课程思政是在课程实施过程中力求实现育人和育才相统一，并最终指向立德树人根本任务的一项有益探索和举措。它既是教育理念的呈现，也是囊括思想政治教育在内的"牵一发而动全身"的教育方法，还是一种课程教学体系和教育实践活动②。课程思政建设要求教师提升课程思政建设的意识和能力。教师在运用讲授法的过程中，要做到心中有思政，在备课的时候充分挖掘所教授内容的思政元素，在课堂教学中，突出课程思政的重要性，把思政教育融入课程教学之下，教书育人，实现立德树人的根本任务。

5. 讲授要与其他教学方法融会贯通

教学方法具有灵活性，讲授教学方法也不例外。讲授教学方法不是一成不变

---

① 刘献君．论"以学生为中心"[J]．高等教育研究，2012，33(8)：1－6.

② 唐德海，李枭鹰，郭新伟．"课程思政"三问：本质、界域和实践[J]．现代教育研究，2020(10)：57－63.

的，可以依据教学内容和学生的发展特点，与其他教学结合起来运用。例如，将讲授法与案例教学融会贯通，在案例教学之前，教师做好充分、详细的讲解，帮助学生更加深入地理解教学案例，有助于案例教学的顺利开展。

(四)讲授法与“注入式教学”

讲授法是否等于“注入式教学”？答案当然是否定的，但是长期以来，课堂教学出现的“以教师为中心”、课堂教学行为比较单一、课堂氛围比较沉闷、课堂教学简单“灌输”等现象归咎于讲授法，认为讲授法是传统的教学方法，是不够好的教学方法，是课堂质量低下的“罪魁祸首”。特别是在新时代高等教育高质量发展的背景下，如果教师再拘泥于讲授法，从关于讲授法的分析中我们可以看出，事实并非如此。讲授法不是“注入式教学”的代名字，认为讲授法就是“灌输式教学”或者把讲授法当作“注入式教学”方法使用，是对讲授法的误读或误用。之所以出现这种情况是因为讲授法与“注入式教学”具有相似性。“注入式教学”也称“灌输式教学”“填鸭式教学”，是指在教学过程中，教师视学生为盛装知识的容器，不顾学生的理解能力、知识基础和学习兴趣，把大量现成的概念、原理、公式之类的知识结构灌输给学生，主观地决定教学过程，并强迫学生呆读死记的教学类型。“注入式教学”与“启发式教学”相对。在“注入式教学”中，一般是教师讲学生听，教师演学生看，教师写学生抄；学生是消极、被动的接受者，学习的特点是死记硬背，学的知识不少，但是独立思考、灵活运用的发现创造能力差，智力和情感世界的全面发展受到限制和损害[①]。从“注入式教学”的内涵和特点可以看出，其和讲授法有相似之处，都是教师讲，学生听，以教师讲为主，因而，在教学实践过程中，很容易将“注入式教学”当作讲授法。其实“注入式教学”与“启发式教学”相对立，这两种教学思想对立已久，“注入式教学”因其缺点和不足，不利于学生的身心健康发展而受到持续不断的批评。现代教学论强调发挥学生的主体，在教学过程中，运用“启发式教学”。从讲授法的优点我们可以看出，其与“启发式教学”并不矛盾，教师可以在讲解的过程中，与“启发式教学”融会贯通，充分发挥讲授法的优势，避免走“注入式教学”的老路，不断提高讲授水平，促进课堂教学质量的提升。

二、讨论法

讨论法和讲授法一样，也是常用的教学方法之一。特别是随着社会的发展，社会对高等教育人才培养提出了新的要求，现代的人才不仅要掌握系统的科学文化知识，还要有把知识转化为实践的能力。讨论法因为其突出学生的主体性，引导学

---

① 顾明远．中国教育大百科全书[M]．上海：上海教育出版社，2012：2618.

生积极参与问题讨论，勇于表达自己的观点，并对现有知识提出质疑和批判，因而可以较好地培养学生的批判性思维能力和创新性能力，同时，还可以活跃课堂气氛，调动学生学习的积极性，所以，讨论法越来越受到教师和学生的欢迎。特别是在大学课堂，大学知识具有的专业性和高深性，更需要教师和学生积极互动，在讨论中探索新知识，发展新知识，研究新知识。

(一)讨论法的含义

讨论法是在教师的指导下，以全班或小组为单位，围绕教学过程中遇到的难点、疑点问题开展讨论，各抒己见，通过讨论和辩论等活动，获得知识，深化理解的一种教学方法[①]。讨论法需要学生做好充分的准备，积极参与，同时，还要具备扎实的基础知识和理解力，因此讨论法在大学课堂运用得较为普遍。讨论法有利于培养学生的合作能力、沟通能力及探索创新能力，而这些能力是高等教育德才兼备人才结构的重要组成部分，因而，在高等教育教学改革中，讨论法越来越受到高校教师的青睐。

(二)讨论法的特点

1. 讨论法的目的性

与其他教学方法一样，讨论法具有很强的目的性，是教师为了调动学生参与教学过程的积极性，加深对教学难点、重点及疑点的理解而设计的教学活动。因而，讨论法不是教师放任学生聊天。例如，在“大学生学习方法导论”教学过程中，教师为了加深学生对于深层学习方法和表层学习方法的理解，并深刻认识到使用两种不同学习方法达到不一样的学习效果，教师在教学过程采用了讨论法，设置了讨论主题“为什么他们的成绩有天壤之别”具体内容如下：

大学一年级时，王兵有一门数学主课考试不及格，但同样的课，陈亮却获得了优异的考试成绩。王兵和陈亮都是大学一年级学生，他俩共享同样的师资、同样的教学大纲，听的是同样的课，得到的是同样的辅导，做的是同样的作业；进一步了解到，两个人的高考成绩也不相上下；而且两个人都声称自己一年来学习十分用功，他们的授课教师也证明了这一点。可是为什么他俩的学习成绩如此悬殊？

在与两人聊天时：

陈亮说：“我学数学的目的是提高逻辑思维能力，而不是为了学习这门课程的具体内容。最重要的是，我觉得这恐怕是从其他课程中学不到的一种思维方式，我把数学当作一种思维方式。我试着把所学的知识看作整体的一个部分，试图去弄懂各个部分是怎样组合起来的。我发现如果能够从大局上看问题，必定会有助于

---

① 索桂芳．课程与教学论[M]．北京：北京师范大学出版社，2016：162.

我更好地理解问题，因为我能够看懂它朝哪个方向进展，最后结果会怎样。

王兵说："我觉得数学就是用不同的技巧来解答各种题目。就我的体验来说，数学只是和数字打交道，然而我感觉数学对以后要学的各种课程可能有所证明。在我看来，数学就是数字、题目及对题目做出具体的解答。"

关于学习方法，陈亮说："我尽力去解答各种类型的题目，试着去弄清所学的内容和我以前学过的其他内容的关系，以获得一个整体的概念，在复习整理笔记时，我首先去搞懂题目所包含的原理，我不会反复去做同样的题目，在复习的时候，我会重温学过的东西，再做同样的题目，但我在学习新的东西时，每种类型的题目，我可能只做一两个。"（深层法）

王兵说："我一般看概要，必要时背公式。我平时做习题、做旧的试卷。"他进一步说："我以前总是做一些旧考卷，做很多习题，把公式记下来，等等，希望考试时能够回想起来，我好像只在背一些东西。"（表层法）①

通过讨论，学生认识到因为对学习数学的不同理解，两位学生采用了不同的学习方法，从而带来了不同的学习效果。王兵考试不及格，陈亮考试成绩优异，使学生加深了对深层法和表层法的理解。

2. 讨论法的开放性

开放性是相对于"注入式教学"而言的。讨论法的开放性主要体现在两个方面。一是讨论内容的开放性。在讨论的过程中，虽然学生的讨论必须围绕教师限定的主题，但是讨论的内容是开放的，不做具体的限定。例如，"为什么他们的成绩有天壤之别"案例中，学生可以结合自己的学习经验，也可以结合别人的学习经验参与讨论，也可以从学习方法和学习环境的角度讨论。只有在这样开放的讨论氛围下，学生才能各抒己见，不被条条框框限制，从而达到讨论法的最佳效果。二是讨论过程的开放性。参与课堂讨论的主体是学生，学生朝气蓬勃、充满生机，因而，决定者讨论的过程不是一成不变的，而是灵活多样的，是不断发展变化的。如果讨论的过程过于死板，大部分是教师的引导和讲解，没有调动学生学习的积极性，学生只是浅尝辄止地参与讨论，讨论泛泛而谈，自己没有思考，这样的讨论课是没有意义的。自然，也不是真正的讨论法。讨论法需要在开放的环境中，学生积极参与，积极表达自己的观点，甚至有的同学还能别出心裁，发挥自己的聪明才智，提出一些新的问题，使讨论更加深刻、深入。

3. 讨论法的合作性

讨论法因为参与的学生比较多，所以在讨论的过程中，需要学生之间相互合

① (澳)迈克尔·普洛瑟，基思·特里格维尔．如何提高学生学习质量[M]．潘红，陈锵明，译．北京：北京大学出版社，2013：1-7.

作。在合作的过程中，学生之间相互学习、相互启迪、扬长避短，在加深学生对所教授知识理解的基础之上，培养学生的合作能力和沟通能力。需要指出的是，讨论过程中的合作还包括教师与学生的合作，只有教师和学生相互配合，才能保证讨论法的顺利实施。

(三)讨论法的要求

讨论法是教师根据课堂教学计划和教学目标，同时依据学生现有的学习状态，对问题的理解程度，围绕特定的学习内容，设置讨论的主题，学生积极参与的课堂教学活动。在讨论的过程中，教师作为引导者，引导学生围绕问题发表自己的意见，并善于听取其他学生的意见，取长补短，相互交流，从而实现对知识的深刻理解。讨论法的顺利实现需要对教师和学生都提出很高的要求。

1. 对教师的要求

教师作为谈论法运用的发起者和组织者，要做好充分的准备，针对讨论的特点，科学设计教学过程。同时，教师要做好组织工作，组织学生进行分组。学生的学习存在差异性，因而，在分组的时候需要兼顾学生的现有知识水平，合理分组。具体来说，教师选择讨论法教学时要求做好以下几点。

1)教师要设计科学、有效的主题。在运用讨论法的过程中，教师要根据教学内容、教学目标及学生的现有学习水平，设计出既有利于学生理解教学内容，又符合学生身心发展水平的讨论主题。如果讨论主题偏离教学内容，或讨论主题远远超过或低于学生的发展水平，这样的讨论是没有教学价值的，甚至会影响教学效果。

2)教师要做好引导者。在讨论过程中，学生难免会出现这样或那样的问题，使讨论课变得杂乱无章。因而，在课堂中，教师要及时引导，适时干预不参与讨论或讨论偏离主题的学生，同时，也要对学生在讨论中遇到的问题给予及时的解答。

3)教师要做好总结。对学生讨论进行及时的总结，是讨论法有效运用的关键环节。一方面，总结可以让学生看到他们讨论的结果，加深学生对所讨论知识的理解。另一方面，总结还可以引导学生深入思考，引导学生对讨论过程进行反思，同时，也为下一次讨论做好准备。例如，讨论结束后，教师做了如下总结。

学生的学习方法取决于他们对学习环境的认识，学生先有的学习经验影响学生对学习情境的感知，也就是说，学生各自不同的先有的学习经验导致他们用不同的眼光来看现在的学习情景，结果形成不同的学习方法，带来了不同的学习效果。张亮和王兵在开始学习大学课程时，学习数学的先有经验不完全相同，对数学本质的认识也不尽相同，即使他们身处相同的学习环境，他们不同的先有的学习经验为他们构建了不同的学习情景，激发了他们对学习情境的不同感知。张亮认为他所处的学习情境适合采用深层法，而王兵则认为适合采用表层法。他们对学习情境的感知是各不相同的。对学习情境的不同感知促使他们采用了不用的学习方法，带来了不同的学习效果。

2. 对学生的要求

学生作为讨论法的直接参与者和受益者，要实现预设的学习目标，只有积极主动地做好准备，才能取得良好的效果。

1)加强对讨论法的认识。“知己知彼，百战不殆”。对于讨论法也是如此，学生只有对讨论法做到“知其所于然”，掌握讨论法的特点和规律，才可以在讨论的过程中得的讨论的效果。

2)积极参与讨论。通过讨论，学生能更好地掌握所学知识，提高学生的学习能力。学生作为课堂教学的主体，决定着讨论法是否能够实现讨论的目的。对于学生来说，首先要有参与的意识。如果对讨论法抱有抵触心理，肯定很难积极主动地参与讨论。其次要有参与的能力。学习参与讨论的能力是讨论法顺利实施的保障，因而，学生在讨论课开始之前，要做好充足的准备，根据要讨论的主题，查资料，理思路，提前做好准备。同时，学生还要学会认真听，不仅要听清教师对讨论主题的要求，还要听清其他学生的观点。最后做好总结。与教师的总结不同，学生的总结主要针对自身在讨论过程中的收获和不足。学生只有做到以上几点，才能在讨论中有所获、有所得。

三、案例教学法

随着科学技术的进步和教育学、心理学研究的发展，教学方法在教学中的功能逐渐由教学生学会到教学生会学，教学方法选择的指导思想也由传统的“注入式教学”逐渐转变为“启发式教学”。因而，在教学过程中，需要教师根据教学目标，灵活运用多样化教学方法，使各种教学方法发挥其应有的作用。案例教学法作为现代教学方法的一种，可以引导学生在案例分析的过程中，培养其分析能力和逻辑思维能力，促进学生的综合素质发展。

(一)案例教学法的含义

案例教学法即在教师的指导下，根据教学目标和内容的需要，采用案例组织学生进行学习、研究、锻炼能力的方法，也是考验学生学习成绩与能力的方法①。案例教学法的典型特征就是打破传统的课堂教学模式，把现实生活中的案例引入课堂教学，并且在教师和学生的共同努力和参与下，实现现实案例的教学价值。在案例教学过程中，学生在教师的指导下，通过对案例的分析和探讨，生成新的知识，这

① 潘懋元，王伟廉．高等教育学[M]．福州：福建教育出版社，1995：232.

是案例教学法的精髓。也就是说,创新能力的培养是案例教学法的基本精神。创新教育、创新能力的培养正是现代高等教育人才培养的任务。

(二)案例教学法的要求

案例教学法的实质就是教师通过把发生在身边学生的真实案例带入课堂,设置问题,引导学生分析问题的前因后果,培养学生的分析能力和思维能力,融案例于课堂教学中,实现教学方法的灵活性和多样性。利用案例积极引导学生参与到教学内容的学习过程中,调动学生的学习热情,实现教学过程中,理论和实践的充分结合,为案例教学法在课堂教学的具体运用构建良好的平台和施展的空间。案例教学法看起来简单,实际操作过程中,还需要教师和学生课前精心预设,课中教师和学生密切配合,生成新知识,课后及时分析、总结等。

1. 案例的选择要合理有效

影响案例教学法的关键因素在于选择的案例。案例选择的是否科学合理,一方面会影响案例教学法的实施效果,另一方面也会挫伤学生参与教学的积极性。案例教学法实施过程中所选案例首先必须遵循教学内容和教学目的,偏离教学内容和教学目的的案例无法实现案例教学法的功能。其次,案例的选择要依据教学对象的已有发展水平,如果超过或低于学生的已有发展水平,学生很难参与到案例教学之中,将导致案例教学法成为教师的“独角戏”。例如,教师在讲“研究生教育学”第三专题“新时期研究生德育理论及方法研究”的第一讲“研究生学术道德教育研究”时,根据教学大纲的要求,在对于教材深刻分析的基础上,确定这个专题的教学目标是通过理论知识的学习,使研究生了解研究生学术道德教育的内涵,理解研究生学术失范出现的深层次原因,以及如何杜绝研究生学术失范的方式方法。这个专题教学的重点、难点是让研究生充分理解研究生学术失范出现的原因,并深刻意识到遵守学术道德的重要性。在对教学大纲的要求及对教材的充分理解的基础上,结合这节课的教学内容几乎都是理论性知识的特点,以及教学对象是有一定理论知识水平和具有一定分析问题能力的研究生,教师为了最大限度地调动每位研究生的积极性,采取了案例教学法与讲授法相结合的方法,避免了照本宣科,整个课堂教学采取案例直接导入,极大地吸引了研究生的注意力。教师经过精心准备,选择了下面这个案例。

三年级研究生李某正在为她的学位论文做准备。她从若干已经发表的论文中逐字地对整句和整段进行了摘录,她没有使用引号,但来源用这样的表述指明,如“(详见……)”。研究生院的教师注意到文本不同段落中的写作风格不一致,并对来源进行了核查,发现了李某的剽窃行为。教师讨论之后,李某的剽窃被提交到研究生院负责评议这类事件的院长那里。研究生院的条例指明,“剽窃,即在学位论文、文章或其他书面文字中没有承认从他人那里得来的思想、研究或者用语”，是严令禁止的。院长将她从研究生项目中除名，并规定她在下一学期可以重新申请①。

教师通过对案例进行讲授，引导学生分析案例，并得出结论。

2. 思考题的设置要有深度

案例教学法的有效实施，除了有适合教学目标的案例，还有根据教学内容和学习个性特点设置相应的思考题，引导学生围绕问题进行分析。思考题的设置要有深度，因为教学对象是研究生，他们已经具有了一定的理论水平和研究能力，过于浅显的思考题缺乏挑战性，很难调动研究生的参与性和积极性，因而，依据专题的教学要求和要达到的教学目标，避免就事论事。据此，教师设置了以下几个问题：

问题一：怎样理解李某的剽窃行为？

问题二：导致李某出现抄袭现象的原因是什么？

问题三：如何预防研究生剽窃行为的发生？

这三个问题从出现学术失范的现象入手，分析了出现该现象的原因，并结合自身情况，探索了预防研究生出现学术失范的措施，通过案例教学法，达到了本专题的教学目标。

3. 实施过程要有组织性

教师作为案例教学法的发起者、引导者，在案例教学过程中，要有严密的组织性，毕竟对于案例教学法来说，其关键环节在于课堂上如何组织学生对案例进行讨论和分析。这个环节主要包括以下几个方面：一是展示案例。通过什么方式向学生展示案例材料直接影响学生对案例的重视程度，案例教学过程中，教师可以根据学生的特点选择合适的方式呈现教学案例。二是合理安排时间。要为学生留有足够的时间阅读和分析案例，确保学生可以正确地理解案例，把握案例的主旨。三是组织学生分析案例，确保人人参与。在组织学生讨论时，首先，教师贯彻启发式教学理念，教学语言上多使用引导和启发式语言，引导学生明确案例教学法的要旨，避免出现“跑题”现象；其次，教师要关注到每位学生，用鼓励性语言确保每位学生都能积极地参与到课堂讨论之中，做到人人都是案例教师的主体，不让一位学生成为课堂讨论的“局外人”；最后，教师可适当参与到学生的分析中，提出自己的看法，教师也不能作为课堂讨论的“旁观者”，只是站在讲台上指挥，而是要抓住时机，适时地参与到学生的讨论中。这样，不仅可以营造和谐的师生合作的课堂气氛，还可

① 美国科学、工程与公共政策委员会．怎样当一名科学家[M]．刘华杰，译．北京：北京理工大学出版社，2004：89.

以拉近教师和学生的距离，让学生体会到教师不再是高高在上的“权威者”，而是他们其中的一员，有利于调动学生参与教学的积极性，增强对案例讨论的效果①。例如，在讨论第一个问题之前，教师向学生明确了问题讨论的关键在于李某的行为在研究生学术研究中是否属于正常行为？是什么原因使这种非正常的想象越来越“正常”，从而引导学生讨论研究生学术道德教育的必要性。在学生讨论中，教师走到学生中间，查看每组讨论情况，并及时引导，保证了课堂讨论的顺利进行。

4. 案例教学法要有总结

案例教学法课堂总结包括教师的总结和学生的总结两部分。教师在学生对案例进行分析之后，必须给予及时的总结。教师的总结主要包括两个方面。一是针对学生在案例教学过程中的表现进行讲评，其中包括学生对待案例教学的态度，也就是对学生的学习态度进行总结，如参与案例教学法的积极性及学生在讨论中是否能分析出案例教学主旨等。表现积极的学生，要给予及时的表扬。对于在课堂上表现不积极的学生，要给予适当的批评和鼓励。二是针对学生讨论的内容进行总结。总结的语言要简洁、明了，引导学生理顺问题的来龙去脉②。同时，教师还要指出学生在讨论过程中提出的不正确的观点，努力培养学生正确解决问题的能力。例如，通过对第二个思考题的讨论，学生分析出导致李某出现剽窃行为的不同原因：有的学生认为研究生出现抄袭现象不是故意的，也就是说，他们不知道自己的行为属于剽窃；而有的学生认为，研究生抄袭他人论文是有意的。根据讨论的结果，教师者总结了研究生出现抄袭现象的两种情况：一是“不知而为”，二是“故意而为”③。并且指出有些学生认为“大家都抄，我不抄不是很吃亏吗”观点的不合理性，及时引导学生树立正确的价值观和人生观。学生的总结主要是指课后总结，是以学生撰写分析报告的形式来完成的。课堂教学的结束，并不是一节成功案例教学课的全部，其中还包括学生的课后讨论。学生课后总结的内容包括对于课堂探讨的问题的理解程度，以及自己在参与讨论过程中存在的不足，而且学生还可以写出自己对问题的不同认识等。学生的课后总结是巩固课堂讨论成果的有效手段，也有助于树立学生在学习中的主体地位④。

（三）案例教学法的注意事项

1. 案例教学法运用要恰如其分

在实际教学过程中，教师要谨慎运用案例教学法，因为并非所有的教学内容都

---

① 刘德军，胡云．案例教学法《在中国近现代史纲要》课教学中的运用[J]. 经济研究导刊，2010，81(7)：212－213.

② 潘建红．教育学案例教学的实践模式初探[J]. 宜春学院学报，2007，29(1)：70－73.

③ 马建华，赵荣荣．加强学术道德教育提高研究生学位论文质量[J]. 炮兵学院学报，2010(3)：21－23.

④ 林家勤．案例教学法在“研究生教育学”教学中的运用[J]. 宿州学院学报，2012，27(6)：116－118.

可以运用案例教学法。例如，在"在研究生教育学"课程中的第一专题"研究生教育学理论体系的逻辑起点——学习和创造知识"就不适合用案例教学，如果生搬硬套，可是会适得其反。因为案例教学方法的选择主要受三个因素的影响：一是案例教学法的特点；二是教学内容的特点；三是教学目标的要求。案例教学法最为突出的特点就是利用生活中的案例进行课堂教学，它是以案例为教学资源，通过案例创设一定的教学情境，在教师的组织引导下，充分挖掘生活案例的教学意义，学生通过积极参与讨论获得知识的教学活动。案例教学法解决的是与学生密切相关、生活中又常见的问题，主要解决"怎么做"的问题。也就是说，案例教学法中的案例所涉及的问题是开放式的、有疑问的、有讨论余地的问题，而不是封闭式的问题。而"研究生教育学"中的第一专题，主要是通过理论上的论证，阐述研究生教育学理论体系的逻辑起点是学习和创造知识，它需要解决的是"是什么"的问题。这类问题原则上来说没有讨论的余地，也就是不适合选择案例来说明问题。因而，这一专题的内容更适合运用讲授法。通过讲授，研究生可以全面系统地掌握并理解研究生教育学理论体系的逻辑起点。在案例教学法的运用过程中，如果忽视了具体教学内容、案例教学的特点及教学目标的要求，一刀切，是对案例教学法的一种误读。

2. 案例教学法需要营造良好的课堂气氛

课堂气氛，又称课堂心理气氛，主要指学生在课堂上所表现出来的情绪、情感状态。它是由于课堂教学中师生、学生之间互动而产生的，一旦形成这种情绪、情感态度，便能成为一种社会压力，从而影响学生学习的态度、行为及学习效果。[①]案例教学法主要是通过课堂教学来实现的，而课堂教学人才培养质量的主要阵地涉及教师的教和学生的学，是教师和学生相互作用的过程，同时，课堂教学作为教师和学生交往的特殊场所，总是被一定的课堂气氛包围。积极和谐的、良好的课堂气氛是案例教学法顺利进行的基本条件之一。因为案例教学法实质上就是师生在课堂教学过程中相互互动的一种形式，案例作为师生交往的媒介，与传统的"注入式教学法"相比打破了传统教学中"教师讲学生听"的授课方式，教师和学生共同努力，探索分析"问题"并解决"问题"，活跃了课堂教学气氛。在案例教学法中，学生是案例教学法的主要参与者，教师作为组织者、引导者，需要营造良好的课堂气氛，如果课堂气氛过于沉闷，不利于调动学生参与讨论问题的积极性，案例教学法便无法进行。

营造良好的课堂气氛需要教师和学生的共同努力，而教师作为课堂教学的组织者和主导者，对课堂气氛的形成起着不可替代的作用。对于教师来说，要营造民

---

① 吴立岗．教学的原理、模式和活动[M]．南宁：广西教育出版社，2001：524.

主和谐的教学气氛，首先应该树立民主的教学观念。大学生与中小学生相比，其生理、心理已经基本成熟，对待问题已经形成自己的独到见解。因而，教师在教学中应尊重学生，重视集体的力量，虚心听取学生的意见，努力形成和谐的课堂气氛。其次，教师要积极主动地转换角色，做好案例教学法的组织者和引导者。最后，教师要在课堂中建立积极的情感与威信。有研究发现，教师积极、健康的情感是和谐课堂气氛产生的前提条件；而教师的威信是获得学生尊敬和信任的必要条件，一个没有威信的教师，是很难完成课堂教学组织者的任务的。

2. 教师要有组织运用案例教学法的能力

案例教学法相对于其他教学方法而言，其教学过程充满了更多的变数，因而，对于教师的教学能力的要求很高，要求教师具有不断学习的精神和能力，拥有渊博的知识、较强的组织能力。在教学讨论过程中，面对学生提出的新问题、新知识，可以灵活运用教学"机智"，及时捕捉学生思想的火花，同时，面对案例教学过程存在的"失控"局面，可以充分发挥教师的能力，及时加以引导和协调，从而促进案例教学法顺利有效地进行。

四、研究型教学法

随着我国经济社会的发展，创新型人才成为社会发展的急需。高等教育作为社会人才培养的主要阵地，其人才培养模式也需要做出相应的调整，以满足社会对高素质人才的需求。研究型教学法以学生的自主学习为前提，作为现代教学方法的一种，它能够有效弥补传统课堂教学的不足，充分调动大学生学习的积极性和参与性。在研究型教学过程中，教师通过设计研究问题，引导大学生自主进行学习和研究，既可以培养大学科学研究的精神，又可以培养大学生的创新思维和创新能力，也就是说，研究型教学法的目的就是培养具有创新思维和创新能力的高素质人才。显而易见，在高等教育发展的新阶段，面对社会发展对高等教育人才培养提出的新要求，研究型教学法必然将成为高等教育课堂教学的主要方法。

(一)研究型教学法的含义

关于研究型教学法的含义，目前高等教育学术界还没有统一的表述，学者依据研究型教学法的特征及在实践教学中的经验总结，提出了各自的看法，具体表述如下。

厦门大学教授别敦荣在《大学教学原理与方法教学改革演讲录》一书中认为，研究型教学是一种在教师的组织指导下学生自主学习、自主实践的教学。我们可以把它看成一种教育思想观念，也可以把它看成一种教育教学方法。当将它看成教育教学方法的时候，不同的教师、不同的课程、不同的学校可能会有不同的表现①。

南京大学教授卢德馨在《研究型教学20年：理念、实践、物理》一书中认为，研究型教学的指导思想是把科学研究中的知识水平、科学思维、评价能力、洞察能力、科学素养、敬业精神、科学道德、严谨作风、批判精神、合作精神等因素融合到平常的教学中，希望这些元素逐步成为学生在学习过程中自觉养成的目标②。

北京科技大学教授林海等在《大学研究型教学的理论与实践探索》一书中认为，大学研究型教学是以现代教育教学理论为基础，以教学和研究相结合为基本原则，以提高学生综合素质和自主创新学习能力为宗旨，以培养学生的问题意识、探究意识、创新精神和实践能力为重点的教学活动过程，是对倾注了现代教学理念的教学设计的一种谋划和落实，是教师把研究的思想、方法和取得的新进展引入教学活动，指导学生从自然、社会和日常生活中选择及确定与学科相关的专题进行研究，使学生在主动探索、思考、实践的学习过程中，吸收知识、应用知识、解决问题、获得经验，表现具有个性行为的一种实践活动③。

综上，根据本书编写的需要，编者认为：研究型教学方法是顺应大学教学方法发展多样化需求的趋势，以启发式教学思想为指导，以培养学生创新精神和创新能力为目的，在教师的指导下，学生围绕特定教学问题，自主收集资料、分析资料、得出结论的教学活动过程。

（二）研究型教学法的要求

高等教育承担着为国家培养高素质创新型人才的重任，然而，目前的课堂教学很大程度上依然“以教师为中心”，学生作为课堂教学的主体被边缘化，成为可有可无的人。教师在教学过程中实施的主要教学行为就是“知识传授”，轻视甚至忽视学生对知识的“研究”。除此之外，教材成为教学内容的主要来源，教师实质上是传授“教材”。这样的课堂教学很大程度上抑制了学生的学习兴趣和积极性，压抑了学生的创新性思维，阻碍了学生的探索能力和创新能力的培养，不利于培养学生的创新能力，导致学生走上社会之后出现“水土不服”的现象。创新思维、创新精神和创新能力的缺乏，使学生很难适应社会发展的需要。因而，高等教育课堂教学要实施研究型教学，需要教师、学生及教学管理者做出改变。具体来说，研究型教学对教师、学生、提出了以下要求。

---

① 别敦荣．大学教学原理与方法教学改革演讲录[M]．青岛：中国海洋大学出版社，2019：78－79.

② 卢德馨．研究型教学20年：理论、实践、物理[M]．北京：清华大学出版社，2008：26.

③ 林海，李虹，袁建美，等．大学研究型教学的理论与实践探索[J]．北京科技大学学报（社会科学版），2013，29(1)：94－99.

1. 对教师的要求

教师是研究型教学法的发起者、组织者和引导者，是研究型教学法顺利实施的关键。可以说，研究型教学法能否取得良好的教学效果，需要教师积极主动地去研究、去实践。那么，教师应该如何积极主动地研究和实践呢？首先，要有研究型教学法的理念。理念是行动的先导，教师只有逐渐摆脱传统教学方法的影响，充分认识到"教师讲，学生听"教学方法对于学生发展的弊端，深刻理解研究型教学法是适应社会发展需要的教学方法，才能认识实施研究型教学法的重要意义，才能积极主动地探索和实践研究型教学法。其次，要贯彻启发式教学思想。研究型教学法是在教师的引导下开展的，这里的引导的本质就是教师对学生的启发，而不是直接告诉学生该怎么做或不该怎么做。教师要"启发"学生主动思考和主动探索。在教师的"启发"中，让学生学会如何发现和提出问题，如何设计问题思路和问题解决方法，并进行经验总结，从而培养学生的科学探索能力和创新能力。最后，要与学生互动。虽然研究型教学法以学生为主体，学生是教学活动的主要参与者，但是并不意味着教师可以"袖手旁观"，教师要经常性地与学生互动，针对学生研究过程中遇到的难点和疑点，及时给予指导，可以保证学生"研究"的顺利进行，避免学生在"研究"的过程中，遇到"拦路虎"而轻言放弃。

2. 对学生的要求

学生是研究型教学法的直接参与者，因而，研究型教学法的顺利实施，要求学生改变学习方法，相对于教师的研究型教学，学生也需要研究型学习。具体来说，研究型教学对学生提出以下要求。首先，要转变学习观念。受传统教学方法的影响，学生的学习也具有"传统性"。传统的学习观念认为学习就是上课认真听，下课认真完成作业，认真背诵考试内容。很显然，这样的学习方式很难适应研究型教学法的要求，研究型教学法要求学生从根本上转变这样的学习方式，从机械的"听"、机械的"学"和机械的"考"转变为积极主动地学习，成为学习的参与者和实践者。其次，要学会自主学习。长期以来，学生的学习都处于"被动"状态，教师要求学什么就学什么。研究型教学法要求学生学会自主学习，学会围绕研究主题自主设计研究内容、研究思路等，因而，学习要具有相应的研究能力，如收集资料能力、阅读文献能力及文献综述能力等。最后，要学会合作学习。研究型学习不是一个人的学习，研究问题的解决，需要一个小组或一个团队共同努力，因而，要求学生会合作、会交流，学会与其他学生互帮互助，在合作中促进自己发展。合作能力也是现代多元化社会环境对学生提出的能力要求。

(三)研究型教学法的特征

研究型教学法打破了以"以教师为中心"的传统课堂教学方法，强调充分发挥学生的主体地位，在师生互动过程中，培养学生的创新精神和创新能力。因而，我们认为研究型教学法有以下几个特征。

1. 以学生的发展为中心

研究型教学过程中，教师引导学生结合自己的学习经验和兴趣爱好，选择适合自己的教学问题进行研究分析，充分发挥学生在教学过程中的积极性。即使是相同的问题，教师也鼓励不同的学生从不同的角度对问题进行探讨和分析，形成自己的观点。同时，研究型教学法积极引导学生自我思考、探究和发现事物，鼓励大胆创新，勇于表达自己，真正贯彻了“以学生的发展为中心”的教育教学理念。

2. 教学过程中的生成性

研究型教学法要求学生围绕问题自主收集资料，分析资料，撰写研究报告，提出创新点。研究型教学法在教学过程中，引导学生针对性地选择研究主题，设置问题情境，引导学生发挥主动性，让他们自主地分析、解决问题，激发探索的激情与动力，以及学生在探究过程之中的体验、感受与发展。除了基础知识与基本理论学习，研究型教学法更加关注学科或课程中一直悬而未决的重大理论问题，以及与学生当前或将来生活密切相关的问题，这种教与学的内容的不确定性，决定了课程内容应当强化知识的生成过程和应用过程，其教学是在师生、生生的互动中创造生成的①。

3. 学习过程中的互动性

研究型教学法的顺利有效实施离不开互动。这里的互动不仅包括学生与学生的互动，还包括教师与学生的互动。其中，在课堂教学过程中，更加强调教师与学生的互动，教师主动参与学生的互动，可以调动学生探究发现问题的积极性和主动性，同时，也有利于实现教学相长。

五、问题教学法

在教育发展历程中，问题教学源远流长，早在古希腊时期，苏格拉底就说过：“问题是接生婆，他能帮助新思想诞生。”科学知识的增长总是从问题开始，发现问题既是习得已有知识的成果，又是对新知识的探究和发现，只有在对问题的发现、探索、解决过程中，去体验知识的扩展，才能达到对知识的深刻理解和灵活运用，才能培养出具有个性和创新思维的军事人才。因此，教育教学不仅要教授大学生疑前人所未疑，还要交给他们答疑解惑的方法，唯有如此，才能调动大学生分析问题、解决问题的积极性，培养大学生的创新意识和创新能力。

---

① 林海，李虹，袁建美，等．大学研究型教学的理论与实践探索[J]．北京科技大学学报(社会科学版)，2013，29(1)：94－99.

（一）问题教学法的含义

问题教学法是以问题为载体贯穿教学过程，使学生在设问和释问的过程中萌生自主学习的动机和欲望，进而逐渐养成自主学习的习惯，并在实践中不断优化自主学习的方法，提高自主学习能力的一种教学方法①。问题教学法以培养学生的自主学习能力为其主要目的，在教学过程中，充分发挥学生的主体地位，有利于提高学生学习的积极性和参与性，同样也是现代大学课堂教学过程中常用的教学方法之一。

（二）问题中心教学法的特点

问题中心教学法是教师在实施教学活动的过程中，以设问与解疑交互的方式完成传授知识的教学方法，它体现了以教师为主导、大学生为主体的原则，有利于大学生更好地掌握系统知识，提高探究能力。

1. 问题是教学活动的开端

创新教育的首要任务不在于直接向大学生传授现成的知识，而在于引导大学生发现各种各样的问题。只有存在问题，知识才是有意义的，让问题作为思维的“启发剂”，创设问题情境，激活大学生思维，让大学生的求知欲由潜伏状态转入活跃状态，从而有力地调动大学生思考的积极性和主动性。

2. 问题是教学过程的主线

创新教育活动自始至终都是围绕问题而展开的，问题不仅是激发大学生求知欲的前提，还是大学生理解和吸收知识的前提。因此，只有使问题存在于整个教学过程中，使教学时时处处有问题，才能保证教学过程的连续性和有效性。

3. 问题是教学活动的归宿

在创新教育中，问题比知识更重要，教学活动以问题开始，以无问题结束，那么问题就是获得新知识的跳板。在问题中心教学法中，问题的提出和解决不仅是为了增进知识，更重要的是为了促使大学生超越现有的知识，获得新知识，同时引出更多、更深刻、更广泛的新问题，从而使教学活动无止境地进行下去，最终把大学生引上创新之路，成为创新人才。

（三）问题教学法的要求

1. 树立问题意识

在传统教学方法中，提问被认为是教师的专利，整个教学过程只需按照教师设计的问题意义解决，大学生就可以理解知识、掌握内容，这种观念严重影响了大学

---

① 吴邵春，张立新．研究型大学的研究型教学：理念与实践[M]．哈尔滨：哈尔滨工业大学出版社，2015：292.

生创新思维的发展。大学生是学习的主体，应当具备自主能动性，如果只求课堂秩序良好，而不调动大学生提问的积极性，就很难真正提高教学质量。另外，传统教学方法只注重学习的结果，而不注重大学生思维过程的分析，这大大限制了大学生创新思维的发展，再者，教师把问题作为教学出发点，适时提问、反问，并指导大学生讨论答疑。这种学习方式虽然具有启发性，但如果提出的问题不是关键性的，不富有挑战性，不能激发大学生的认知冲突，教学就会流于形式，进而消磨大学生学习的积极性。因而，现代大学课堂教学过程中，教师要转变传统教学理念，树立问题意识，创设问题情境，及时引导大学生发现问题、提出问题，在问题解决中，使大学生会思考、会学习、会创造。

2. 更新教学方法

在传统课堂教学中，教师讲，学生听，学生在课堂上要用绝大部分时间听教师讲，教师很少为学生提出问题创造必要的机会和条件，例如，没有为大学生留出发现问题的时间，没有设计必要的课堂提问环节，没有提供让大学生提供的材料等。所以大学生没有时间和机会去思考问题、发现问题。另外，教师把知识讲解得一览无余，学生自然没有问题可问。这种传统教学方法过分强调理性与智力因素，而忽视非理性、非智力因素的作用，习惯讲解或学习现成的结论，轻视实证和归纳的思维方式，致使学生缺少发现问题的惊奇和创新事物的欢乐，不利于学生创新思维的发展和问题意识的产生。因而，问题教学法打破了传统教学方法“一统课堂”的局面，要求教师及时更新教学方法，与时俱进，顺应时代对现代大学生综合能力发展的要求，注重培养大学生的自主学生能力。

3. 提出科学合理的问题

现在的学生对自己所学的某些学科有着浓厚的兴趣，对一些理论和现象也想提出自己的看法和问题，但他们缺少必要的提问经验和提问技能，这主要表现为学生不会从书本上、训练中发现问题，提出的问题或者与教学内容联系不紧密，或者与自己的思维不吻合，词不达意，缺乏一定的思维方法和语言表达能力，这严重影响了学生创新思维的发展和能力的培养。因此，引导学生提出科学合理的问题是问题教学法顺利实施的关键。

(四)问题教学法的实施

1. 提高大学教师素质

问题中心教学法是否成功，一方面受教师知识范围、工作经验、教学艺术和对问题的提升有关，教师在培养、激发大学生的问题意识时，应着力提高自身的素质，精心创设问题情境，开展以问题为中心的教学，鼓励、肯定大学生的创造性想法，注重大学生个体的发展，创造民主、平等的教学氛围，为大学生创新思维发展提供平台。另一方面，与教师是否具有强烈问题意识和提问技巧有关。首先，应不断扩大自己的知识面，努力提高自身素质，做到有问必答、凡答必妙。其次，教师也应树立问题意识，做到时时引导提问，处处激励解答，多方设问，多层次解答。在如何创设问题情境上下功夫，在提问技巧上多思谋略。做到“不愤不启，不悱不发”，不提可直接回答的问题，不到学生处于思考的状态不提问题，提问题时要根据学生的个性差异和年龄特征因人而异，不提千人一面的问题，因材施教，为学生的个性发展提供条件。

2. 创设问题情境

问题情境是指教师利用各种教育技术手段，整合教育资源，以问题为驱动创设学习情境，设计教学思路。在各种教学事件中，以问题为“刺激”因素，把大学生置身于特定的问题环境中，从而营造一种质疑、探究、讨论的学习氛围。创设问题情境有以下几种方法：一是通过对有关内容的叙述创设问题情境；二是运用大学生身边的生活素材创设问题情境；三是通过实物、图片、音像、模型展示等直观手段创设问题情境；四是引导大学生通过提出假设，激发矛盾，创设问题情境；五是引导大学生通过对比分析，发现矛盾，从而创设问题情境；六是用逆向思维通过讨论创设问题情境；七是从多方面、多角度、不依常规去思考，用发散思维创设问题情境；八是专注教材中含义深刻、表达精炼的关键点创设问题情境。教师通过在教学活动中有意识地创设问题情境，能够激发大学生探索事物的愿望，引导大学生体验解决问题的愉悦感，促进创新思维的发展。

3. 改革评价方式

问题中心教学法是基于问题情境而展开的，评价方式要区别于其他教学方法。首先，问题中心教学法以大学生为主体，为大学生提供了较多的自主学习机会，设计了丰富的学习方式，因此，要将大学生的学习效果检测置于实际的问题情境中，由传统的单一教师评价主体转变为教师、大学生、自我多个评价主体，以全方位、多元化的结果评定大学生学习情况和创新思维的发展水平。其次，问题中心教学法的特点决定了评价方式不能采用定量的标准化方式，而需要采用多样化的教学评价方式。一是观察法。教师通过观察大学生在课堂中的表现、参与情况，以及问题回答的质量，来判断所创设的问题对大学生的思考是否起到积极的作用。二是课后设问。布置延伸课堂教学内容的课外新问题，让大学生可以借助多媒体、网络等媒介来查阅资料解决问题。三是问卷调查法。教师通过问卷设计，来调查大学生对教师创设问题的认知情况，从而了解大学生对问题中心教学法的认可度。四是教师反思总结。教师及时对教学情况进行反思，定期对教学方法进行总结，反思大学生对所创设问题是否感兴趣，问题难易度是否适中等。

第三节　教学方法的选择和运用

教学方法是教学活动的基本要素，是影响高等学校人才培养质量的核心要素，可以说，不同的教学方法培养出的人才质量将大相径庭。随着社会经济的高速发展，人们对人才质量的需求也发生了根本性的变化。单一的或传统的教学方法培养出的人才大部分是继承性人才，即这样的教学方法培养的人才缺乏创新精神和创新能力，显然不适合现代社会发展所需要的要求。

新形势下，高等教育要提高人才培养质量，实现立德树人的根本任务，要解决的首要问题就是教学方法的问题，也就是要解决教师“怎样教”的问题，通俗地讲，就是教师如何选择教学方法、如何使用教学方法的问题。我们知道，教学方法经过多年的发展，其种类多种多样，同时，教学方法的继承性和发展性，决定了各种各样的教学方法，无论是传统的还是现代的，都各有利弊，不存在万能的教学方法或一劳永逸的教学方法。因而，在教学过程中，教师根据一定的教学内容、教学目标及教学对象的特点，选择合适的教学方法是有效教学的关键一环。教学方法的选择和运用，既是理论问题，又是实践问题，需要在实践的基础上研究其依据和原则，从而指导教师有意识地选择教学方法，使教学方法的选择和运用有理有据，保证教师教学方法选择的科学性和有效性。

一、有效的教学方法

研究教学方法的选择和运用，其根本目的就是促进教师选择有效的教学方法，提高高校课堂教学质量，为社会培养高素质的人才培养质量。那么，问题在于什么样的方法才是有效的？评价标准是什么？如果跳过这些问题而探寻教学方法选择的依据和教学方法的运用原则，就会导致教师对教学方法的选择和运用产生困惑，从而影响教学方法的正确使用。

高校课堂教学方法运用的根本目的在于提高教学质量，从而保障高校为社会发展和经济建设培养一批高素质的新型人才。因而，有效的教学方法可以从学生、教师及教学效果三个维度进行评价。

(一)学生维度

学生是各种教学方法的直接实践者，无论是讲授法还是研究法或者讨论法，最后都要落实到学生身上。因而，关于有效的教学方法，学生最有发言权。具有从学生角度来说，有效的教学方法需要体现在以下几点。

1. 调动学生学习的积极性

积极性就是主动性，是指学生的目标明确，自己想要做，并且实施自己的目标。哲学上被称为人的主观能动性，在尊重客观规律的情况下，利用规律，为自己所用，来发展自己[①]。调动学生的积极性就是贯彻“以学生为中心”的现代教学理念，让学生能够全身心地投入学习之中。传统的教学方法，导致课堂出现“满堂灌”现象，学生只能被动学习。因而，有效的教学方法必须能够调动学生的积极性，在这种教学方法过程中，学生积极主动地学习，体会到学习的快乐。

2. 发挥学生学习的主体性

学生学习的主体性是指学生在教学工作中表现出的能动性、自主性和自为性，它是教学及其管理活动正常开展、不断提高教育教学质量的必要动力。学生学习的主体性不仅表现在与教学对象（知识、教材、环境等）的关系上，还存在于同教师、管理者和同学的主体交往中，表现为主体性。其中主要成分是自主性、选择性和创造性[②]。从学生学习的主体性内涵中，可以看出学生的主体性是学生顺利完成学习任务的关键因素，因此，有效的教学方法必须尊重学生，充分发挥学生学习的主体性。

3. 激发学生学习的学习动机

学习动机是指学生发现学习活动有意义、有价值，并尽力从中得到预期学习收益的倾向。有学习动机的学生，不管学习的内容或学习的过程是否有趣，都会努力地去理解所学习的内容[③]。学习动机有内部动机和外部动机之分，是学生学习的主要动力。传统的教学方法中，教师讲，学生听，学生依据教师的教学计划亦步亦趋，因而，学生处于被动学习状态，缺乏强烈的学习动机，也就谈不上在学习中体会到真正的成就感和价值感。因而，有效的教学方法是能激发学生学习动机的教学方法，只有这样，才能充分调动学生学习的主动性。

（二）教师维度

教师是教学方法的选择者、运用者，同时也是课堂教学的组织者、引导者，有效的教学方法，对于教师来说，关键在于能够调动教师教学的积极性和创造性。课堂教学中，教师照本宣科、照屏宣科，教学就是教书本上知识，整个教学过程中，没有教师的思想或者创造性。长此以往，教师感觉自己的工作就是“教书”，体会不到作为一名教师的成就感和价值感，很容易导致教师形成职业倦怠。因而，有效的教学方法能调动教师的积极性和创造性。课堂教学不是枯燥的讲授书本知识，教师可

---

① 李萍．激发学生的积极性、创造性 营造和谐班级氛围[J]．黑龙江科技信息，2010(36)：285.

② 李福华．高等学校学生主体性研究[D]．上海：华东师范大学，2003：17.

③ 顾明远．中国教育大百科全书[M]．上海：上海教育出版社，2012：2034.

以根据教学对象，把自己的教学研究成果带入课堂，与学生交流互动，教学相长，还可以充分地展示自己的渊博知识，真正成为学生的引路人。

二、教学方法选择的依据

高等教育本身是一门学科，教学工作是科学性、艺术性很强的工作。科学工作从来是最重视方法论的。因为方法的优劣常常反映一个科学工作者（包括大学教师）思想认识水平的高低和工作能力的强弱，直接影响其事业的成败。可见，教学方法在教学各要素中起着关键的作用。同时，教学方法又是为了实现特定的教学目标和教学任务而服务的，因而，教学方法的选择受教学内容、教学目标、教学对象及教师教学能力等因素的制约，也就是说，教师在选择教学方法时要做到心中有数，特别要做到心中有学生。具体来说，教学方法的选择需要依据以下几个方面。

（一）教学内容

教学内容是教学活动开展过程中必不可少的要素，是教学过程中，教师和学生互动的载体，同时，教学内容也是教学目标实现的主要保证。因而，在教学方法的选择上，教学内容起着基本的、决定性的作用。也就是说，学科专业不同、课程类型不同、教学单元不同，需要采用不用的教学方法。例如，文科类课程的教学内容理论性相对多，适合采取以教授法为主，辅助其他教学方法，如讨论法或问题教学法。但是在使用讲授的过程中，要贯彻启发式教学思想，注重教授过程中语言的艺术，讲授的教学内容也要有所创新，避免走“注入式教学”的老路子。同样，再如理科类课程，因其涉及的理论性内容相对较少，可以以实验法、演示法和研究性教学法为主，辅助于教授法。

（二）教学目标

教学目标是教学活动主体在具体的教学活动中要达到的预期成果或标准。教学目标对实际教学具有重要功能。一方面，教学目标制约教学设计的方向，规约教学设计的步骤和方式方法。明确的教学目标有利于教学活动主体对教学活动的控制，有利于提高教学设计的科学性；另一方面，教学目标提供教学评价的依据[①]。由教学目标在教学过程中的重要性可以看出，教学方法的选择必须以具体的教学目标为准绳，因而，明确每个教学活动的教学目标，是选择合理的教学方法的前提。例如，在“大学生学习方法导论”教学过程中，该课程的前两个主题的教学目标是让学生理解相关的学习理论和学习的本质，因而，在教学过程中，教师主要采取的是讲授法。后面几个专题的教学目标是结合学生的学习经历，探讨具体的学习方法

---

① 顾明远．中国教育大百科全书[M]．上海：上海教育出版社，2012：636.

及各种学习方法的优势和不足，因而，教师采取了讨论法和研究型教学法，收到了良好的教学效果。

（三）教学对象

教学对象主要是指教学活动过程中的学生，教师选择使用教学方法的主要目的就是促进学生更好地学习，因而，教师必须首先了解学生的年龄特点及已有的学习经验。其中，学生已有的学习经验在教学方法的选择中起着重要作用。在开始学习某门课程时，学生的先有经验将影响他对相应学习方法的理解和接受程度。所以，教师在决定使用某一教学方法时，需要对学生的先有学习经验做深入的了解。例如，教师采取研究型教学方法，如果学生对研究型教学一无所知或一知半解，或缺乏开展研究型教学法所需的学习能力，那么，研究型教学法是无法顺利实施的。

（四）教师教学发展水平

教师教学发展是指在高校领导机关的系统组织下，教师通过自身的努力，在专业基础知识、教学水平、教学能力、教学学术等方面不断提升，充分实现教师的自我价值和学生的全面发展，进而促进高等院校教学质量不断提高的过程。很显然，教师教学发展水平高，驾驭课堂的能力就比较强，在具体教学方法的选择上可以做到迎刃有余、有的放矢；而教师教学发展水平低，则会影响有效的教学方法的选择，会出现教学方法不适合课堂教学的现象。

三、教学方法运用的原则

在教学过程中，教师选择了科学、合理的教学方法后，在具体实施方面，只有遵循相应的原则，才能保证各种教学方法发挥应有的教育功能。

（一）灵活性和多样性原则

通过分析可知，教学方法千变万化、各种各样，每种教学方法都有其教育功能和弊端，正是这些各种各样的教学方法构成相对完整的教学方法体系。虽然各种教学方法相互区别，发挥着不同的教育教学功能，但在教学实践中，各种教学方法又可以相互作用、相互补充，有时候甚至不可分割，发挥着不可替代的作用。因而，教师在教学过程中，要打破固有的教学观念，遵循教学方法灵活性和多样性原则，依据教学内容、教学目标、教学对象及教师教学发展水平选择多样化的教学方法，充分发挥教学方法的育人功能，让课堂教学充满生机，实现教学的有效性。

（二）创新性原则

创新精神和创新能力是现代经济社会发展对人才培养的根本要求，因而，在教学方法的实施过程中，无论采取什么类型的教学方法，都要以创新性为原则。在教学过程中，要最大限度地调动学生学习的主动性，激发学生的积极性和好奇心，鼓励学生积极主动参与学习过程,在参与的过程中,引导学生思考、质疑,以及提出自己的独到见解,从而培养学生的创新精神和创新能力。

(三)启发式原则

启发式教学思想是相对"注入式教学"思想提出的。启发式教学思想是在教学过程中注重调动学生学习的主动性、积极性,引导学生独立思考、积极探索、主动学习的一种教学类型①。因而,在教学实践中,无论我们选择什么样的教学方法,都要坚持启发式教学,否则,很可能在课堂教学中,以教师为中心,忽视学生的主体地位,走上"注入式教学"之路。可见,不同的教学方法在不同的教学思想指导下,其产生的教学效果是截然不同的。因而,在现代大学课堂教学过程中,以启发式教学思想为指导,是顺应社会发展对人才培养的需要。

教学有法,教无定法。随着高等教育的深入发展,教学方法在大学教学过程中起着越来越重要的作用,因而,加强教学方法研究和探讨,是高等教育教学发展的必然趋势。

---

① 顾明远. 中国教育大百科全书[M]. 上海:上海教育出版社,2012:1458.

第四章　教学模式

本章提要

教学模式是在一定教学思想、教学理论指导下，教师完成教学活动的程序性策略体系，是联系教学理论和教学经验的桥梁，既有实践方面的功能，又有理论方面的功能，为教师教学实践提供了方法论指导，使教育教学更加适应时代的发展，为学生的全面发展提供了助力。本章主要从教学模式的概念、基本要素、历史发展方面详细介绍了教学模式的来源与发展，并依据教学模式从心理学、自然科学、社会学、信息技术等角度进行分类，详细介绍了教学模式发展历程中比较突出的教学模式，为人们更好地理解教学模式，选择与运用教学模式提供了指导。

第一节　教学模式概述

在教学活动过程中，教师如何开展教学，如何围绕教学主题，选择恰当的教学方式、教学手段，进而对学生的学习状态产生影响，提高教学的效率和质量，这一系列的活动是教师关注的重点，也是教育目标得以实现的关键。因此，人们通过不断地探索、实践、研究，摸索出教育理论与教育实践之间得以沟通的桥梁——教学模式。

一、教学模式的概念

“模式”在汉语词典中的解释为“某种事物的标准形式或使人可以照着做的标准样式”[①]。在英语中，“模式”源于拉丁文“modulus”，现代英文为“model”，可以译为“模型、典范、标准样式”，是指具有操作性的知识系统，是理论转化为实践的结构形式。

---

① 辞海编辑委员会．辞海[M]．上海：上海辞书出版社，1980：1319.

1972年，美国学者乔伊斯和韦尔将“模式”一词引入教学领域，试图说明教学活动中，这种在一定教学思想、教学理论指导下建立起来的教学活动基本框架和教学过程中表现出的程序性教学策略，把抽象的理论转化为具体的操作程序，使教师明确了教学“做什么”“怎么做”。它将教学理念、教学程序、教学方法、教学手段、教学组织形式融为一体，使教学理论和教学实践得以发生联系并相互转换。乔伊斯和韦尔在出版的《教学模式》一书中，详细介绍了22种教学模式，涵盖了各种教学模式的理论框架、历史渊源和发展前景，还对教学模式的使用做了具体指导，为新老教师提高教学技能、丰富教学内容提供了有益的借鉴。1990年，美国学者冈特、施瓦布等在《教学：一种模式观》一书中提出：“教学模式就是导向特定学习结果的一步步的程序。”综合国内外的研究成果，有的学者认为教学模式是教学程序或者教学方法或程序与方法的结合①，有的学者认为教学模式是由教学要素凝结形成的教学结构，随着教学任务的不同，不同的教学结构发挥着不同的教学功能②。然而，把教学模式简单地等同于哪种都不恰当。

我国教育界通过深入研究，认为教学模式是在一定的教学理论指导下，为实现特定的教学目的，通过对教学理论的演绎或对教育教学实践经验的概括和总结，形成具有可操作性的、结构相对稳定的教学模型③。其中，教学程序和教学方法是教学模式的重要组成部分，教学结构和教学功能是教学模式的核心特征。

二、教学模式的基本要素

教学模式的结构是指教学活动内部各环节相互影响、相互作用的方式或顺序。一个结构完整的教学模式包括理论基础、教学目标、操作程序、实现条件、教学评价。其中，理论基础是建立教学模式的思想基础；教学目标是教学模式的核心，制约着其他要素；操作程序是教学模式得以实施的重要环节或步骤；实现条件是保证教学模式功能得以有效发挥的重要支撑；教学评价是指对教学活动过程进行反馈和监控，使人们了解教学目标的达成度。

(一)理论基础

教学模式是在一定的教学理论指导下形成的教学行为范型。在不同的教学理论指导下会形成不同的教学模式，如以认知心理学理论为依据形成的累积性教学模式，以行为主义心理学理论为依据形成的程序教学模式。

---

① 甄德山．教学模式及其管理浅议[J]．天津师范大学学报，1984(5)：35－40.

② 吴也显．我国中小学常用教学模式[M]．昆明：云南教育出版社，1993：10.

③ 陈旭远．课程与教学论[M]．北京：高等教育出版社，2012：224.

(二)教学目标

教学目标是指完成教学主体所规定的各项任务。例如，PBL(Problem-based learning，以问题为导向的教学方法)教学模式的目标是提高学生学习的主动性，以问题为核心规划学习内容，组织学生围绕问题寻求解决方案，激发学生的求知欲望，促进学生自主学习和终身学习能力的发展。

(三)操作程序

在教学模式中，操作程序是指依据教学内容设计，形成的师生在教学活动中完成各项任务的逻辑步骤。例如，加涅的累积性教学模式的操作程序是注意、知觉、复演、语义性编码、检索、组织、反馈、执行控制八个步骤，杜威的实用主义教学模式的操作程序是情景、问题、假设、推理、验证五个步骤。

(四)实现条件

教学模式的实现条件是指能使教学模式的效力得以发挥，以实现教学目标所需要的辅助性支持。实现条件包括人力、物力等，如教师、学生、学校的基础设施等。

(五)教学评价

教学评价是评判教学模式是否完成教学任务、实现教学目标的重要准则。例如，非指导性教学模式主要实行学生的自我评价，而掌握教学模式主要采用效标参照性评价而不是标准化评价。

教学模式的五个构成要素，地位不同、作用不同，共同构成完整的教学模式。

三、教学模式的历史发展

教学模式的发展随着经济、社会、政治、教育的发展呈现出不同形态，通过对教学模式历史发展的梳理，可以使人们对教学模式有更加清晰的认知，能够帮助教师选择和使用更加恰当的教学模式。

(一)古代教学模式

在古代社会，并没有形成系统的教学模式，但有一些教学模式的雏形散落在许多教育家的经验总结中。例如，公元前6世纪，孔子提出“学而不思则罔，思而不学则殆”，注重“躬行”，最先把学、思、行看作统一的学习过程，这是我国最早的“以学为主”的教学过程思想；《中庸》提出了“博学之，审问之，慎思之，明辨之，笃行之”的学习过程理论；《学记》则注重教与学双向的互动，不仅重视如何学，还突出地阐明了如何教的原则和方法；朱熹也比较强调学与思，提出了“循序渐进，熟读精思，虚心涵泳，切己体察，居敬持志”的读书法。

公元前5世纪，古希腊出现了第一批职业教师，其中著名的教师是苏格拉底。苏格拉底以其“产婆术”著称，主张在教学活动中，不直接把真知交给学生，而是通过“对话、诘问”让学生陷入矛盾困境，进而引导学生通过自己的思考获得真知；古罗马昆体良的《雄辩术原理》提出了通过“模仿、理论、练习”培养演说家的学习过程理论。

在古代教学活动中，教学的主要形态是讲—听—读—记—练，以教师讲授知识、学生被动接受知识点为主，教学活动比较简单，还没有形成固定的教学模式，一些对教学活动产生影响的指导思想也散见于一些先哲的著述、演讲中，还没有形成体系，但这些外显的教学形态为后期系统的教学模式理论与实践打下了初步的基础。

(二)近代教学模式

17 世纪，学校教育中引入了自然科学和直观教学法。夸美纽斯在《大教学论》中，提出把讲解、质疑、问答、练习统一于课堂教学中，首次提出了以“感知—记忆—理解—判断”为程序结构的教学模式。

18 世纪，随着心理学知识的丰富与积累，人们对教学过程的认知也更具有科学性。19 世纪，实验教育思潮发展起来，人们开始以实验的方式研究教育教学问题，赫尔巴特以心理学和伦理学为基础，构建了班级教学模式，他认为学生的学习是由新经验构成心理统觉团，在与概念发生联系时，使学生掌握知识。因此，教师的任务是将所授的知识以适当的程序引导学生形成自己的学习背景，他提出了“四阶段教学模式”，即明了—联合—系统—方法，后来他的学生齐勒和赖因又把它发展为“五阶段教学模式”，即“预备—提示—联合—总结—应用”。

以上这些教学模式都不同程度地忽视了学生在学习中的主体地位，片面强调灌输式教育，阻碍了学生的个性发展。

(三)现代教学模式

随着 19 世纪末 20 世纪初，工业革命加速了工业化的进程，人们的生产、生活都发生了巨大变化，个体的个性发展受到普遍关注，杜威的实用主义教育理论应运而生，得到了社会的推崇，教学模式发展向前推进一大步。杜威提出了教育的本质是“教育即生活”“教育即生长”“教育即个人经验的增长”，他主张“以儿童为中心”“从做中学”“学校即社会”等观念，并在基础上构建了实用主义的教学模式，在教学目标上强调思维习惯，构建了“创设情境—确定问题—占有资料—提出假设—检验假设”教学程序。这种教学模式打破了以往教学模式单一化的倾向，突出了学生的主体地位，提倡学生通过自主学习与实践，获得知识和解决问题的能力，开辟了现代教学模式的新征程。

20 世纪 50 年代以来，心理学、系统理论、控制理论、信息加工理论等对教学实践产生了深刻的影响，也给教学模式提出了许多新的课题，如掌握学习教学模式、发现教学模式。人们开始从个体的发展和知识内在联系的角度探究教学的路径，对个体学习系统的知识、发展思辨能力带来了助力。

进入21世纪，互联网技术快速发展，人工智能深入人们生产、生活的方方面面，数字化、网络化的发展拓宽了人们获取知识的渠道，以教师为本的讲授式教学模式已然跟不上社会发展的步伐，时代呼唤着教育教学的深度变革。例如，2012年MOOC(大规模在线开放课程，massive open online courses)，推动了教育与信息技术的融合，近年来，人们试图将传统的教学模式与MOOC结合起来，涌现出翻转课堂、对分课堂等教学形态，不仅实现了优质教育资源的共享，还切实提高了高等教育人才培养质量。

基于以上理论，结合各个时期社会发展的特点，我们将教学模式按照四种理论基础进行分类，然而，事实上，不管在哪种教学模式中，都涉及多种理论基础，本书根据写作要求，根据各种教学模式所包含的典型性理论依据，从心理学、自然科学、社会学、信息技术等角度进行分类研究和详细介绍。

第二节　心理学类教学模式

一、赫尔巴特教学模式

赫尔巴特是18世纪德国的心理学家、教育家，他是第一个将心理学和教育学交叉研究的教育学家，因而被称为"科学教育学之父"。赫尔巴特认为教学要建立在学生的心理认知层面，要以发展学生的思维为主要目标，统觉在学生学习过程中具有重要的作用，统觉过程(感官的刺激、观念的分析与联合、统觉团的形成)的完成即是学生获取新观念、新知识的过程。他以统觉心理学为基础，提出了"教学阶段论"——明了—联想—系统—方法。后来他的学生齐勒和赖因又把它发展为五个阶段——预备—提示—联想—总结—应用。

(一)理论基础

赫尔巴特的教学模式是以心理学为基础，强调统觉和兴趣在教学过程中的影响力。赫尔巴特认为统觉的过程要经历四个阶段：注意、期待、要求、行动，教师在这个过程中要尽可能地创造条件，促进个体内在旧观念的再现，搭建新观念与旧观念之间的联系，使新观念能够更好更快地被同化和吸收。他还提出兴趣是个体心理上的一种积极的活动，它是决定个体能否实现自己决定的根本因素，也是个体持之以恒的动力来源。因此，学生的兴趣是教学的起点，教学的内容和教学的形式只有与学生的兴趣保持一致，才能引起学生的共鸣，让学生对学习产生强烈的关注度，进而促使学生用心学习、深入教学，最终获取知识和技能。

(二)教学目标

赫尔巴特认为教学目标是培养具有"善的意志"的良好公民，提出教育目标可以分为可能的目标和必要的目标，可能的目标培养儿童对未来职业的兴趣，提倡教师要培养和发展学生多方面兴趣，促进学生各方面能力的和谐发展；必要的目标是培养道德完善的良好公民，通过教学，促进个体形成自由、完美、友好、正义、公平的道德理念，实现个体能力与品德的有机统一。

(三)操作程序

赫然巴特的教学模式分为四个步骤：明了，即教师通过直观的方式讲授新教材，让学生清晰明了地感知教材；联想，即教师对教材知识进行分析、讲解；系统，即教师综合采用各种教学法启发、引导学生学习知识与技能；方法，即学生通过练习对已获得的观念进行转化，使之更加牢固和熟练。后来，他的学生齐勒和赖因将其修改为五阶段教学模式：预备，即用提问、谈话、讨论等方式激发学生回忆旧知识；提示，即教师展示新教材，引出新知识和新技能；联想，即教师对新旧知识进行比较分析，帮助学生在头脑中建立新旧知识之间的联系；总结，即教师对分析的结果进行归纳、总结，使学生形成一般概念；应用，即教师安排学生进行练习，加深学生对新知识的理解和运用。

(四)实现条件

赫尔巴特认为要使学生服从教师管理，必须制定相应的行为规范，通过对学生行为的约束，促使学生的心理状态适应教学过程，为教学的顺利实施开辟道路。

赫尔巴特身处德国封建社会后期，他清楚地认识到封建社会的思想对人们的约束，希望通过教育来加强人们对理想、规范社会的认知。他还意识到，教育要以学生的心理认知为基础，教学要关注学生的思维特点和心理状态，因此，他研制了"教学阶段法"，这种教学模式符合当时的社会需要，有利于促进社会的完善发展，以及个体理性思维和道德规范的养成。但是，这种模式过分强调教师和教材，一定程度上忽视了学生的自主性，固化的教学程序也容易造成教学过程缺乏生机和活力。

二、杜威教学模式

19 世纪的美国处于自由资本主义向垄断资本主义过渡的时期，工业规模扩大，人口增长速度快，不可避免地带来了很多教育问题，国家迫切需要更多适应工业发展的新型人才，然而学校教育仍停留在刻板的传统教学模式下，学生的学习呈现出机械化的状态。美国哲学家、心理学家、教育学家杜威意识到传统教学模式的弊端，他在批判传统教学模式的基础上，立足于儿童的个性发展、哲学理论、心理学理论，逐步形成实用主义教学模式。杜威认为教育是个体自发的、内生的过程，教育的目的就是让儿童预见自己的目标，并通过努力地学习实现这个目标，因此，杜威的实用主义教学模式坚持从儿童的发展进行规划，按照儿童个性和思维发展的特点安排教学内容，开展教学活动，使学生通过自主学习和实践，获取知识与技能。

(一)理论基础

杜威的实用主义教学模式有两个理论基础。一是杜威提出的四个教育哲学命题——“教育即生活”“教育即生长”“教育即经验的不断改造”“教育是一个社会的过程”。因此，教育是一种自然的过程，所有的教学都要以儿童的能力和需求为基础，选择适应儿童生长的教学方式，让儿童在做中学、乐中学，通过自然而然的教育促进个体的成长与成熟。二是杜威的心理学理论。杜威在前人的理论基础上，提出了以“认知”“行为”为核心的机能心理学理论。他认为人不是被动地接受自然和外界环境，儿童的智力、情绪、习惯等心理活动与周边环境相互作用，儿童在这个过程中获得智力与能力的发展。杜威把教育和心理学相互融合，形成以儿童为中心的教育心理学理论，这一理论成为实用主义教学模式的重要理论依据。

(二)教学目标

杜威的实用主义教学模式坚持通过实实在在的生产、生活发展儿童的能力，要求教学活动以生产、生活为基础，激发学生内在的兴趣，让学生预见可达成的目标，进而鼓励学生通过专心致志地学习实现学习目标。

(三)操作程序

杜威的实用主义教学模式的操作程序分为以下五个步骤。

第一，创设情境。在真实的经验情境中，寻找到使个体产生困惑的问题。

第二，确定问题。将直接感觉到的困惑或难题进行思考，形成理性思维，确定为有待解决的问题。

第三，占有资料。占有知识资料，根据需要解决的问题开展必要的观察。

第四，提出假设。根据现有的条件对已知问题进行假设，通过思考、推理，选择出适合解决问题的方案。

第五，检验假设。通过行动来检验考虑到的办法的有效性。

(四)实现条件

杜威认为所有的学习都应该源于儿童的生产、生活经验，他提倡“做中学”，坚持让学生通过接触自然、走进社会进行教育和学习。因此，实用主义教学模式的实施就是要坚持在教学过程中遵守“做中学”的原则，使教学内容和教学形式相一致。

杜威以其敏锐的洞察力，意识到快速发展的资本主义对教育提出的新要求，同时，心理学的发展也为杜威把教育学和心理学相互结合打下了坚实的基础，时代的发展越发凸显出对儿童个性的尊重。杜威的实用主义教学模式适应时代的特征，突出学生的主体地位，促进教学模式的巨大变革，为美国乃至世界各国的教育发展带来了深远的影响。

三、罗杰斯非指导性教学模式

非指导性教学模式是由美国人本主义心理学家罗杰斯提出的，这种教学模式坚持以人为本的理念，强调教师不是直接教授学生，而是通过创设轻松愉悦的环境，以一种知情结合的方式，辅助学生达到教学目标，发展自我潜能。

(一)理论基础

非指导性教学模式以罗杰斯的人本主义心理学理论为基础，罗杰斯认为，个体是完整的有机体，个体的发展是在自我实现倾向的驱使下实现的。罗杰斯将自己创立的“非指导性治疗法”引用到教育领域，形成以学生为中心的教学理论，即在教学过程中，以人的本性为出发点，强调学生的“自我实现”，把教学作为发掘个体潜能、形成独立人格的工具，教师仅起促进作用，最终培养出自由独立、知情合一的“完整的人”。

(二)教学目标

罗杰斯认为教学目标是培养“完整的人”，旨在通过教学，使学习内容与个体之间建立联系，激发个体的学习潜能，从而使个体产生主动学习的愿望，最终实现个体在知、情、意、行等方面的全面发展。

(三)操作程序

非指导性教学模式的操作程序是创设情境——开放性探索＋个人或小组鉴别。在此过程中，教师的主要任务是建立学习氛围或问题情境，为学生提供可供利用的资源，给予学生合理化的建议，做学生的“学习顾问”，鼓励和支持学生自由地表达自我、发展自我。

(四)实现条件

非指导性教学模式的实现条件有两个方面：一是教师不是“教授者”，而是“教学顾问”，为学生提供知识、情感、资源等方面的支持，但学习的主导权在学生手上；二是人际关系和情感因素在该模式中的作用突出，良好的师生关系有助于师生之间建立信任，教师以真诚的态度对待学生，能够让学生在身心放松的环境中获得知识和情感满足。

非指导性教学模式是对历史条件下美国传统教学的重大变革，它肯定了个体的主体地位，明确了个体发展的动力是自我成长的内在驱动，有助于发掘学生的创造潜能，能够促进学生的自我完善。然而，这一模式过分强调学生的中心地位，在一定程度上削弱了教师在教学中的作用，忽略了课程内容对学生的教育作用，对学校教育产生很多不利的影响。

四、情境—陶冶教学模式

(一)理论基础

情境—陶冶教学模式以洛扎诺夫的暗示教学法为理论基础。暗示教学法的主要原理是人类的学习过程是大脑两个半球协调统一的活动，是有意识活动和无意识活动的统一，是理智和情感的统一。暗示教学是通过对大脑左右半球施加暗示，建立无意识的心理倾向，激发个体的潜能，创造学习的动机，让学生在愉快的气氛中不知不觉地提高记忆力、想象力和创造力。在暗示教学法指导下的情境—陶冶教学模式，是指创设教学情境，利用学生无意识的情感和心理活动，将有意识的学习活动和无意识的心理活动结合起来，挖掘学生的学习潜能，优化课堂教学。

(二)教学目标

情境—陶冶教学模式是在宽松、自由的教学氛围中，教师引导学生通过认知和情感的交互作用，使学生最大限度地发挥自己的创造才能，减轻学生的学习挫败感，暗示学生朝着教学任务期待的良性方向发展，鼓励学生排除学习困难，自我激励，主动配合教师教学，进而达到很好的教学效果。

(三)操作程序

情境—陶冶教学模式的操作程序：首先，创设情境。围绕教学内容，创设一个能激发学生学习热情的教学氛围，在此氛围中，学生既可以体验到丰富而生动的形象、美好又和谐的场景，又能在此场景中习得知识和技能。其次，进行情境体验。学生通过参加教学情境中的各种活动，获得思维和情感的启发，激励学生以积极的态度完成各项智力活动，进而获得知识发展。最后，总结转化。通过教师对教学活动的总结，学生从情境中获得知识与技能，领悟学习内容的本质内涵，促使学生知情合一，从心理上产生对教学的认同和对知识的内化，进而获得知识与情感的同步提升。

(四)实现条件

情境—陶冶教学模式的实现条件是教师。教师是学生的心理顾问，是能力的培养者，是课堂的组织者，是人生的导师，因此，教师在这一模式中担任重要的“激发者”“维护者”角色。教师不仅要具备教育教学能力，还要具备语言表达、音乐、表演等能力，能够根据教学内容灵活地运用教具、乐器、教学场所，营造良好的学习氛围，建立融洽的师生关系，使课堂教学更加生动、形象，诱导学生全身心投入教学，提高学习效率。

情境—陶冶教学模式是通过创设自然、舒适的教学氛围，让学生在轻松、舒适的环境下，身心放松，通过角色体验，学习教学内容，学会解决现实生活中的困难与问题。这一教学模式有利于提高学生的学习主动性，能够激发学生的合作意识和创新意识,使学生在知识、情感、行为方面获得全面发展。但这种教学模式因创设情境的需要,更加适合主题鲜明、内容生动的文艺类课程和实践类课程的教学活动。例如,在“思想道德修养和法律基础”课程中讲解“爱国主义”这一主题时,可以选用“卫国戍边英雄事迹”作为讲解案例,这一案例既具有时代特征,又具有时效性,能够让学生真切地感受卫国戍边的艰难与困苦,又能激发学生爱祖国、爱人民的深切情感,促使学生在理解知识的同时实现思想理念的升华。

第三节　自然科学类教学模式

一、斯金纳的程序教学模式

程序教学模式兴起于20世纪60年代。美国心理学家斯金纳通过动物实验总结出操作行为主义的学习理论,基于此,他提出了程序教学模式。程序教学模式是指以事先设计好的程序教学为基础,学生以自己的速度和水平开展自主学习,通过每个阶段的学习并完成自我测试后,通过与各阶段发展标准进行对比分析,判断自己的学习效果,根据学习反馈安排下一个阶段的学习或重新学习,学习节奏完全由学生自己掌握。

(一)理论基础

程序教学模式以操作行为主义理论为理论基础,这一概念的内容是,某一操作行为一旦受到结果的强化,该行为发生的概率就会增加。操作行为主义强调的是结果对行为的影响,斯金纳从操作行为主义原理出发,提出个体行为的可塑性,他将这一理论应用于教育领域,指出通过创造条件,使个体在学习过程中通过强化、消退、惩罚等方式来控制学习行为,让学生能根据自己的节奏和步调进行学习。

(二)教学目标

程序教学模式的教学目标是通过选择教学信息,然后借助自然科学的方法对教学信息进行排序,有效地控制学生学习的过程,使学生在反应—刺激—强化的过程中获得知识、习得技能。程序教学模式的原则是“小步子、积极反应、即时强化、自定步调、低错误率”。

人类行为是一个有序的过程,它可以借助自然科学的方法来进行研究,通过有序地选择教学信息,改善学生的学习活动,有效地控制学生学习的过程。

(三)操作程序

程序教学模式的操作程序是把教材内容细分成很多的小单元,并按照这些单元的逻辑关系顺序地排列起来,构成由易到难的很多小步子,让学生循序渐进,依次进行学习。基本程序是解释—问题—解答—确认。

(四)实现条件

教师采用程序教学模式，必须借助程序式的教材或者进行机器教学，只有用设计好的教材内容或机器来代替教师在课堂教学中的大量机械行为，教师才能将更多的精力投入设计教学“小步子”，针对不同程度的学生提出不同的学习要求，并给予及时反馈。

斯金纳的程序教学模式对改进教育改革有显著的作用。首先，小步子学习方式使学习内容之间的跨度小、关联性强，这种由浅入深的学习安排，能够实现差异性教学，确保每个学生都能有效吸收学习内容；其次，学生在教学过程中具有较强的主体地位，根据自己的节奏进行学习，学习积极性、自主性明显增强。但是，程序教学模式是基于事实性知识的获得及基本技能的训练，但不适合高级思维的训练和深层次知识的拓展。

二、加涅的九段教学模式

加涅认为，教学活动是一种旨在影响学习者内部心理过程的外部刺激，因此教学程序应当与学习活动中学习者的内部心理过程相吻合。

(一)理论基础

九段教学模式以信息加工理论和脑科学为理论基础。信息加工理论侧重研究人脑学习加工知识的过程和规律，分析信息从外部输入大脑，经过加工阶段，到产生外显反应时所经历的信息加工过程；大脑的学习规律是指大脑是一个动态的生命系统，它对意义的探寻与生俱来，并通过模式化发生，大脑学习是包含有意识和无意识的过程。

(二)教学目标

九段教学模式的教学目标按照学生学习的过程来组织教学活动，使外部的教学环境、教学活动与学生的学习基础、接受能力、认知水平相匹配，产生能够支持学生自身内部的学习活动的刺激，使学生顺利完成学习过程。

(三)操作程序

加涅的教学模式分为以下九个阶段。

1)引起注意：教师通过静态或动态的刺激来吸引学生的注意力。

2)阐述教学目标：告知学生教学所要达到的目标和效果，这能够激发学生的学习兴趣，使学生回忆起当前知识与原有知识的联系，发现有用的学习策略。

3)刺激回忆：在头脑中把旧的知识呈现出来，既能帮助复习旧知识，延缓遗忘的进度，又能帮助学生建立新旧知识之间的联系。

4)呈现刺激材料：教师选择有代表性的教学材料展示给学生，使学生产生学习上的共鸣。

5)提供学习指导:教师对学生进行提问和检测,使学生能够快速掌握新知识的概念。

6)诱发学习行为:教师选择针对新知识设置一些变式问题,帮助学生把知识迁移到其他情境中,检验学生对知识的建构是否成功,进而加深学生对知识的理解和掌握。

7)提供反馈:在学生对问题和情境做出各种反应后,教师对学生的行为是否与教学相符进行指导和鼓励,让学生自我观察学习结果,发现优势与不足。

8)评价表现:教师通过对作业的批改检查教学效果,调整教学方案,对知识的建构加以强化。

9)促进记忆与迁移,教师在教学过程中,有意识地引导学生发生知识之间的不同,启发学生总结知识,解决问题,鼓励学生举一反三,帮助学生把新知识、新概念进行归类、重组,实现知识的保持和迁移。

(四)实现条件

九段教学模式的实现条件:一是教学目标能够问题化,通过对教学内容的分解,将知识细化为与学生潜在发展水平的一个个小问题,激发学生的好奇心,引发学生对问题解决的深层理解,从而建构新的知识能力体系;二是在教学模式中要坚持以学生为主体,以教师为主导。在这一模式中,教师是设计者、引导者,要站在学生的角度,遵循学生身心发展规律,指导、帮助学生在发现问题、解决问题中获得全面发展。

九段教学模式以学生的最近发展区为切入点,以解决问题为中心,让学生处于多方位、多渠道的探索实践中,通过一系列激烈、复杂的思维冲突,鼓励学生发挥主观能动性,实现自主学习,通过对问题的解决获取知识、获得方法,还享受到学习的快乐,形成良好的学习品质,大大提高课堂教学效率。这一教学模式注重培养学生的学习兴趣,提高学生的学习能力,为学生的终身学习提供了支持。

三、布鲁姆的掌握学习教学模式

掌握学习教学模式是美国教育家布鲁姆于20世纪70年代创立的。布鲁姆通过调查研究发现,在传统课堂中,大部分学生能够积极参与课堂教学的时间占总学时的60%,要想提高课堂教学的有效性,就必须创造一种转化"浪费时间"的掌握学习模式,由此,诞生了掌握学习教学模式。这一教学模式认为每个学生都有学习的潜能,只要通过恰当的方法传递知识与技能,学生就会努力朝着教师期望的方向发展。教师在教学过程中,首先,要帮助学生树立信心,调整学习心态,肯定学生通过学习能够取得好成绩,其次,要向学生明确学习的策略是反馈—矫正,利用课后作业和测验得到及时反馈，明确学生没有掌握的知识点，通过教师的个别化辅导，实现对知识和技能的掌握。掌握学习教学模式以集体教学为基础，辅之以个别化的帮助，保证了绝大多数学生的学习效果，使集体教学和个别教学有机融合，提高了整体教学效果。

（一）理论基础

掌握学习教学模式的理论基础主要是：第一，人本主义思想。人本主义认为大部分学生的学习能力、学习动机并无差异，只有提供适合学生学习的环境和条件，就能促进学生获得良好的学习效果。第二，情感认知理论。这一理论认为个体的情感会对个体的认知产生影响，在教学过程中，如果只关注部分学习能力较强者的继续深造，会使大部分学生丧失学习的兴趣和学习的动力，产生对自我的消极认识；第三，布鲁姆的教育目标分类学和教学评价理论。教育目标分类学将教育目标分为认知、情感、动作技能三大领域，认知领域分为指导、领会、应用、分析、综合、评价；情感领域分为接受、反应、形成价值观念、组织价值观念系统、价值体系个性化五个层次；动作技能领域分为知觉、定式、指导下的反应、机械动作、复杂的外显反应、适应、创新七个层次。这些教学目标都具有可测性。第三，教学评价理论。布鲁姆将教学过程分成三个阶段，并根据这三个阶段分别提出了诊断性评价、形成性评价和终结性评价，诊断性评价是在每学期伊始，目的是了解学生是否具备学习新知识所必需的基础知识和技能，为教师开展教学设计提供指导；形成性评价是指在教学过程中，对阶段性教学成果进行检验，通过教学反馈，探究教学问题，以便对教学工作进行调整；终结性评价一般在学期末进行，通过对学生一个学期学习情况的检验，考察学生的学习水平是否与教学目标相一致。这三种评价是掌握学习教学模式得以顺利运行的关键，通过不断地测试—反馈，大部分学生能获得学习水平的提升，实现教学的最终目的。

（二）教学目标

掌握学习教学模式的教学目标是促进大部分学生提高学习质量和学习水平，使学生获得智力、体力、情感的全面提升，能够促使学生在社会环境中有效生活。

（三）操作程序

掌握学习教学模式的操作程序主要有以下三个步骤。

第一步：为掌握定向，是指根据教学目标、课程标准、教学内容等为教学实施计划制定一套可测量的标准。

第二步：为学生定向，是指教师向学生说明通过教学活动，大多数学生能够掌握的知识水平。同时，在教学过程中，教师会根据学生的基本学习状况，为学生提供额外的学习指导和帮助，学生需要利用课后时间来校正自己未掌握的知识点。

第三步：成绩分等，是指教师在单元教学后进行形成性测试，根据成绩标准进行定级，对于没有达到掌握标准的学生进行学习指导，然后完成第二次测试或第三次测试，直到学生达到事先规定的掌握标准，完成知识学习。

(四)实现条件

掌握学习教学模式的实现条件有三个：一是制订计划，即教师根据学习内容设计单元目标，编制形成性试题，并根据学生测验的结果确定学习资料和矫正方法，帮助学生通过矫正学习获得进步；二是确定学习内容，根据学习内容确定学习成就目标，同时制定终结性测试题，使试题包含全部学习目标；三是师生双方树立掌握学习的信心。

掌握学习教学模式是一种乐观主义教学理论，是对因材施教的大胆尝试，通过把集体教学和个别指导结合起来，寻找教学的最优方式，教学过程时刻以目标为指引，使整个教学活动更加规范、更加有序。

学生在目标明确的教学活动中充满期待和信心。但这种教学模式需要教师在课前花费大量的时间收集教学资料和教学信息，在教学中运用多种教学方法和手段，一定程度上给教师带来了沉重的负担。另外，这种教学模式适合于提高整个的教学水平，对于优等生，则容易出现“吃不饱”的学习现象，学习难以深入和扩展。

四、布鲁纳的发现教学模式

发现教学模式是由美国认知学派心理学家布鲁纳提出的，他强调个体发挥主观能动性，参与知识获得的过程，从而获得知识和方法。发现教学模式主要是指在教师的指导下，学生主动参与教学活动，积极开展思考与探究，发现事物的内在规律和联系，像科学家一样发现科学现象、领悟科学思想。

(一)理论基础

发现教学模式的主要理论基础如下。第一，认知—发现学习理论。认知—发现学习理论是布鲁纳学习理论的核心，他强调“学生接受信息和处理信息能力的培养，使学生养成自觉主动地学习的习惯，能积极主动地接受信息，并使之转化、组织、归类、储存、再现等”①。他认为学生学习是对输入信息进行编码和加工的过程，获取新知识是对原有知识系统的扩大或改组，在这个过程中，学生在学习过程中必须主动学习，亲自探索事物的发展规律和本质特征，学会按照自己的方式去选择、学习知识，由此可见，发现学习是布鲁纳实现学生智力发展的重要手段。第二，结构主义理论。结构主义强调认识事物内部的结构，反对单纯地研究外部现象；强调整体性的研究，反对孤立的局部性研究；强调从系统功能中把握事物，反对单纯

① 张爱卿．放射智慧之光：布鲁纳的认知与教育心理学[M]．武汉：湖北教育出版社，1999：205.

的经验描述[1]。知识的普遍联系决定了学生的学习过程就是探究原则、发现联系的过程。

(二)教学目标

布鲁纳的发现教学模式的教学目标是不仅促进学生掌握知识、学会技能,还要培养他们的认知能力,强调在充分发挥学生主观能动性和学习潜力的基础上,充分发展学生智力。

(三)操作程序

发现教学模式的操作程序有以下四个步骤。第一,提出问题。教师将学习材料提供给学生,巧妙地以问题形式引出教学内容,引导学生带着问题展开学习。第二,创设问题情境。教师设计教学情境,根据学生已有的知识水平、教学问题,鼓励学生通过自身的努力解决问题,形成对未知事物的深入探究的心理倾向性。第三,提出假设。教师组织学生利用所给定的材料,结合自身的生活经验、学习经验对教学问题提出假设性的解决方案,并对可能遇到的困难进行预判,为进一步学习提供心理准备和方向指导。第四,评价、验证、提出结论。根据学生的自我发现,对问题假设进行反复验证、讨论,归纳总结一般原理和概念,学生通过分析问题、解决问题,掌握知识和技能,提高自主学习的能力。

(四)实现条件

发现教学模式的实现条件有以下四个方面。一是以问题为主线。发现教学模式让问题贯穿教学始终,以发现问题为指引,以解决问题为核心,培养学生的问题意识,锻炼学生解决问题的思维能力。二是以学生为主体,以教师为主导。发现教学模式充分发挥了学生的主体地位,鼓励学生参与教学,开展自主学习、合作学习、探究学习,教师在传授知识的同时,着重培养学生自身的素质和学习习惯。教师在教学过程中主要承担引导者、组织者、帮助者的作用,主要是对教学目标的明确,创设教学情境,引导学生提问,点评学生回答,对学习的内容进行总结和评说,通过鼓励学生、支持学生,使学生自主、高效地解决问题。三是以发展为目标。发现教学模式以问题贯穿教学全过程,目的是促进学生的全面发展,促进学生主动性,为终身学习打好基础。

发现教学模式对学生的独立性培养有重要的作用,能够发展学生学习的主动性和探究问题的能力,对学生的知识学习和思维发展有巨大的支持。但这一模式强调学科结构,强调知识内在的联系,对教师和学生的知识储备要求很高,因此,这种教学模式比较适用于逻辑性较强的数理学科,不太适用于文艺类学科及知识水平较低的低年级学生。

---

[1] 李朝辉. 教学论[M]. 北京:清华大学出版社,2010:170.

第四节　社会学类教学模式

一、问题解决教学模式

问题解决教学模式兴起于20世纪80年代的美国，是指教师在教学过程中，根据学习内容设置问题，让学生综合运用各种知识与方法，或独立思考、或交流合作，创造性地分析问题、解决问题，最终得出探究结论，实现教学目标。

(一)理论基础

问题解决教学模式有以下三个理论。一是皮亚杰提出的建构主义学习理论。它主张以教师为主导、学生为主体的学习，学生通过教师创设的情境主动体验、探究知识，最终实现知识获取和能力提升，因此，教师是意义建构的促进者，学生是信息的加工者和意义的建构者。二是加德纳的多元智能理论。它认为每个个体都包含语言智能、音乐智能、逻辑数学智能、空间智能、身体运动智能、内省智能、人际关系智能、自然智能，这八种智能相互组合，形成不同的个体。因此，教师在教学过程中，应尊重每个学生的智能特点，善于发现学生的闪光点，采取多种样式、多种情境培养学生和评价学生。三是人本主义课程理论。它强调发挥学生的潜能，让学生自由发展、自由创造，进而实现自我价值。

(二)教学目标

问题解决教学模式的教学目标是学生通过教师创设的情境，结合原有的知识回答问题、解决问题，总结过程与方法，从而获得知识和技能，发展情感、态度、价值观。

(三)操作程序

问题解决教学模式的操作程序：创设情境，设置问题—抽象概括，构建模型—推理演算，验证假设—总结评价。

第一，创设情境，设置问题。教师从学生的认知水平出发，结合知识的概念、定义及生活中的实际应用，创设情境，通过提问的方式让学生开展交流合作、明确学习目标，激发学习动机。

第二，抽象概括，构建模型。教师在学生的能力水平基础上，以上一个环节提出的问题为背景，鼓励师生之间、生生之间进行讨论。在讨论过程中，教师给予提示，学生适当发问，通过不断的思维碰撞，构建知识模型，形成对教学内容的理解与定义。

第三，推理演算，验证假设。这一环节主要以设置练习或例题为主，通过反复推理演算,帮助学生掌握知识并能够熟练运用新知识。

第四,总结评价。教师在完成课程教授后安排适当的测验,检验学生对新知识的掌握程度和对知识的应用熟练度,检测学生将新知识、新技能内化的程度,并通过评价结果反馈,改进教学过程,完善课程教学。

(四)实现条件

首先,教师要熟悉课程内容。教师熟练掌握教学内容,进而能够对教材进行全面分析,创设出符合教学内容的问题情境,设置恰当的问题链接,营造积极探索的课堂氛围,促进学生开展交流合作。

其次,学生要具备生理、心理的发展能力。学生需要有相关知识储备,认知水平良好,能够与教师创设的问题情境相联通,通过不断达成小目标来完成大目标。

问题解决教学模式是对传统问题教学法的继承和发展,它强调学生学习的主动性,鼓励通过问题引导激发学生高水平的思维训练,变被动学习为主动学习,提高学习的兴趣。但是,问题解决教学模式对教师的知识水平和能力水平要求很高,如果创设的问题或情境不能很好地反映教学内容和知识之间的连接,教学效果就会大打折扣。

案例:

"导数及其应用"是新课改后数学教材的新增内容,不但紧密联系着高等数学与初等数学,为研究变量与函数问题提供了重要方法和手段,还被广泛应用于科技、经济、社会中的某些实际问题。在学习本章之前,学生已经具备了一定的函数知识,可以通过表格、图像、关系式三种不同的函数变现形式,求解函数在某一区间内因变量的增量与自变量的增量的比值,并能从图像中看出函数变化的快与慢。依据问题解决教学模式的操作程序,针对"导数及其应用"一章进行如下设计。

第一,创设情境,设置问题。一是让学生从熟悉的生活实际中感受概念的本质。例如,在"变化率问题"一节的学习中教师让学生观察"吹气球""高台跳水"两个事例,提出如何从数学角度描述上述现象。二是让学生回忆与新知识有关的知识技能。例如,在"复合函数的导数"一节的学习中,可以让学生回忆简单复合函数的复合过程。

第二,抽象概括,构建模型。在学生理解了导数的概念的基础上,安排学生通过独立思考或交流合作,领悟"高台跳水"曲线的割线的变化趋势,构建出几何意义模型。

第三,推理演算,验证假设。通过将几何意义应用于实际,让学生对"在曲线某点处切线的斜率""过曲线某点处切线的斜率"进行辨析、讨论,识别出两个概念的本质区别。

第四，总结评价。本节内容学完后，教师设计一定的测试题，试题从难到易，循序渐进，为掌握新知识与熟练应用建立桥梁，检测学生对导数的相关知识的应用，达到知识迁移、运用创新的目的。评价旨在鼓励学生的学和改进教师的教，帮助学生发掘潜力、树立信心，培养用于质疑、敢于思考的优良品质。

二、自主性学习教学模式

自主性学习教学模式是指教师不直接教授学生，而是积极发挥引导的作用，根据学生的心理特点、认知水平、学习程度给予相应的学习目标、学习内容和学习策略，鼓励和支持学生自主学习。

(一)理论基础

自主性学习教学模式以主体教育理论、人本主义心理学理论、“学会学习”学习观为理论基础。其中，主体教育理论认为，教学活动是以教师为主体的教的活动和以学生为主体的学的活动相互合作的过程，通过充分发挥人的主体性，使每个学生得到全面、自由的发展。人本主义心理学理论认为个体的发展是个体与他人及环境相互作用的结果，每个人都有自我提升、自我实现的内驱力，引用到教学领域，就形成“学生中心”教学理论，即“学会学习”的学习观形成于 20 世纪 70 年代，联合国教育、科学及文化组织发表了报告《学会生存》，文中详细介绍了现代人才生存、生活、创造所具备的基本素质：学会学习、学会做事、学会共处、学会生存。

(二)教学目标

自主性学习教学模式的教学目标包含以下两个方面。一是引导学生获得知识，提高自主学习能力。以自主学习为中心的课堂教学，能够唤起学生自主学习的意识，指导学生在完成必要的知识学习和技能培训目标的同时，养成良好的自主学习能力。二是实现学生追求个性的解放和发展。自主性学习教学模式不仅引导学生对理性生活进行学习，还对生活中的道德、审美、体验进行感悟和认知，实现学生对学习、生活全面的理解和感悟，进而引导学生解放自我，实现个性的发展。

(三)操作程序

自主性学习教学模式的操作程序：确定目标—创设情境—自主探究—练习运用—总结评价。确定目标是指在教学活动开始前，教师帮助学生明确学习的内容、达到的标准、学习的策略，使学生对学习目标产生认同感，进而激发学生的学习兴趣。创设情境是指在教学过程中，教师依据教学目标、学习目标，以课程内容为蓝本，精心设计学习情境，如问题式情境、体验式情境、探索式情境等，营造出良好的教学氛围。自主探究是指学生在教师的指导下，自发地、创造性地开展探究活动，师生之间、生生之间通过启发引导、互助合作，在教学过程中发现问题、解决问题，进而获得知识、提升技能。练习运用是指教师在解决问题后，及时地布置练习，帮助学生检验学习效果，巩固知识技能，加强学生快乐学习的体验。总结评价是指师生双方对教学过程进行梳理，就知识获得的系统性、探究方法的科学性、问题解决的情况、师生探究活动的参与度等方面进行总结评价，促使师生双方通过评价，提升教学能力和自主学习能力。

(四)实现条件

首先，学生要具备独立自主的意识和行为。如果学生拥有自主学习的意愿，可以有计划地支配自己的身心，努力实现学习目标。同时，学生要具备自主规划学习进程的能力，拥有坚定的学习态度，能够克服学习困难，主动完成学习任务。其次，教师要具备开展自主教学的能力。一是教师要树立以学生为主的教学目标，将学生的选择能力、决定能力、思考能力、分析能力、解决能力、评价能力等自主性的能力培养出来。二是教师要掌握自主教学的技能，即教师要具备深厚的专业知识和宽广的学科基础，在教学过程中灵活地使用探究法、讨论法、辨析法等自主性学习教学模式的教学方法，引导学生参与课程中的每个教学环节，促进学生发展。

自主性学习教学模式是对传统接受式教学模式的突破，学生可以根据自己的情况和水平进行自我选择，这在一定程度上给学生留下较大的空间和计划，可以有效地调动学生的学习兴趣和学习动机。教师在教学过程中，一方面要传授知识，另一方面要积极发挥育人功能，学生在教学过程中处于主体地位，教师要培养学生掌握和利用知识的能力及素质，提升学生自主学习的意识，强调学生自主学习能力的形成，帮助学生在实践中学、在合作中学，实现学生的个性解放，为终身学习奠定基础。

案例：

某军校在“武器装备构造”课程中采用自主性学习教学模式，设计了三个方面的教学目标：一是兼顾学生学力差异，使不同层次的学生各有所为、各有所得、各有所乐；二是在教学重心上，以凸显和鼓励学生自主发现、解决问题为重点；三是注重学生探究问题的能力，即组织学生开展互动问答，引导学生自主探索、互动合作，解决疑问，一方面提高了教学效率，另一方面培养了学生的合作意识。

具体操作程序如下。

1）自学寻疑。教师规定好课程学习范围，学生在教师的指导下自学教材。在此过程中，学生就自学的内容发起疑问，提出问题，教师一方面为学生答疑解惑；另一方面对学生容易忽视的有价值的内容进行设问，引导学生规正自学方向。

2）互助解疑。教师组织学生分组互动答疑，学生在这一环节可以畅所欲言、交流思想，教师利用学生的差异性对课程内容进行合作互补，指导学生共同探索，解决学习问题。

3)讨论辨疑。教师先对互助解疑环节的部分突出性问题进行解答,然后鼓励学生对教师的解答发表自己的理解,引导其他学生共同辨析、讨论,通过思想的碰撞,加深学生对知识的理解,便于教师掌握学生的学习程度,为后续的教学实施打下基础。

4)实操测疑。通过分组实操的方法,将理论知识转化为具体实践,运用理论所得解决实际问题。一方面通过实践对理论进行检验,另一方面通过亲自动手检验学习成果,教师也可借此检验教学目标的实现情况。

5)反思再疑。学生在实操测疑的基础上,对所学知识进行反思,并在教师引导下对自身理解有误的地方进行纠正并提出新的问题。

三、合作性学习教学模式

合作性学习教学模式是苏联教育家、儿童心理学家阿莫纳什维利在30多年的实验探索中逐渐形成的。它以尊重学生个性为前提,将"合作"作为教育的核心,在教学过程中,以学习小组为教学基本组织,建立新型合作型师生关系,共同完成学习任务。

(一)理论基础

合作性学习教学模式以人际关系心理学和社会人道主义、个性民主化为理论基础。人际关系心理认为良好的人际关系是实现有效教学的必要条件,学生在轻松、愉悦的学习环境中,自然地学习课程知识,习得人际交往的能力。社会人道主义、个性民主化认为要促进教育教学过程中人与人之间的平等、和谐的交往,进而激发学生的学习热情,培养个性鲜明的个体。

(二)教学目标

合作性学习教学模式的教学目标是突出教学的情意功能,在注重发展学生认知、技能的同时,强调师生之间、生生之间的合作与互动,提升学生的人际交往能力,促进个体与集体的协同发展。

(三)操作程序

合作性学习教学模式的操作程序如下。首先,合理确定合作性学习教学模式的学习目标和社会技能目标。学习目标应依据学生的个体水平而定,要与教学任务相一致。社会技能目标要求教师在传授知识的同时教给学生人际交往技能,并进行相应的训练。其次,建立合作小组,并制定活动规则,开展教学活动。再次,督导教学活动。教师在教学过程中时刻观察学生的学习状况,适当地介入合作学习活动,及时地给予问题解答和学习引导。最后,评价学习情况。教师根据课堂观察,总结学习内容,点评学习状态,组织教学反思,引导学生梳理学习脉络,检验学习成效。

(四)实现条件

第一,学生是学习的主人;第二,教材要精心编制,教学设计要融入视、听、动等多种活动来帮助学生掌握知识和技能;第三,将质性评价作为教学评价的主要方式。

合作性学习教学模式强调促进教与学两个方面的积极性,主张师生合作和发展学生的个性、创造能力,因而具有极强的生命力,正日益成为教学中一种有影响力的教学模式①。

四、BOPPPS 教学模式

1976 年,温哥华大学道格拉斯·克尔团队提出 BOPPPS 教学模式(bridge-objectiveroutcome-preassessment-participatory-postassessment-summary)。这种模式将教学过程分为导入、目标、前测、参与、后测、总结六个阶段,强调以学生为中心的教与学的实践,提出学生全方位参与学习,通过师生互动,及时获得学生的反馈信息,促进教师不断调整教学活动,以期顺利达到教学目标。

(一)理论基础

BOPPPS 教学模式以建构主义和交际法为理论基础。建构主义认为课堂教学是学生建构自己知识的过程,新的学习依赖学生原有的基础,社会性的互动可以促进学生学习。因此,在课堂教学中,教师通过创设情境,设计小组讨论、角色扮演等教学活动,引导学生充分参与课堂教学,调动学生的学习积极性,进而主动完成新知识建构的目标。交际法认为语言学习最重要的就是使用语言进行有效沟通,学生是课堂教学的主体,教师要鼓励学生将所习得的语言知识应用于实践,从而实现使用语言达到沟通交流的目的。

(二)教学目标

BOPPPS 教学模式的教学目标是在课堂教学过程中,教师积极发挥"脚手架"的作用,为学生提供具有一定难度的学习内容,引导学生学习新内容,并内化为自己的新经验。通过师生之间的良性互动,突出学生的主体地位,进一步改进课堂教学效果。

(三)操作程序

BOPPPS 教学模式的操作程序:课堂导入,学习目标,课堂前测,参与式学习,课堂后测,课堂总结。课堂导入的主要目的是迅速吸引学生的注意力,诱发学生产生强烈的学习动机和明确的学习目的,因此,教师可以使用观察导入、问题导入、情境导入等方式,通过精心设计课程内容,将本次课程的内容与学生已有知识有机衔

---

① 徐继存,赵昌木. 现代教学论基础[M]. 北京:北京大学出版社,2008.

接起来，点燃学习气氛，调动学生学习的积极性，让学生快速进入学习状态。例如，在地理课程学习过程中，在学习“热力环流”内容时，教师通过设计问题，导入教学：“11 月开始供暖，不知道细心的同学是否注意到，为什么暖气片是按在地面上，而不是安装在房顶上？我们的空调为什么安装在房顶上？我们带着这个问题来看一个实验。”教师使用这样的问题导入教学内容，一是问题设置清晰，要点明确；二是问题难度适中，学生能够根据原有的知识储备推理、解答教学问题，进而实现对新知识的学习。

学习目标是学生完成学习任务及所要达到的学习效果。BOPPPS 教学模式强调教师开课前需明确告知学生课程的知识要点、学习的方向、掌握的程度及测量的标准，使学生在学习过程中做到心中有数，帮助学生合理规划学习的路径。课堂前测即教师开课前进行的前期测试，测试可以是复习、开放式提问、头脑风暴等多种形式，教师通过这一环节，把握学生对已学知识的掌握情况及对新学习内容的预习情况，便于教师根据教学目标和学生的实际情况及时调整教学内容和教学节奏。参与式学习是 BOPPPS 教学模式的核心，要求教师灵活运用各种教学方法，善用各种教学资源，营造一个轻松愉快的学习氛围，通过良性的师生互动，带动学生主动参与学习活动，完成学习任务，实现学习目标。课堂后测是指在课程结束前对本节课所学内容进行检验和评测。由于 BOPPPS 教学模式强调检测的时效性，要求教师在课程尾声安排提问、讨论、讲解、撰写心得等方式对学生进行考查，学生可以及时了解自身对知识的掌握程度，教师可以进一步完善教学设计，提高教学效果。课堂总结即对本节课内容进行简单的整理、回顾，总结重点、理清脉络、引出下次课的内容，是一堂课程的点睛之笔。在这一环节，教师主要起到引导作用，由学生自己总结课程内容，评估自身学习效果，为下次教学做铺垫。

（四）实现条件

BOPPPS 教学模式的实现条件有以下三个。一是教师素质高。教师不仅要具备扎实的理论功底，如专业知识、教育学知识、心理学知识、社会学知识等，还要具备丰富的实践经验，能够在教学过程中对学生做出精准的指导。二是教学目标明确。教学设计和环节都是围绕教学目标展开的，明确的教学目标是提高教学效果的关键。三是教学反馈及时、高效。教学形式多种多样，教学形式能否提高学生的学习效率和深度，很大程度上取决于师生之间能够及时、准确地进行教学反馈，只有教学同步，才能产生知识与情感的共鸣。

BOPPPS 教学模式强调学生参与与反馈，是一个有效率、有效益、有效果的学生全方位参与式课堂学习教学模式，这种教学模式能够帮助教师分解教学过程，在分析中找出教学问题，最终实现改善教学、提升教学效果。当前，BOPPPS 教学模式被世界各国高校和培训机构广泛推崇于实践，取得了一系列教学成效。

第五节 信息技术类教学模式

随着信息技术的发展,知识更新和传播的速度日益加快,人类的教育开始从使个体保有知识转向拥有智慧,培养“具有智慧的创新型人才”成为国家教育追求的时代目标。传统的教学模式更加强调以教师为中心,以传授知识为目的,忽略了学生的个体差异,忽视了学生的主体性,不利于学生的全面发展,不能满足社会发展的需要。因此,随着“互联网+”的普及,教育教学要紧跟时代潮流,把握发展契机,积极变革教学方式,在传授人类先进文化知识的同时,更要注重对个体能力的培养,借助信息技术的优势,构建智慧化的教学模式,促进学生实现个性化、差异化学习,最终实现个体的终身成长。

信息技术类教学模式一般是在多种理论的指导下,以教师为主导,以学生为主体,运用教材、信息技术、媒体、大数据、云终端等,实现线上与线下学习有机结合的一种教学模式。这种模式衍生出的教学形态多种多样,如翻转课堂、慕课、微课、电子书包等。

(一)理论基础

1. 建构主义理论

建构主义理论最早由瑞士心理学家皮亚杰提出,它认为,学习基于原始经验与知识,通过在可创设的环境和文化中,教育者帮助和引导学生处理知识信息,学生主动建构知识,从而获得知识的增长和能力提升。因此,在建构主义理论中,教学活动要以学生为中心,教师是整个教学过程的重要联通环节,学习环境的设置、课堂形式的组织都需要教师进行筹划,教师利用媒体、技术或创设符合教学内容的情境,帮助学生建立新旧知识之间的联系,激发学生的学习兴趣,促使学生完成学习的意义建构。

2. 人本主义学习理论

人本主义学习理论是由马斯洛和罗杰斯创立的,他们提出“以学生为中心”的教学理念,认为学生是学习的主体,教学目标是追求知识、培养能力,实现有意义的学习,教师在教学过程中应尊重学生、真诚地对待学生,实施个性化教学活动。基于此,在信息化教学模式中,要坚持“以学生为中心”,对网络资源和传统课堂进行整合,根据学生的个体发展水平,为学生提供个性化学习资源,促进个体的完满发展。

3. 联通主义理论

2005 年,加拿大学者乔治·西蒙斯提出了联通主义理论,它是顺应当前社会结构变化的学习理论。联通主义理论认为,当学习工具发展和变化时,学生的学习目的、学习方式也要发生相应的改变,学习不再是个体独立的活动,而是与特定节点和信息资源建立联系的过程。学生在学习各种知识时,将自身的旧知识和新知识进行意义建构,然后进入网络资源中寻找对应的知识,进行学习和吸收,进而完善个体网络,形成学习的通路。

联通主义理论的核心思想包括知识观、学习观、实践观和创新观四个方面。知识是建立在各个节点之上的,保持知识的流通是关键的一步,持续的学习能力和获取知识的通道比掌握当前的知识更重要;学习可能存在新的学习设备中;学习需要保持各种网络之间的连接;看出不同领域理念与概念之间联系的能力至关重要。在如今的数字化时代下,知识是不断变化的,联通主义学习理论的提出给网络时代的学生带来了很大的帮助,为大学生网络学习空间的应用提供了理论支撑和方法参照①。

4. 混合式学习理论

混合式学习理论的提出源于网络学习(E-learning)的兴起,它是在线上学习热潮预冷后对纯技术环境进行反思而提出的一种学习理念。混合式学习是指随着信息技术、通信技术、通信网络的发展,个体学习突破了时间和空间的限制,学习方式呈现多元化、学习资源呈现多样化、学习渠道呈现高效互通。混合式学习是在现代信息技术和网络技术发展条件下发展出的一种新的学习理念。混合式学习强调将传统的面授教学方式和网络教学方式加以融合,实现传统教学方法与在线教学方式的优势互补,从而达到更好的教学效果。

混合式学习理论以遵循学生的身心发展规律和教育基础理论为主要核心,通过设计科学、合理、有效的实践活动,充分发挥学生的能动性和主体性,使学生更加积极主动地钻研知识、学习课程,在学习方面成为主人,而不是一味地被动接受知识。此外,混合式学习理论还强调学习情境创设中的合理性与真实性及科学性,进而激发学生对于学习的兴趣,最终达到增强教学效果的作用。在混合式学习理论中,无论课上还是课下的教学都能够以活动理论为依据,并发挥其达到最大的作用。

5. 活动理论

活动理论起源于康德与黑格尔的古典哲学,由维果茨基最先提出。活动理论研究的基本内容是人类活动的过程,其分析的基本单位就是活动。该系统中主要包括主体、个体、共同体三个核心成分,以及工具、规则、劳动分工三个次要成分。在进行教学设计时,主体就是学生,对学生进行分析是进行有效教学的前提;客体即教学目标,客体的分析与设计要根据主体的情况而定,也是进行有效教学的前

① 裴立妍. 基于网络课程的混合式教学模式研究[D]. 西安:西北大学,2013.

提;共同体是指除了学生的其他共同参与者,如教师及其他工作人员等,在学习过程中,共同体可作为引导者或参与者为主体提供资源或资助;工具可以理解为教学环境,也包括教学过程中使用的硬件与软件,创设良好的学习环境可以达到事半功倍的效果;规则是在教学过程中的一种约定,教师与学生必须保持某种关系,遵守各自的角色设定;劳动分工是指在教学过程中不同的角色有不同的任务,每个角色应该完成属于自己的任务,确保教学能够有效地进行。

活动理论包括以目标为导向、具有层级结构、内化和外化结合、具有工具中介和发展五大原则。在教学过程中,活动目标是确定的,活动形式可以多种多样,可以通过一系列的操作进行多种行动用于完成活动。在这个过程中需要借助工具来完成对知识、技能等的内化,最终实现内化与外化的融合和统一,推动学生的发展。

6. 最近发展区理论

最近发展区是教育家维果茨基提出的,它是指个体的实际发展水平和潜在发展水平之间的差距。实际发展水平是指个体的心理、生理、智力发展的实际状况。潜在发展水平是指通过一定的教育手段,个体可以达到的发展水平。最近发展区介于两者之间,教学活动就是不断填补个体最近发展区,并形成新的发展区的过程。最近发展区理论对提高个体之间的交流与互动,促进个体认知水平向高层次发展具有积极的作用。

(二)教学目标

信息技术类教学模式旨在通过信息技术、网络、大数据等新兴资源,实现教育的广泛化和个性化,将传统课堂教学与网络教学深度融合,以发展学生为中心,将信息技术与资源整合、优化,纳入教育教学,以期促进教学的不断完善和学生的不断进步,是显现个体个性化发展和因材施教的重要途径。

(三)具体操作分类

1. 数字化教学模式

数字化教学模式是指电视广播、函授等形式的远程教育、高校的精品课程资源,以及教学视频网络共享资源——公开课等教学形式,这种教学模式的特征在于:①教师还是采取传统的讲解—接受的教学模式。只不过换成教师在视频里讲,学生在计算机前听,教师不能很好地监控学生的学习效果;②在视频中缺少师生互动,课下缺少生生互动;③没有完整的教学评价体系,教学活动结束后,因缺乏一整套评估方式,使教师对学生的学习状况没有一个准确的认知,学生听过课程之后更不知如何评价自己的学习成果[①]。

---

① 张园园. 初中信息技术课程中数字化教学模式研究[D]. 临汾:山西师范大学,2020:5.

远程网络教学是指利用计算机和互联网技术对学生进行远程教育的教学模式。与传统的教学模式相比，远程网络教学不仅具有较大的便利性，还能培养学生获得信息、加工和处理的能力①。远程网络教学的这些优势很大程度上与计算机和互联网的强大功能是分不开的。远程网络教学不仅能够培养学生自主学习的能力，还能够增强学生的信息素养。这些信息素养可以作为学生自主学习和终身学习的手段，也为将来适应现代信息社会打下了基础。远程网络教学模式下，教师依然要像以前一样准备教学课件，也要按照约定的时间进行上课。不同的是，上课的地点不再是现实中的教室，而是网络平台。在网络平台上完全可以建立一个虚拟的班级。学生依然可以看到教室准备好的教学内容，前提是及时登录到该班级。远程网络教学模式下，学生可以不必整日在教室学习知识，完全可以在家里学习开设的课程，而且同样和教师、学生交流。远程网络教学的主要实现手段有视频课程、Web 教材、多媒体课件等。

2. 网络化教学模式

网络化教学模式是指在教学活动中，充分利用互联网技术、多媒体技术，把声音、图像、文字以动态的、灵活的形式融入教学过程。这种教学模式不再是传统的以教学为中心的模式，而是强调以学生为中心，教师不再是教学知识的传授者，而是教学活动的帮助者和引导者。这种教学模式强调学生的体验感，突出学生与知识之间的互动，可以激发学生的学习积极性和求知欲，通过多样化和个性化的小组讨论，可以自主发现问题和自主解决问题。同时，互联网环境下，学生还可以根据自己的学习水平选择不同层次的学习内容。教学资源具有丰富性，学生可以在短时间内找到自己需要的知识并进行创新。

网络化教学模式中，教学环境会发生显著变化，网络课堂比传统课堂更为活跃。师生双方会以饱满的热情踊跃发言，配合默契，这种积极向上的教学环境是传统的教学模式所无法比拟的。学生普遍认识到网络化教学模式不再像以前只能在教室里听，只能被动地完成教师布置的作业，而是变得更加多样化。网络化教学模式可以明显提升学生学习的积极性和自信心，主要原因是新的教学模式激发了学生的学习兴趣，提高了学生的参与感和价值感。

网络化教学模式主要有以下表现形态。

(1)翻转课堂

翻转课堂也可以称为颠倒课堂，是指充分调整课堂内外的时间，让学生掌握学习的主动权。在这种教学模式下，学生可以利用课堂内的宝贵时间共同探究问题，

① 李伟．互联网环境下教学模式多样化研究[D]．呼和浩特：内蒙古师范大学，2018：8.

从而获得更深层次的理解。教师不再占用课堂时间来讲授知识，而是促进学生个性化地学习①。学生在上课之前通过网络课程、电子书、课本等多种方式完成自主学习，自主讨论，查阅相关资料。然后，在课堂教学过程中，教师可以有充分的时间和每个学生交流。课后，学生也可以自主规划学习内容和学习节奏。翻转课堂是对传统教学模式的彻底颠覆，在传统的课堂教学中，教师主讲，然后布置作业，学生在课后完成作业。但在"互联网＋"支持下的翻转课堂中，学生可以借助网络上丰富的教育资源自主学习，提前规划学习任务，教师和学生的角色发生了重大变化，课堂成为师生互动的主要场所。目前，翻转课堂在美国非常流行，被认为是大势所趋。

2. 慕课

慕课（MOOC，massive open online course），即大规模开放在线课程是具有分享精神和合作精神的个人或组织，通过网络发布的开放性课程，是一种大型开放式在线课程，是"互联网＋"条件下教育教学的产物。慕课以联通主义理论和网络文化的开放性为基础，全面覆盖人文社会学科和现代科技学科。大多数情况下，慕课学习资源是免费供人们使用的，学生通过某个学习主题，连接世界各地的学生进行相互联系、相互讨论、相互学习。慕课的开放性实现了知识之间的流通与交换，适用于所有学科的交流与学习，任何学习主题都可以通过网络进行互动，可以突破时间和空间的限制，帮助学生免费试用世界各地的教学资源，同时，慕课还设计了大量的量化测评的标准，学生通过学习后，可以通过考评了解自身的学习水平。

3. 微课

微课是指教师运用现代信息技术，主要以视频为载体，按照认知规律对教学过程中的某个知识点进行深入拓展的碎片化学习内容②。微课既与传统课堂的教学课件和教学案例不同，又受到传统教学课件和教学案例的影响，是在其基础上发展起来的新型教学资源。微课主要根据学生的日常行为习惯和学习习惯，对某个知识点进行全面而系统的分析，并提出有针对性的解决方案，引导学生养成预习与思考的好习惯。微课的组成内容主要包括课堂视频、教学设计和教学素材、学生反馈、教学反思等，这些以一定的关系呈现出一个资源单元应用小环境。微课的主要特点是教学时间较短、教学内容较少、资源容量较小、主题突出、内容具体、反馈及时、针对性强等。微课可以分为讲授类、问答类、启发类等多种内容，随着现代信息手段的不断发展，微课类型也在不断发展和完善。

---

① 范翔宇．美国翻转课堂教学模式研究[D]．长春：东北师范大学，2015：3.

② 马英明．微课与翻转课堂融合在普通高校网球教学中的实验研究[D]．广州：广州体育学院，2021：5.

4. 电子书包

电子书包即利用信息化设备进行教学的便携式终端。电子书包是一款致力于提高教育信息化的产品，它可以提供丰富的教育资源，为学生的学习和生活提供信息，成为一个真正的数字化书包。教育改革的最终目标就是增强学生的自主学习能力，使学生从被动地接受知识到自主学习、探究知识。电子书包的出现将会冲击传统的教学模式，慢慢改变教师单一传授的教学方式，对传统的教学模式是一场变革。电子书包借助现代网络技术，可以根据需要获取海量教学资源，快速搭建移动电子教室，能够适应各种环境下的教学环境。而且电子书包机身轻薄、携带方便，还有家长网络管理助手，能主动屏蔽不良信息，关注学生身心健康成长①。

(四)实现条件

1. 教学环境的融合

在信息技术教学模式中，课堂教学和网络技术融合是最基本的形式，这种形式既是师生面授和在线学习指导的融合，又是在线学习之间的融合。信息技术教学模式结合了课堂讲授和网络学习的优点，既充分发挥了教师主导作用，又充分尊重了学生的主体地位。

2. 教学媒体的融合

教学媒体是储存和传递教学信息的载体。传统的教学媒体有黑板、教师，它们在课堂教学中使用方便、交流直接，但对时间和地点的约束性较强，而信息技术教学模式中，媒体可以不受时间、地点的约束，资源利用率高，自主性强。因此，将传统教学媒体和网络教学媒体相融合，扬长避短，充分发挥各自优势，可以实现教学效果的最优化。

3. 交互方式的融合

信息技术教学模式中的交互不仅包括传统课堂环境中师生的互动、学生间的交流与讨论，还包括信息技术条件支持的论坛、电子邮箱、聊天工具等方式的异地交互。这些传统的教学交互方式，有助于师生情感的培养和师生之间的广泛交流，同时，借助网络平台、大数据云平台，可以增强师生的交互，以多渠道的沟通帮助学生适应新的教学模式，进而提高学生的学习效果。

信息技术教学模式的教学目标明确、教学内容丰富、教学策略多元，具有交互型、开放性、协作性、共享性和自主性等特点，它打破了传统课堂时间和空间的限制，使学生可以突破距离的局限，知识也可以被记录和重播，学习过程可以根据学生需求不断重复。在这种教学模式中，学生更加乐于接受新知识，教师也可以根据

① 李伟．互联网环境下教学模式多样化研究[D]．呼和浩特：内蒙古师范大学，2018：9.

学生学习的进度，及时调整学习内容，学生可以反复学习、全面理解学习内容。网络平台还为师生互动提供了顺畅的渠道，师生的学习内容和方法能够得到及时交流讨论，学习问题能够得到及时的答复，学生愿意发表自己的观点，及时反思和改进学习，有利于学生开阔视野、分享知识。

总而言之，随着网络技术的进一步发展，以信息技术为支撑的教学模式在教学过程中会发挥越来越重要的作用，也会随着技术的进步不断呈现出更加丰富的教学形态，对促进教育教学的变革具有重大的意义。

第六节　教学模式的发展趋势、选择与运用

每种教学模式都指向一定的教学目标，其效力的发挥也需要具备充分的教学条件。教学模式的多样性和可操作性需要教师熟练掌握多种教学模式，在实际的教学活动中，能够结合自身的理论水平和教学经验，灵活地选择和运用教学模式。

一、教学模式的发展趋势

教学模式是教学理论和教学实践不断发展的产物，它们在教育教学发展过程中，会积极主动地根据时代的变化、社会的发展进行不断的修订，使其自身更加完善。

（一）教学模式从单一走向多元

随着科学技术的不断进步，新的教育思想和教学理论不断涌现，百家争鸣、百花齐放，不同的教学模式相互批判、相互竞争、相互借鉴、相互合作，积极发挥各自在教学中的指导作用，在发展中反复验证，加速融合，促进了教学模式从单一走向多元。一方面，各种教学模式的理论基础更加丰富，表现为教学目标从注重知识传授发展到注重学生的全面发展，师生关系更加强调互动与合作，重视学生的主观能动性，同时也重视教师主导作用的发挥，在教学评价中将教师评价与学生评价相结合，注重形成性评价在教学过程中的积极作用；另一方面，操作程序更加完善，对教学改革和实践发挥了积极的推动作用。

（二）教学模式从归纳向演绎发展

归纳教学模式是指从教学经验中总结归纳出来的教学模式，它的起点是经验，形成的思维过程是归纳，如赫尔巴特的四阶段教学模式。演绎教学模式是指从一种思想或理论假设出发设计教学模式，然后用实验验证其有效性，它的起点是思想或力量假设，形成的思维过程是演绎。例如，布鲁纳的发现教学模式、罗杰斯的非指导性教学模式等均属于演绎教学模式。演绎教学模式有丰富、坚实的理论基础，

逐渐成为现代教学模式发展的方法论。

(三)教学手段从传统向现代发展

在过去的几十年里,随着信息化、人工智能、计算机科学的发展,教育界一直致力于教学模式的改革和创新,从早期的计算机辅助教学到微课、慕课的尝试,多媒体的引入没有削弱教师的职能,而是孕育出许多新的学习方式和学习条件,形成许多多媒体教学模式和网络化教学模式,建构起越来越多的特色化和创造性的新型学习与教学模式。

(四)从以"教"为主逐渐向注重"学"的教学模式发展

传统教学理论因以教师的单向讲授为主,课堂缺乏积极沟通,课堂气氛不够活跃,学生的主体地位没有得到体现。随着教学理论和教学改革实践的发展,人们逐渐认识到,学生是学习的主体,教师的教为学生的学服务,教学模式的重心必须从教师的教转向学生的学,尊重学生的主体地位,充分调动学生学习的积极性和主动性。

二、教学模式的选择与选用

教学模式的选择与运用要立足教学实际,根据教学的目标、内容、适用范围选择适合的教学模式,对教学过程进行协调和控制,保证教学效果得以实现。

(一)教学模式的选择

教学模式的选择,首先,要依据教学目标。教学目标是教学活动的行动指南,每门课程的教学目标各有不同,这就要求教师围绕课程教学目标选择适宜的教学模式。其次,要依据教学内容。教学模式服务于教学内容,要根据具体的教学内容选择与之相应的教学模式。例如,语文教学可以选择情境—陶冶教学模式,而逻辑性较强的内容可以采用发现教学模式。再次,要依据学生的年龄特点和认知水平。不同的教学模式适应不同的教学对象,不同的教学对象有不同的身心发展特点,年龄的大小也决定了不同学生具备不同的认知水平。因此,教学模式的选择要与学生的身心发展相匹配,使教学模式为学生发展提供有益的助力。最后,要依据教师素养。每个教师都有自己的知识储备、教学特点、教学风格,教师要根据学科的教学内容和自己的教学素养,有针对性地选择适合自己教学风格的教学模式。例如,感染力较强的教师可以选择情境—陶冶教学模式,启发性较强的教师可以选择问题解决教学模式。

(二)教学模式的运用

教学模式运用过程中需要注意以下几个问题。

1. 树立正确的教学观

教学观是科学选择教学模式的前提和基础。教学模式是否能取得理想的教学效果，与教学观正确与否密切相关。错误的教学观不符合教育教学的规律，背离学生身心发展的特点，不利于教学模式作用的发挥，容易对学生的学习产生消极作用。正确的教学观能够使教学模式发挥出积极的促进作用，培养学生的自主学习能力和积极探索的精神。

2. 在教学实践中注意对教学模式的变通、融合

教学过程复杂多变，教学内容丰富多样，教学任务形式多样。因此，在教学过程中要注重对教学模式的综合运用，根据具体的教学实际灵活使用教学模式。

3. 充分利用现代教学媒体

现代教学媒体是教师教学和学生学习的新手段、新内容，现代教学媒体的使用使教学模式的实现路径变得更加多元，有利于教学模式在教学过程中发挥积极的作用。

总之，在选择和运用教学模式时，要坚持正确的教学指导思想，从教学实际出发，立足学生的发展和教师的特点，融会贯通地选择和运用教学模式，使教学模式符合不断变化的教学实际。

第五章　教学手段

本章提要

教学手段是教师和学生相互交流过程中使用的工具，是课堂教学过程中必不可少的要素。特别是随着教育信息化的发展，教学手段无论是形式还是种类都越来越多地被用于课堂教学之中，对于活跃课堂氛围、提高教学质量都起着重要的作用。但在教学实践中，教学手段很多时候并未引起教师足够的重视，在不少教师看来，教学手段就是教学方法的一种，或者只是教学的一种辅助工具，因而，教师在对其运用的过程中并没有投入过多的精力。一种新的教学手段被广泛运用，可能的原因就在于人们都在用，至于是否适合具体的教学过程似乎被忽视了。出现这种情况的原因在于教师对教学手段了解得不多，或者是一知半解。为此，本章从教学手段的含义、功能、类型以及选择与运用等方法对教学手段进行全方位的阐述。

第一节　教学手段概述

信息时代对高校人才培养质量提出了新的更高的要求，信息技术的迅速发展推动教育迈入一个新的时代。顺应信息技术和社会经济发展的需要，高等教育改革逐步展开，培养适合新时代发展需要的、具有高素质全面发展的合格人才是我国社会发展的必然要求。教师作为高质量人才培养的中坚力量，教育改革对其提出新的挑战。在新形势下，传统的以讲授为主的授课模式受到前所未有的挑战，现代的课堂教学提倡贯彻“以学生为中心”的现代教学理念，主张课堂教学过程中要调动学生学习的积极性和主动性，引导学生自主学习，充分发挥学生的主体性。相应地，教师在课堂教学中的角色也发生了较大的变化，由课堂教学的“权威者”转变为教学过程的组织者、引导者。现代课堂教学对教师的能力提出了更高的要求，特别是在教育信息技术快速发展的形势下，现代教学手段越来越多地出现在课堂教学之中，要求教师除了具备一般的教学能力，还必须掌握现代教学手段的基本理论和使用方法。

一、教学手段的含义

学术界还没有统一的表述，专家和学者从不同的角度阐述了对教学手段的认识。有的学者认为教学手段是指教师和学生进行教和学活动时，传递信息的工具、媒体或设备①；有的学者认为教学手段是构成教学系统的重要要素之一，是为了实现预期教学目的、便利教学活动而采用的工具及其系统②；还有的学者认为教学手段是教学过程中一个不可或缺的组成要素，它是师生相互传递信息的工具，包括各种进行教学活动的教具、设施、设备等③。根据以上的分析，我们可以看出，虽然专家和学者关于教学手段内涵的表述不同，但是都有一个共同点，即认为教学手段是一种工具，是教师为了更好地完成教学任务而采用的一种措施。因而，我们认为，教学手段是教师为了更好地完成教学目标，有效开展教学活动，以便更好地激发学生的学习兴趣而选取的工具、媒体或设备。

二、教学手段的分类

关于教学手段的分类，如同对教学手段内涵认识一样，目前学术界也没有统一的分类。本书根据编写需要，采用传统教学手段和现代教学手段，以及有形教学手段和无形教学手段两种相对应的表述方式。

传统教学手段是指在传统社会的教育、教学中所使用的一切手段的总和。它是传统教育的组成部分，它与教师、学生、教学目的、教学内容、教学方法、教学环境等要素构成传统的教学系统④。传统教学手段主要包括黑板和粉笔，这里需要强调的是，虽然黑板和粉笔归类于传统的教学手段，但并不是说黑板和粉笔已经过时了，不需要或不适合被运用于现代课堂教学之中。相反，在课堂教学中，教师的板书任何时候都是需要的，这是因其优点所决定的。

现代教学手段是指利用现代技术储存和传递信息进行教学的工具，由硬件和软件两个相互联系的要素构成。前者是用以储存和传递教学信息的多种教学机器，如多媒体教学、投影仪、录音机、电影机、电视机、录像机、电子计算机及网络系统；后者是已经录制的承载了教学信息的各种片带、光盘，如多媒体教学、投影片、

---

① 顾明远．中国教育大百科全书[M]．上海：上海教育出版社，2012：654.

② 马开剑．大学教学论基础[M]．济南：山东大学出版社，2011：58.

③ 潘懋元．高等学校教学原理与方法[M]．北京：人民教育出版社，2003：273.

④ 汪潇．浅析教学手段的发展[D]．南昌：江西师范大学，2005：5.

电影片、录音带、录像带、计算机课件等[1]。

有形教学手段是以教师身外之物为载体,具体是指教师在教学过程中必须借助的、存在于自身之外的、依靠其自身独特的工作机理得以操作的媒体、工具或者方法。有形教学手段包括多媒体教学、教具、设备等。无形的教学手段是指以教师的身体为载体,凭借教师自身的身体器官乃至教师的整个人格结构发生作用的手段。无形教学手段包括语言手段、非语言手段、教学机智等[2]。

三、教学手段的功能

教师手段是教学过程构成要素之一,科学合理的教学手段的运用,可以活跃课堂气氛,激发学生的学习兴趣,调动学生学习的积极性。可以说,如果现代课堂教学离开教学手段,可能会导致教学无法正常进行。同时,在教学过程中,教学手段的有效使用,有利于学生对疑难点的理解和把握,有利于提高学生的学习效果,增强课堂教学的趣味性和生动性,具体来说,主要由以下几个方面的功能。

(一)促进教学内容呈现方式多样化

在教学实践中,由于教学资源丰富多彩,教师很难在短暂的课堂教学过程中将教学内容全部呈现给学生,特别对于大学生来说,课堂上如果仅仅传授书本知识,一方面难以满足大学生对知识学习的渴求,另一方面很容易导致课堂教学出现"满堂灌"的现象。因而,在教学过程中,教师可以借助一定的教学手段,突破传统课堂教学的局限性,对教学资源进行整合,以多样化的方式呈现教学内容。例如,在"大学生学习方法导论"教学中,第二专题主要介绍学习理论,学习理论涉及的教学资源非常多,特别在学习"行为主义学习理论"时,为了加深学生对行为主义学习的理解,教师在教学过程中拓展介绍了巴甫洛夫的经典实验、桑代克饿猫实验及斯金纳操作性条件实验,如果仅靠教师的语言简述,要把每个实验过程都讲清楚,不但要花费很多的时间,而且学生也不一定能够听懂。因而,教师采用了多媒体教学手段,将实验过程以动画的形式呈现,很容易使学生接受和理解,同时,也调动了学生学习的积极性,活跃了课堂气氛,提高了学生的学习效率。

(二)激发学生的学习动机

学习动机就是推动、引导和维持人们进行学习活动的一种内部心理过程或内部驱力[3]。学习动机就像学生内在的一种力量,它促使学生开启某一学习行为并得以维持,推动学生的学习行为取得比较满意的效果。同时,学习动机可以给予学

---

① 顾明远. 中国教育大百科全书[M]. 上海:上海教育出版社,2012:654.

② 陈旭远. 课程与教学论[M]. 北京:高等教育出版社,2019:261.

③ 朱文彬,赵淑文. 高等教育心理学[M]. 北京:首都师范大学出版社,2007.

生将某个学习目标进行到底所必需的动力。它可以使学生始终保持着专注、清晰的思维,即使在遇到困难时也不放弃。没有动力就不会有学习,现在已经是人们的广泛共识。可以说学习动机是学习的助推器,对学生学业成绩的提高有积极作用。学习动机直接决定着学生的学习态度和学习状态,对于现代大学生来说,学习动力不足已经成为大学生学习的最重要障碍,不少大学生普遍感觉学习没有意义,面对学习,不少大学生提不起精神,其根本原因在于没有学习动机,在学习中体会不到学习的价值感、成就感和幸福感。显而易见,激发大学生的学习动机是确保大学生高质量学习的必要条件。但是,单一的课堂教学方式很难激发学生的学习动机,学习动机的激发需要教师转变传统的教学理念,运用现代教学手段,利用多种方式对知识进行阐述和分析,引导学生参与教学过程,让学生体会到学习的成就感和价值感,实现学生主动地学、自觉地学。例如,“大学生学习方法导论”作为一门选修课,很多学生认为它只是一门理论性很强的课程,所以,没有多大用处,选择的目的也就是得学分。针对这种情况,教师意识到如果在课堂上单纯地讲授,学生将昏昏欲睡,不知所云,很难实现课程教学目标。因而,教师综合运用了多种教学手段,起到了很好的效果。具体教学过程如下。首先,无形教学手段的有效运用。俗话说:“好的开始是成功的一半。”因此,教师充分利用好第一课,面带笑容、精神饱满地走进教室,不出所料,大部分学生坐在教室的后面,教师轻松地做完自我介绍后,走下讲台,来到教室的后排说:“看起来同学们都喜欢后排,坐在后面有什么好处吗?我们一起探讨探讨可以吗?”学生立刻提起了精神,纷纷加入讨论。通过讨论,教师活跃了课堂气氛,拉近了与学生的关系,然后,问学生愿不愿坐在前排?很多学生都主动换到了前排。其次,有形教学手段的适时运用。经过讨论环节之后,教师利用投影仪呈现了以下几个问题:选择这门课的原因是什么?你希望通过这门课程学到哪些知识?你希望老师怎么教?你喜欢什么样的教学形式?学生又开始热烈地讨论,各自说出了自己的想法,和对这门课程的期望,热情很高,不少学生说这门课程原来和他们想象的不一样,很期待。教师通过综合运用无形教学手段和有形教学手段,调动了学生的学习积极性,激发了学生学习这门课的动机。

(三)激发学生学习的积极性

学习积极性是指直接推动学生学习的内部动力,是激发学习、维持学习并将学习指向某一目标的原动力。影响学生学习积极性的因素有两个方面:一是主观因素,包括学生的学习目标及对学习的认识;二是客观因素,包括社会环境、家庭环境和学校环境[①]。目前大学生学习积极性的缺失是影响大学生学习质量的关键原

---

① 许枫叶,宋晓华. 影响大学生学习积极性因素调查与对策研究[J]. 课程教育研究,2013(1):55-57.

因。大学生不愿学习、不想学习，感觉学习枯燥无味，也是课堂教学过程中被动学习的原因之一。教学手段具有直观性、多样性及互动性等多样化的特点，其合理运用可以从视觉、听觉等方面激发大学生的学习兴趣，同时，借助一定的教学手段，教师和学生在课堂上积极交流、互动，在参与的过程中，学生可以体会到学习的乐趣，增强对学习的兴趣和积极性。

四、教学手段的特征

（一）目的性

教学手段是教师为了更好地进行课堂教学而选择的相适应的教学工具、教学媒体或教学设备。因而，目的性是教学手段的本质特征。在大学课堂教学实践中，教师根据教学内容和教学对象的特点，无论采用传统教学手段还是采用现代教学手段都是为了教学的需要，促进教学目标的实现，也就是，教师借助教学手段的目的实现"高质量、低消耗"地教学，让学生在最短的时间内取得最大的学习效果。同样，教师不遗余力地加强研究教学手段，也是为了使其满足教学内容、教学目标的需要，真正为提高教学质量服务。教师通过选择图文并茂、声像兼备、动静相宜的多媒体教学，使具有较强生动性的教学内容始终贯穿于教学过程，使学生可以积极主动地参与到学习中，对知识的理解和吸收不再仅仅依赖教师的讲解和教授，其目的就是教师更好地教、学生更好地学，因而，教学手段具有明显的目的性。

（二）互动性

教学手段是教师为了更好地达到教学目标、活跃课堂气氛、调动学生学习的积极性和主动性而采用的工具、媒体或者设备，它的使用必须有利于教学活动的开展，而教学过程的实质就是教师教和学生学的互动过程，因而，互动性是教学手段的重要特征。在教学过程中，教师不仅可以采取无形教学手段，如利用生动的教学语言、和蔼可亲的面部表情与学生交流互动，还可以利用有形教学手段，如通过多媒体教学展示主题，与学生一起围绕主题参与讨论等的形式与学生互动。教学手段的互动性特征有利于调动学生参与教学过程的积极性，可以促进有效教学的实现。

（三）发展性

教学手段是随着信息技术的发展而发展的，从传统教学手段的单一性到现代教学手段的多样性，教学手段一直处于变化发展之中。教学手段的发展性主要有两层含义。一是指教学手段自身的发展。随着信息技术的迅猛发展，教学手段的形式、内容及功能都发生了翻天覆地的变化，多媒体教学设备与相应的教学软件的结合，成为课堂教学的一大亮点。事实上，没有现代教学手段的发展，大课堂教学的基本效果便难以保证，新型的教学方法也难以顺利实施，教学手段在教学过程中发挥着重要的作用。二是指教学手段对于学生发展的作用。现代教学理念以学生的发展为着眼点，关注学生的全面发展，即学生自主、综合、持续的发展。教师在教学过程中只有坚持"以学生为中心"，站在一切教学活动都为了"促进学生发展"的高度开展教学活动，才能抓住提高课堂教学质量的核心，这个核心就是学生的可持续发展、全面发展。因而，教师在选择与运用教学手段时要有利于促进学生的持续发展，在有效使用教学手段时，要注意调动学生学习的兴趣，培养学生善于思考、勤于动手、乐于动脑、积极探索的思想和能力。

第二节　常用的教学手段

教学手段是教学过程的重要要素，与教学方法一样，是有效教学的必要条件，可以说，教学手段直接影响课堂教学质量的高低。随着教育信息技术的发展，教学手段也随之发生巨大变化，现代教学手段种类繁多、数量巨大，不仅有图片、文字、声音、影片，还有动画、视频等信息，极大地丰富了课堂教学的形式。但因其高校课堂教学的特殊性，并不是所有的教学手段都可以在高校课堂教学中行之有效。因而，本节将结合高校课堂教学实践，以无形教学手段和有形教学手段为分类标准，介绍高校课堂教学过程中常用的几种教学手段。

一、有形教学手段

(一)多媒体教学

1. 多媒体教学的含义与特点

(1)多媒体教学的含义

多媒体教学是指在教学过程中基于教学目标、根据教学对象特点合理选择与运用现代教学媒体辅助教学，以达到最优化教学效果[①]。高等教育发展的新形势下，随着信息技术与高等教育融合得越来越紧密，利用多媒体作为教学过程之中的教学手段已经是必然趋势，一方面是高等教育现代化发展的需要，另一方面是由多媒体技术的特点决定的。

(2)多媒体教学的特点

具体来说，多媒体教学具有以下几个特点。

1)工具性。多媒体是教师在教学过程中为了便利教学而采用的一系列工具，

---

① 郭辉．多媒体教学手段对学生学习效果影响的个案研究[D]．贵阳：贵州师范大学，2014：3．

教学过程因多媒体工具的使用,可以辅助教师更好地传授知识,同时,也有助于学生更直观地获取知识。除这些之外,多媒体教学工具的使用还有利于教师和学生储存及传播知识,可以说是人类各种感官功能的延伸。

2)趣味性。与传统课堂教学单一的教学方式相比,多媒体教学过程中,可以利用图片、动画、视频等形式呈现教学内容,使教学内容更加生动、形象,特别是动画、特技效果及声音效果的有效利用,使课堂教学过程充满新奇和乐趣,极大地调动了学生学习的积极性,使学生在教学过程始终可以保持活跃的思维,积极主动地思考。

3)效率性。相对于传统教学过程中仅靠讲授传授教学知识,多媒体教学的高效率性是显而易见的。教师利用多媒体教学,可以在较短的时间内,以清晰、有效的方式呈现各种形式的教学内容,为学生提供直接的、感性的或具有代表性的教学资源,有利于学生归纳总结,以更好地理解教学知识,可以在有限的时间内达到最大的教学效果。

2. 多媒体教学要求

新形势下,随着高等教育改革的逐步推进,各高等教育院校在教学硬件上大量投入,多媒体教学在高校教学中已经得到普遍运用。同时,作为现代教学手段,多媒体教学推动了教育教学改革的发展,成为教育教学改革的重要动力。可见,多媒体教学在高校课堂教学过程中起着非常重要的积极作用。但是,多媒体教学作为教育信息技术的重要部分,其科学、合理地运用对教师和教学管理者提出了更高的挑战。

(1)教师确保多媒体教学的有效性

有效性是指多媒体教学作为现代教学手段,其在教学过程中使用有利于学生的学习,有利于培养学生的学习能力。教师作为多媒体教学的主要组织者,要有效利用多媒体教学,需要做到以下几点。

首先,合理定位多媒体教学的作用。现代教学观认为,教学过程中要坚持"以学生的学习为中心",教学的本质就是促进学生全面发展,因而,在课堂教学中,要分清主次。教师作为教学的组织者和引导者处于主导地位。学生作为教学的对象,处于主体地位。多媒体教学作为教学辅助手段,只能处于辅助地位,为教师的教和学生的学提供教学服务。如果教师过分夸大多媒体教学的作用,过分使用多媒体教学技术,教学过程中忽视学生的感受,忽视多媒体技术只有与教学内容有效结合,才能起到辅助作用,把多媒体教学当作教学过程的全部,投入过多时间在多媒体课件的制作上,忽视对教学内容的研究和对教学对象的分析,课堂教学中多媒体技术反客为主,就会严重影响教学效果。

其次,熟练使用多媒体教学技术。多媒体教学是现代信息技术的一种,对使用者的计算机水平有一定的要求。因而，教师要加强学习，提高多媒体教学水平，灵活运用多媒体教学技术，可以根据教学内容，制作出体现自己教学风格的课件，同时，课件内容也能体现自己对课程的理解和把握，这样的多媒体教学才有利于课堂教学。教师通过学习多媒体教学技术，可以避免课件过于简单、照搬书本内容。如果课件设计过于简单，甚至课件当作 Word 文档使用，仅仅列出教学内容的主要提纲，学生很难通过多媒体课件了解教学的主要内容；有的课件设计事无巨细，完全可以代替教师的讲解，这样的多媒体教学很难发挥其应有的作用，甚至还会适得其反。

最后，有效利用多媒体教学技术。在教学实践中，有的教师过于依赖多媒体教学技术，把多媒体教学技术看作对教师的"解放"。相对于传统课前准备要花费很多时间和精力，课堂上讲授的知识要做到心中有数，多媒体教学环境下，教师不备课也可以上课了，只要把教学内容搬到电子课件上，上课照着屏幕念即可。其实这些是对多媒体教学的一种误解和误用，多媒体教学作为现代教学手段，不是对教师的"解放"，而是对教师的教学能力提出了更高的要求。它不仅要求教师会制作高水平的多媒体教学课件，还要求教师充分挖掘其在教学应用中的功能和优势，做到"好钢用在刀刃上"，有效利用多媒体教学技术。

(2)教学管理者要做好多媒体教学保障

多媒体教学的顺利实施离不开高等教育院校各方面的发力，教学管理者是高等学校教学工作的管理者、协调者，可以说学校教学工作的顺利开展，离不开教学管理者的管理和协调。多媒体教学的实施也不例外。具体来说，教学管理者需要采取以下几个措施来保障多媒体教学的顺利实施。

首先，加强教师多媒体教学技术培训。目前，高等教育院校很多教师并非师范类院校毕业，不少教师毕业后直接走上讲台，所以，教师对于教学过程所使用的信息技术并不是很熟悉，面对复杂的多媒体教学软件，不少教师充满困惑，不知道如何合理地操作。因而，目前高校很多教师将多媒体教学等同于 PPT 教学，导致课件制作简单，不利于多媒体教学手段的教学效果充分发挥。因此，高等院校要加强提升教师多媒体教学能力，定期组织培训，将教师多媒体教学能力培训纳入高校教师培训机制之中，鼓励教师积极参加培训，大力提升高校教师的多媒体教学能力。

其次，构建科学的多媒体教学评价标准。多媒体教学过程中出现这样或那样的问题，很大原因在于目前高校缺乏一套科学有效的多媒体评价标准，使教师在多媒体教学制作过程中缺乏参考标准，因而，构建科学的评价标准，是高校多媒体教学有效性的保障。多媒体教学的根本目的在于提高学生的学习质量，学生的学习质量是多媒体教学评价的关注点。因此，在构建评价标准的时候，要分析多媒体教学取得的教学效果，注重评价的多维度、多层次和方式的多样性，采取个别评价和整体评价相结合的方式，关注多媒体教学过程中对学生学习积极性的激发、主动性和创造性的调动程度，同时，还要关注多媒体教学在学生知识、能力、品质、态度等综合素质发展方面所发挥的作用，以此来检验并确保多媒体教学的实效性。

最后，建立健全管理机制。首先，学校要建立多媒体教学组织机构，统一协调多媒体教学基础设施的建设和管理，制定并落实好相应的规章制度；组织开展多媒体教学活动，强化多媒体教学应用成果的总结和推广，保证多媒体教学工作持久、有序、高效地进行。其次，积极开展多媒体教学应用研究。学校应成立专门的科研室，以信息技术与学科课程整合为重点，研究如何发挥多媒体技术特性的优势，改革教学方法和教学模式，积极探索多媒体技术在课堂教学中的应用规律。再次，学校还要对学科教师进行有效的多媒体教学培训，从而为多媒体教学提供有力的智力和动力支持①。

多媒体教学是目前高校使用最广泛、效果最好的现代教学手段，在增加大学课堂教学信息量、加快教学内容更新速度、提高课堂教学效率等方面发挥着越来越重要的作用。在高等教育高质量发展的背景下，多媒体教学的质量也受到人们前所未有的重视，因而，无论是高校的管理者还是教师，都应重视对多媒体教学手段的运用和研究。

(二)板书

随着教育信息技术的发展，多媒体已经成为大学课堂教学过程中使用的教学手段，也是高等教育信息化的重要标志，在高等教育质量提升过程中发挥着越来越重要的作用。可以说，多媒体教学从第一次走进大学课堂的那天起，就因其可以把生动逼真的动画图像、清晰的文字注解和优美的声音带入课堂教学之中，受到了广泛的欢迎。从此，似乎传统的以“黑板＋粉笔”的教学板书不太重要了，甚至课堂教学过程中可以不需要板书了，多媒体教学可以替代板书了。事实真的如此吗？其实不然，教学实践证明，教学板书作为具有历史悠久的教学手段，其在教学过程中的作用不可替代。

1. 板书的内涵

板书是教师利用传统的“黑板＋粉笔”两大教学工具，在教学过程中，根据教学目标，围绕教学的重难点，在黑板上呈现出来的教学重点和教学内容提纲，是教师边讲课边写的教学行为，同时，也是教师在教学过程中，通过与学生互动交流生成的新的教学内容。板书是教学活动的重要组成部分，是提高课堂教学质量的重要

---

① 刘成新．课堂多媒体教学存在的问题与对策[J]．教育与职业，2007(11)：168－169.

手段。教师的板书提纲挈领、简洁明了，可以加深学生对教学内容的理解和把握。以下从静态和动态两个方面理解板书。从静态的角度讲，板书是教师为完成教学任务写在黑板或其他教学板上的文字、符号、图画表格等的总称。从动态的角度讲，板书是课堂教学过程中，教师通过在黑板、白板或其他教学板上书写文字、符号，向学生传递教学信息的教学行为方式①。板书是教师在教学过程中的教学行为，但是在课前，教师已经通过研读教材及相关教学参考资料，在脑海中形成板书内容和形式，所以，可以说，板书是教师教案的一部分。

2. 板书的功能

随着多媒体教学和电子白板等现代教学手段的广泛运用，课堂教学过程中的板书逐渐淡出学生的学习视野，特别是大学课堂上，教师事先做好 PPT，教学过程中照着 PPT 念，教师没有板书的意识，学生不知还有“板书”之事。但是板书是教师教案的一部分，是课堂教学的重要组成要素。所以，无论是初等教育课堂教学还是高等教育课堂教学，教师的板书都是不可缺少的。教学板书具有较强的理论性和实践性，既是科学又是艺术，好的板书不仅有利于学生学习科学文化知识，还能给学生以美感。具体来说，板书的主要功能如下。

(1)板书是教师和学生交流的桥梁

在课堂教学活动中，学生是教学活动的直接体验者，通过教学活动，他们渴求获取知识、发展能力。学生作为教学活动的主要参与者，既是知识的获取者，又是教学活动中的主体，在现代教学理念指导下，后者更为重要。因而，课堂教学活动的组织、实施都要围绕学生这个中心而开展，既要让学生会学知识，还要让学生学会知识，同时，高等教育院校还有完成肩负的重任，为社会培养具有创新能力的人才。教师作为课堂教学的组织者、实施者、引导者，既要传授科学文化知识，又要引导学生积极参与科学文化知识的学习，因而，教师在教学过程中起着主导的作用。教师应在备课环节，依据课堂教学目标，深入研读教材及其他教学辅助资料，提炼总结出重点、难点、示范步骤，预设清晰的课堂教学思路，同时辅以相关的讲解、问答，从而有效地完成教学活动。

板书正是教师在课前预设的教学思路在课堂教学中的展示，是教师教授教学知识的一种直观方法，像桥梁一样把教师和学生连接起来。在课堂教学过程中，教师通过板书把教学内容涉及的核心主题、图表、符号等写在黑板上，通过一定的形式，随着课堂教学活动的进展，逐步向学生展示教学内容重点，通过板书的直观展示，教学内容之间的逻辑性一目了然，无须教师再重复。

---

① 王彦才，郭翠菊．现代教师教学技能[M]．北京：北京师范大学出版社，2010：128－129．

(2)板书是对教学内容的加工和提炼

教学板书是对教学内容的科学概括,是对教学内容的加工和提炼。设计板书是教师在教学准备阶段需要完成的重要工作。在课堂教学中,通过教师事先的精心设计和预设,板书的逻辑性和系统性都非常强,是一节课教学所需内容的浓缩,可以帮助学生搭建知识结构,进行知识内化,加深对知识的理解程度。

(3)板书可以激发学生学习的兴趣

板书具有艺术性。教师在板书的过程中,突出板书的艺术性,使呈现出来的板书让学生眼前一亮,不仅给学生带来知识上的享受,还带来视觉的愉悦和美感,可以有效增强教学的趣味性和吸引力,有利于调动学生的学习积极性。如果教师的板书功底深厚、字迹漂亮,其教学效果将更明显。

3. 板书的要求

(1)板书要有启发性

启发性教学是现代课堂教学过程中主要的指导思想。启发性教学主张在教学过程中,注重激发学生学习的积极性,调动学生参与教学的主动性。板书作为教学过程中重要的教学手段理应有启发性。因而,教师在设计板书的过程中,要熟悉教学内容、具有设计性、重点突出。同时,教师的板书要详略得当,在板书的过程中,要借助语言手段,引导学生跟着教师的板书思路进行思考,必要时针对教师板书的内容提出问题,促进学生积极主动地思考,充分发挥学生的主体地位。

(2)板书要有条理性

板书是教学内容的具体呈现,是教师教案的一部分,更是教学的重点和难点,因此教师的板书要有条理性。要做到使板书有条理性,首先,教师要有良好的教学思路,做好教学准备,避免课堂上想到哪里讲到哪里,天马行空,学生不知所云。其次,教师在设计板书的过程中要做到层次分明、有逻辑性,板书内容要有顺序性,避免随心所欲、凌乱不堪、缺乏美感,因而,只有条理清晰的板书才能起到良好的教学效果。

(3)板书要有科学性

板书应依据一定教学内容和教学目标的要求,是教材内容在课堂教学中的再现,教师可以围绕教材内容进行创造加工,但是不能脱离教学的主要意图。板书的科学性要求教师必须做到以下两点:一是板书内容体现的教学内容要准确、客观。教学板书能否发挥其“服务于教学”的作用,取决于内容的准确性、完整性、系统性。准确性是指板书内容要准确无误地反映教学内容,体现教学的目的性,板书表达的知识要正确、再现的信息要准确、反映的资料要无误、揭示的主题要客观。同时,能准确深刻地体现施教者的思想情感。完整性是指板书内容完备全面,体现教材内容的整体性。当然,在整体性的前提下要突出重点,做到整体性与重点性的统一。

系统性是指板书内容联系紧密、系统有序、条理分明、逻辑性强[1]。板书的科学性，是教学过程中对教师板书的根本要求，相对于启发性和条理性，具有更重要的意义。

4. 板书与多媒体教学

教学板书作为传统教学手段黑板＋粉笔的体现形式，是课堂教学诸要素的重要组成部分。板书是提高课堂教学质量的重要手段，它通过言简意赅的方式把教学的重点难点和教学内容的知识框架呈现给学生，具有画龙点睛的作用。板书既是科学又是艺术，体现了教师良好的教学魅力。好的板书设计不仅有助于学生更好地理解教学内容，还给学生美的享受，调动学生课堂学习的积极性。多媒体教学作为教学的一种形式，已经成为推动教育信息化的重要手段。它以其形象性、生动性和趣味性等优势走进大学课堂，给传统教学注入了新的教育理念和活力。它改变了传统课堂教学中单纯依靠板书呈现教学内容的教学环境，有效地弥补了板书教学中的不足。多媒体教学在大学课堂教学中得到广泛运用，是高等教育现代化的一种体现形式，因而，多媒体教学不是作为教学板书的替代者出现的，然而，在教学过程中，不少教师对多媒体教学和板书出现了认识上的偏差，无限度地夸大了多媒体教学的优势和板书的不足，以多媒体教学代替板书，在教学过程中，只有多媒体教学，没有或者很少有板书。板书和多媒体教学的分离，影响了板书在教学过程中发挥的作用。

教学板书作为传统教学手段，其历史悠久，经历了长期的教学实践检验和研究，积累了丰富的经验，在教育教学过程中发挥着重要作用。多媒体教学作为现代教学手段，具有明显的现代化特征，自从走进课堂教学，就引起了极大的反响，不仅改变了课堂教学的模式，还对课堂教学质量提升也起到了重要的作用。然而，任何事物都有两面性，教学板书和多媒体教学也不例外，都有其优点和缺点，在教学实践中，我们要扬长避短，发挥各自的优势。至于在课堂教学过程中，教学板书和多媒体教学孰重孰轻，是板书应该多一点，还是多媒体教学应该多一点，我们应该辩证地看待，二者相互联系、相互促进。在具体的教学实践中，要结合教学目标的要求、教学内容的特点及教学对象的身心发展规律，合理选用教学手段，充分发挥多媒体教学的先进性和教学板书的概括性及艺术性，以达到教学手段在教学过程中运用的最优化。

二、无形教学手段

无形教学手段包括语言手段、非语言手段、教学机智等。无形教学手段与有形

---

① 彭小明．教学板书设计论[J]．教育评论，2005(6)：69－72.

教学手段一样,在课堂教学过程中起着重要的作用。

(一)语言手段

1. 语言手段的含义

语言手段是指教师为达到教学目标,在特定课堂教学环境(物质环境、心理环境与制度环境)中,为满足教学交往的特殊需求所使用的语言,它是教学中最重要的信息传递工具,同时也是最重要的教学交往工具①。语言手段是教学过程中教师和学生相互交往的媒介,如果没有语言手段,学校的一切教学活动将无法正常进行,高校名师的魅力就在于可以灵活运用语言手段深入浅出地讲解教学内容,化抽象为具体,化枯燥为生动,从而调动学生学习的积极性。

2. 语言手段的功能

在教学过程中,教师的教学语言与日常生活中教师的社交语言有着本质的区别。教学语言是在特定的教学环境下,教师为了完成教学任务,围绕教学内容而展开的教学活动,是教学活动的一种手段,属于高级的语言活动。在教学过程中,教师使用的语言是经过严格训练的,具有较强的规范性,同时,教师开展教学活动的目的是向学生传道、授业、解惑,因而,教师在教学过程中使用的语言要通俗易懂,能够起到与学生相互交流的作用。在课堂教学中,教师通过语言手段把控教学活动的进程和节奏、组织课堂教学活动,引导学生参与课堂讨论与交流。教师科学合理地运用教学语言手段,是课堂教学活动顺利进行的必要条件。具体来说,语言手段在教学过程中具有以下几大功能。

(1)语言手段具有较强的感染性

语言手段的根本任务是传递教学内容,与学生交流互动。语言手段既具有科学性又具有艺术性。语言手段的艺术性是指教师在使用语言手段的过程中,为了避免教学语言的枯燥性,对教学内容进行重新构建,使教学内容更加生动和具体,在增加语言趣味性的同时,保证教学内容传播的畅通无阻。通过教学语言的艺术性,教师可以很好地把教学内容传授给学生,教师以抑扬顿挫的音质传授科学文化知识,不仅可以激起学生听课的积极性,还可以给学生以感染力,同时。教师教学语言的准确、形象、生动,可以触动学生的心弦,以合适音量、适宜的语速促进学生跟着教师的讲课节奏走,使学生全身心地投入课堂教学过程之中,体会到学习的快乐。语言手段的艺术性具有很强的感染性,曾经有一位语言学家说过:“语言就是生产力,面对学生,教师的语言得体就有感染力,语言精彩就有影响力,语言智慧就有推动力,语言深情就有冲击力。所有这些‘力’合起来就是一种强大的驱动力,它

---

① 陈旭远. 课程与教学论[M]. 北京:高等教育出版社,2012:263.

推动着教育教学活动的有效实施，推动着学生向全面发展的目标健康地成长。”①

（2）有利于构建和谐的师生关系

学生的课堂学习质量是院校教学质量的根本体现。影响学生的课堂学习质量的因素有很多，其中最重要的因素便是师生关系，师生关系不仅影响学生的学习方式和学习态度，还影响学生的学习积极性。构建和谐的师生关系，能端正学生的学习态度，调动学生学习的积极性，是提高学生课堂学习质量的首要条件。高等教育院校的师生关系是一种特殊的人际关系，教师与学生关系处理得好，会激发学生对学习的投入，提高其学习效果，相应地，教师也有教学的成就感，增加教学的积极性。若处理不好，不仅影响学生的学习质量，还影响教师的教学质量，因此，构建高等教育院校和谐的师生关系尤为重要。和谐的师生关系是指教师与学生平等交往、和睦相处，并在生活中互相关心、互相尊重、互相学习、互相影响而呈现出来的一种状态。和谐的师生关系表现为师生之间在整个教育活动过程中双方相互尊重、理解、信任和民主、平等。只有在这样的师生关系中，学生才能学好，教师才能教好。也只有在这样的师生关系中，教师才能感受到学生点点滴滴的进步，才能给予学生及时的鼓励和肯定，鼓励和肯定是给学生最好的礼物。语言手段是引导学生互动最好的办法，教师在教学过程中通过教学语言与学生互动交流，让学生真正参与到课堂教学环节中，可见，语言手段可以增加教师与学生之间的互动，有利于构建和谐的师生关系，在民主和谐的师生关系中，充分调动学生学习的积极性和创造性，促进课堂教学质量的提升。

（2）具有较强的示范作用

古人说："师者，人之模范也。"教师的一言一语都会对学生产生巨大的影响，因而，语言手段具有较强的示范性。在教学过程中，教师通过语言手段阐述的观点和思想都会对学生产生强烈的影响。因而，教师要时刻注意语言的严谨性和客观性，在课堂教学过程中传递正能量。进入新时代，国家高度重视教师的师德师风建设，作为高等教育的根本任务，立德树人自然成为高等教育院校师德师风建设的根本价值遵循。因而，大学教师要自觉"以德立身、以德立学、以德施教"，进而最大限度地发挥教师言传身教、行为示范的榜样作用。

3. 语言手段的要求

（1）教师的语言要流畅

语言表达的流畅性是日常交流的最基本要求，作为以语言交流为主要手段的教师，其语言的流畅性更加重要。教师要实现教学语言的流畅性，首先，要熟悉教学内容，这是流畅性的基本要求。这就要求教师在课前做好充分准备，认真备课，

① 陈涵平．教师言语美[M]．广州：中山大学出版社，2004：5.

只有对课堂要讲授的教学内容做到熟记于心、心中有数，才能在课堂教学过程中游刃有余。其次，语言表达要富有感情。课堂教学中，教师的语言表述要有感情，不能平铺直叙，而是要根据教学内容的变化而变化，时而微笑、时而严肃、时而慷慨激昂、时而委婉动人。富有感情的语言可以引人入胜、启迪心智，引导学生体会课堂学习的魅力和快乐。

(2)教师的语言要准确

教师在课堂教学过程中，要用准确的语言传道授业。教师语言的准确性包括两个方面。首先，教学内容的准确性。教师在课堂上传授的知识要具有科学性，教师要严格按照教学目标的要求进行课堂授课。虽然教师在教学过程中，可以结合自身的教学实践和研究成果拓展教学内容，但是这种拓展必须有利于教学目标的实现，有利于学生身心健康的发展。其次，语言表达的规范性。规范性是语言教学手段的核心特征。教师作为课堂教学的主导，其规范性语言可以起到榜样的作用。有理有据的教学语言可以给学生留下深刻的印象，可以较好地发挥教师语言的教育教学过程，同时，教师也可以引导学生使用规范化的学习语言，培养学生养成认真的学习态度，提升学生的学习质量。

(3)教师的语言要简洁

学生学习的主要动力来源于体会到学习的快乐。因喜欢教师的上课风格而喜欢一门课的学生不在少数。一位教学语言冗长的教师自然不会得到学生的喜爱，甚至会让学生产生厌烦情绪。因而，教师的语言要简洁、精炼。教师要做到教学语言简洁，首先，教学语言要千锤百炼。教书容易，但教好书不容易，特别是在新时代下，教师不仅要教好书，还要育好人，后者尤其重要。因而，教师的语言要经过反复锤炼、斟酌，以简洁明快的语言传道授业解惑，方能调动学生学习的热情，激发学生的学习兴趣。其次，认真做好备课。备课是教师上好课的关键环节，备好课是上好课的前提，其原因在于，教师只有通过备课，熟悉了教学内容，才能在课堂上实现“自我发挥”，也就是说，只有充分熟悉教学内容，教师在课堂教学过程中才能用自己的语言概括地讲课，避免上课时语无伦次、丢三落四。最后，杜绝口头禅。有些教师上课比较随意，把日常生活中常用的口头禅带到课堂，影响了课堂教学的严肃性和规范性，影响教师的教学语言质量，不利于教师与学生之间的交流互动。

(二)非语言手段

1. 非语言教学手段的含义

教学既是一门学科，又是一门艺术。在课堂教学中，教师要顺利履行教学育人的职责，需要通过语言的手段和非语言的手段来完成。教学实践表明，课堂教学过程中，非语言教学手段有时候比语言教学手段运用得更多，可见，我们不能忽视非语言教学手段对课堂教学效果的影响。非语言教学手段是指教师在教学中使用的语言之外的其他手段。它们可以理解为教师综合素质的自然流露，这些手段包括教师的仪表、体态语、表情等[①]。从非语言教学手段的含义我们可以看出非语言教学手段贯彻于教学过程的始终，从教师走进课堂的那刻起，非语言教学手段就开始影响学生的学习状态，特别是在高等教育院校课堂教学中，因其教学对象是相对成熟的大学生，对大学教学的非语言教学手段的要求更高。

2. 非语言教学手段的功能

在大学课堂教学中，教师面对的教学对象是具有主观能动性的大学生，大学生在走进课堂之时，已经具有一定的知识经验，思想比较活跃。相对于中小学教师，大学教师面临更多的挑战。因而，这就决定了大学教师不能仅仅只“教书”，还应当成为拥有自己教学风格并且知识渊博、经验丰富的人生导师，成为大学生的良师益友。大学教师教授给大学生的不仅仅只是科学文化知识，更多地通过教师魅力对学生进行潜移默化的熏染。在大学课堂教学中，教师的一言一行、举手投足都起着教育的作用。虽然很多教师自认为他们的教学工作是从语言交流开始的，但事实上，教师在走进教室的那刻起，在学生看到教师的第一眼开始，教师的非语言教学手段已经对学生产生深刻的影响，已经决定着学生这节课的听课状态。一位精神饱满、带着微笑走进教室的教师和一位精神不好、板着脸走进教室的教师，给学生带来的感受是显而易见的，前者让学生眼睛一亮，对课堂教学内容充满期待，而后者沮丧的情绪，也会传给学生，让学生不知所措。可以说，如果没有教师丰富多彩的非语言教学手段，课堂教学将毫无生机，就不可能有令人动容的课堂教学效果。教室非语言教学手段的合理运用，不仅能活跃课堂气氛，还能促进师生交流，教师一个赞许的眼神、一个满意的微笑，可以让学生心领神会，起到“无声胜有声”的良好效果，从而有效促进课堂教学质量的提升。

3. 非语言教学手段的要求

非语言手段在教学过程中重要作用的发挥，需要教师在教学过程中合理运用。具体来说，首先，非语言教学手段要与教学内容和教学对象相匹配。任何教学手段的选择和运用都要依据教学内容和学生的身心发展规律，有利于教学目标的实现。非语言教学手段也不例外，教师对非语言教学手段的选择要和教学内容协调一致，脱离教学内容的非语言教学手段会弄巧成拙，影响课堂教学效果。其次，非语言教学手段要与语言手段配合得当。在教学过程中，非语言教学是语言教学的有益补充，不能过度使用非语言教学手段，而是要在语言教学手段使用的基础上，合理使用非语言教学手段。教师在课堂上不能来回比画，或者不停地走来走去，这样的非

① 陈旭远．课程与教学论[M]．北京：高等教育出版社，2012：263.

语言教学手段，不仅不会促进课堂教学质量的提升，还会影响学生听课的效果。最后，非语言教学手段要灵活多样、自然流露。非语言教学手段运用得当，可以营造出和谐的课堂学习氛围。但是如果教师刻意使用非语言教学手段，表情麻木、肢体僵硬，会导致课堂教学气氛沉闷，很难调动学生学习的积极性和主动性。

(三)教学机智

1. 教学机智的含义

教学机智简单地说就是教师驾驭课堂教学的能力，具体来说，教学机智是指课堂教学过程中，教师敏锐地觉察学生身上的细微变化，面对意味的情况，快速做出反应，果断决策，及时采取灵活有效的教育措施的能力①。教学机智是对教师综合素质能力的一种挑战，作为一种教学手段，合理有效地使用，充分体现了"以学生为中心"的现代教学理念。

2. 教学机智的功能

教学机智在课堂教学过程中的运用主要体现对教学活动中出现的偶发事件。课堂教学活动是师生相互交往的双边活动，教学的过程是教师与学生之间思维的碰撞，因而，教学活动过程中的偶发事件不可避免。偶发事件的发生对教师来说是一种挑战，对学生来说是一种成长和鼓励。当偶发事件发生时，教师处理得当，将有利于教学活动的正常开展，同时对学生来说也是一种尊重。但如果不及时处理，或者处理的方式方法不恰当，将不利于学生的身心健康发展，甚至会给学生带来难以磨灭的负面影响。可见，教学中的偶发事件既是机遇又是挑战。尽管如此，只要掌握教学机智有效发挥的方法，就可以使教学过程中出现的偶发事件成为不可多得的教学资源，有的甚至成为教学过程中的经典案例。但是在教学实践中，面对超出意料的偶发事件，不少教师却望而却步，因为，偶发事件往往发生在一瞬间，要求教师必须在短时间内拿出灵活多样的应对措施，如果成功了，会因其课堂的精彩而受到学生或者领导的认可，但如果成为课堂教学的败笔，对教师的授课积极性是一种打击。因为具有冒险性，所以不少教师避而不及，这是课堂教学机智缺乏的一个重要体现。同时，教学机智侧重于教师的临场力和全局的掌控能力，这也是导致很多教师不敢尝试的原因之一。

教学过程中，教学机智的缺乏，导致教师不敢突破教学预设，一味地追求课堂教学的按部就班，导致课堂教学平静如水，学生不愿意参与课堂教学、积极思考教师教授的内容，只是安静地听讲。教师不鼓励学生"发难"，即使学生"发难"，教师也想方设法回避，担心影响教学进度，也担心自己当着学生的面出现尴尬的情况。

---

① 王彦才，郭翠菊．现代教师教学技能[M]．北京：北京师范大学出版社，2010：75．

长期下去，不仅影响了课堂教学的质量，也影响了教师教学能力的发展。因而，在“以学生为中心”的教学理念下，课堂教学过程要充分发挥学生的主体性，尊重学生，教师作为课堂教学的组织者，必须充分发挥教学机智，因势利导，及时调整教学计划，给学生留有探索发挥的空间，正确处理课堂教学过程中出现的偶发事件，最大限度地调动学生学习的积极性和主动性。

3. 教学机智的要求

为了使教学机智在教师过程中发挥良好的作用，教师需要具备三种能力。一是针对教学过程出现“意外”时迅速反应的能力。在教学实践中，我们往往强调“备课”的重要性，那么，是不是课备好了，教师就可以“高枕无忧”了？答案是否定的，因为教学活动是一项复杂的社会性活动，其对象是具有主观能动性的学生，他们有自己的个性和思想，而且在进入课堂学习之前，他们都带着各自的自我经验，有自己对知识的理解。因而，尽管教师在上课前做了充分的准备，预设了教学中可能发生的事件，按部就班地设计了教学内容，但是还会出现“意外”，面对这些“意外”，教师需要具有“临危不乱”能力，迅速做出积极的反应。二是及时处理“意外”的决策能力。教学过程中出现了“意外”，教学过程偏离了教学预设，需要教师果断做决策，是继续按照教学计划进行，还是处理“意外”？这需要教师结合具体教学场景灵活处理。三是敏锐的思维能力。在教学过程中，当出现“意外”时，教师需要具有敏锐的思维能力，及时发现问题的本质，提出解决问题的方法，结合新出现的情况，及时调整教学计划。

第三节　教学手段的选择与运用

教学手段作为教学论研究的重点之一，其对课堂教学过程中的重要性已不言而喻。无论是传统的教学手段还是现代的教学手段，对于现代课堂教学来说，都占据着一定的地位，发挥着应有的作用。特别是现代教学手段，其一出现就受到教师和学生的欢迎。在教学实施之中，现代教学手段经历了由新奇到习以为常、由先进到普遍的过程。随着教育信息化的深入发展，现代教学手段已经成为现代课堂教学必不可少的组成部分，甚至可以说，离开了现代教学手段，课堂教学将无法正常进行。现代教学手段的有效利用，不仅调动了学生学习的积极性，还提高了课堂教学质量，在教学过程中，起着积极的作用。但是，在教学实践中，却出现了有些教师过分依赖现代教学手段，而对传统教学手段持摒弃态度，认为多样化的现代教学手段拥有很多传统教学手段所不具有的优势。相对于传统教学手段来说，这种看法不无道理，但同时我们也要看到传统教学手段的优势。在课堂教学中，是运用现代教学手段还是传统教学手段，我们需要用辩证地进行分析，既不能全盘否定传统教学手段的优势，也不能过于夸大现代教学手段的先进性。因而，在教学过程中，教师要合理选择教学手段，实现传统教学手段与现代教学手段的有效结合，充分发挥教学手段教学效果的最大化。

一、教学手段选择的依据

教学中，教师将教学手段作为工具，传递知识、与学生交流互动。教学手段与教师、学生、教学内容和教学过程构成教学的主要内容要素，教学过程中，只有各个要素相互作用、相互配合，才能保障课堂教学活动的顺利进行。因而，教学手段的选择必须与教师、学生、教学内容和教学方法相适应，也就是说，在教学实践中，教学手段的选择受制于教师的教学能力、教学对象的发展水平、教学内容的特点等要素，要结合具体的教学环境具体分析，选择有效的教学手段。

（一）教师的教学能力

教师的教学能力是教师在教育教学过程中所必须具有的能力，包括教学组织能力、教学管理能力、教学方法选择与运用能力、教学手段选择与运用能力等。在这里，教师的教学能力主要指教师选择和运用教学手段的能力，特别是现代教学手段的能力。传统教学手段以黑板＋粉笔为主，操作简单，方便易行，对教师的挑战性不大，但是现代教学手段以计算机技术为核心，新的教学手段，如多媒体教学、交互式电子白板、投影仪、录播教室等，需要教师掌握现代教学技术，具有主动适应高等教育教学信息化的发展趋势的能力，灵活多样地运用传统教学手段与以现代信息技术为主的现代教学手段，并可以根据教学环境促进传统教学手段与现代教学手段的深度融合，不断提高自身运用现代手段和充分利用网络化资源的能力，持续不断地创新教学手段，使教学内容更加生动形象，有助于学生对教学内容的理解和消化。

（二）教学对象的发展水平

无论是选择传统教学手段还是现代教学手段，都以促进学生的发展为根本目的，学生是教学手段服务的对象，离开学生，就没有教学手段了。因而，虽然现代教学手段可以有效提高课堂教学效率和教学质量，但在教学实践中，不能忽视学生的发展水平，不能“一刀切”，即课堂教学中只采用现代教学手段，或只采用传统教学手段。只有依据学生的发展水平，将传统教学手段和现代教学手段有机融合、扬长避短，才能实现课堂教学“以学生为中心”，促进学生全面发展，不断提高人才培养质量，为新时代中国特色社会主义培养时代新人。

（三）教学内容的特点

教学内容是为了实现课程与教学目标，在一定教学价值观及课程观的指导下，结合社会需要及学生的经验，有目的地选择各门学科中的特定事实、观点、原理和问题，以及处理它们的方式而构成的体系①。教学内容是课堂教学的依据，不同学科、不同课程具有不同的教学内容。依据不同的分类标准，教学内容可以分为以下几类：依据教学要求，教学内容可以分为了解型和掌握型两类；依据教学内容所载知识的性质，教学内容又可以分为认知类、理解类和应用类；对于工科专业的课程，其教学内容还可以分为理论分析和工程实践两类②。在教学实践中，教师在选择教学内容时，必须认真分析教学内容的特点，依据教学内容选择教学手段，确保教学内容与教学手段相适应。例如，在理工科课堂教学中，对于一些较难的知识点，教师需要通过采用黑板＋粉笔的传统教学手段，通过板书一步一步演示给学生看。对于文科类课程，为了增加其趣味性、生动性，可以充分利用现代教学手段的生动性、形象性的特征，通过视频展示、动画等形式进行授课。

二、教学手段的运用

持续不断地提高大学教育教学质量是高等教育院校的永恒主题。随着现代信息技术的迅速发展，以计算机技术为核心的网络化不仅极大地影响了人们社会生活的各个方面，还在高等教育领域掀起了“惊涛骇浪”，对高等教育教学质量发展提出了巨大挑战，特别是信息化发展，推动了高等教育信息化进程，以多媒体教学为主要特征的现代教学手段得到了巨大发展，慕课的兴起、翻转课堂的实施，极大地改变了教师的教学方式和学生的学习方式。“互联网＋”为新时代大学课堂提供了丰富多彩的教学手段，教师的选择日益增多，传统教学手段因其单一性在课堂教学中的使用频率逐渐下降，甚至有些课堂教学过程中，已经被现代教学手段完全替代，信息技术的迅速发展冲击着传统教学手段，使其受到不同程度的冷落和批评。通过上面的分析，我们知道，无论是传统教学手段还是现代教学手段，都有其利弊，因而，在教学过程中，我们要充分发挥各自的优势，本着优势互补的原则，合理选择教学手段。具体来说，在教学中，教学手段的选择要遵循以下原则。

（一）灵活性与多样性原则

在教学过程中，教师可以根据教学内容和教学目标选择不同的教学手段，教学手段作为教学过程中采用的工具或设备，具有灵活性和多样性。在课堂教学过程中，教师可以根据具体的教学环境选择不同的教学手段，同时，还可以根据传统教学手段和现代教学手段的特点，将二者有机结合。总之，采用什么样的教学手段，

---

① 马志颖．当代课程与教学论[M]．上海：上海交通大学出版社，2020：127.

② 王三民，袁茹，李建华．优化组合教学手段，提高课堂教学质量[J]．西北工业大学学报（社会科学版），2003，23(3)：90－91.

要以课堂教学质量为标准，要考虑教学手段的运用是否有利于学生的发展，是否有利于课堂教学质量的提升。教学过程中，不存在千篇一律的教学手段，因而，教师要切忌“一刀切”，坚持灵活性和多样性原则，科学、合理地运用教学手段。

(二)发展性原则

发展性原则主要包括两个方面的“发展”。一是指教学手段自身的发展。教学手段具有发展性，是随着信息技术的发展而变化的，从传统教学手段到现代教学手段就是教学手段发展性的最直接体现。二是指教学手段的运用要以学生的发展为根本出发点。教学的本质就是促进学生实现最大限度的发展，为社会发展培养合格人才，因而教学手段的选择与运用也要以此为目的。如果教学手段不能为教学目标和教学任务的达成服务，那么教学手段就失去了自身存在的价值。因而，教师应以学生的发展为中心，科学地选择教学手段，从而促进学生的全面发展。

(三)启发性原则

启发性原则关注学生在课堂教学过程中的主体地位，注重学生的学习体验和学习过程。教学手段作为促进学生有效学习的工具，必须贯彻启发性教学思想。在教学手段的选择和运用过程中，要做到心中有学生，以学生的学习质量为中心。教学手段的运用要能调动学生学习的积极性，激发学生学习的兴趣，活跃课堂气氛，提升学生的学习效果，否则，就是无效的教学手段。

(四)规范性原则

现代教学手段的熟练使用，对教师来说，是一个逐步完善的过程，特别对青年教师来说，即使具有运用现代信息技术的能力，也会出现不知所措的情况。因而，如果构建一套科学的教学手段运用规范，使教师在教学过程中作为参考，有利于教师手段运用能力的提升。因而，高等教育院校教学管理机构可以根据自身实际情况，深入研究制定一系列教学手段的使用规范和标准，促进教学手段选择与运用的规范化、合理化，有利于充分发挥教学手段的教育教学功能。

第六章　教学环节

本章提要

教学环节是教学工作的关键，是提高教学质量的重要保证。高等教育院校要提高人才培养质量，需要在现代教学观的指导下，选择合理的教学模式、有效的教学方法及先进的教学手段，使各个层面的教学设计都能充分体现学生的主体地位，以促进学生的全面发展为目的。然而，再好的教学设计，如果没有付诸实践，只能流于形式。因而，高等教育院校要适应经济社会发展，培养具有创新精神和创新能力的高素质人才，必须把握教学环节的有效性。教学环节包括教学准备、教学实施及教学反思三个部分，本章结合高等院校教学实践，对教学环节的三个部分进行深入的研究。

第一节　教学准备

教学准备是教师在进行课堂教学前做的准备工作。教学活动有其基本的规范，且具有目的性、计划性，因此在进行课堂教学前，教师必须对教学活动进行构思、设计，并形成书面计划，即教案。教学准备主要分为以下六个步骤。

一、确定教学目标

教学目标是教学活动主体在具体教学活动中要达到的预期结果和标准①。一般而言，教学目标分为三个层次：一是通过教学，学生掌握知识和技能；二是通过教学，学生的智力和体力得到发展；三是通过教学，学生形成正确的世界观、价值观、人生观，即课程思政。类比布鲁姆教育目标分类法，教育目标可分为三大领域，即认知领域、动作技能领域和情感领域。

---

① 顾明远．中国教育大百科全书[M]．上海：教育出版社，2012：636．

确定教学目标，首先就是要解读课程标准。国家课程标准是教材编写、教学、评估和考试命题的依据，是国家管理和评价课程的基础①，是对一定学校或学段的课程设计与设置、课程实施与评价及教学等活动的目标、过程、方式做出规定和说明的纲领性文件，是组织和指导课程与教学的基本手段之一②。教师通过解读课程标准，可以将整个教学内容的脉络理清，形成知识的脉络结构图，让整个教学的知识成为一个整体。知识形成脉络，教师就可以进一步研究脉络中的关键节点，也就是重点难点，琢磨其传授方法，并且了然其在整个知识结构中的地位，从而明了其学习要求。任意一门学科的课程标准，不仅是该学科的科学知识体系，还是根据学生身心发育特点安排的循序渐进的知识体系发展结构，并有与当前科学技术相一致的学科发展趋向。这就要求教师研究课程标准的各个部分，根据大纲的总的原则和总体规划，认真地对待每一课题和每一节课。

其次，渗透思政元素。通过解读课程标准，了解各学科的基本价值追求，洞悉基于学科的课程理念和学科素养。在确定教学目标时就要思考，通过教学应该达到怎样的课程思政目标，以向学生传递课程理念，培养学科素养。根据学科的不同，教师在教学过程中甚至可以超越学科素养，结合教学内容，向学生传递正确的世界观、人生观、价值观。例如，曹洪辉在《基于核心素养的数学导学实践探讨》一文中写道："数学教学的终极目标是帮助学生形成本学科特有的精神文化。数学精神文化相比于数学思维品质更进一步，数学精神文化的实质是将数学特质融入学生日常的生活或活动中，形成学生为人处世、参与社会实践的基本态度和必要手段，这就是学生的必备品格和关键能力。"③

最后，细化课程标准。将课程标准细化为教学目标，一是明确教学对象"要达到怎样的目标"，如获得什么知识、收获什么体验、掌握什么技能、培塑什么样的品德等。二是明确"如何达到目标"，如选择什么教学模式、运用什么教学方法、采用什么教学手段等。特别要注意的是，教学目标一定是课程标准的具体化和可操作化，而不能照搬课程标准；教学目标的主体是教学对象，也就是学生，是学生"学"的目标；教学目标的表述必须是可测的，要在程度上有所区别，即教学目标应该由行为主体、行为动词、行为条件及表现程度四个要素组成④。

---

① 中华人民共和国教育部．基础教育课程改革纲要(试行)[Z]. 2001.
② 顾明远．中国教育大百科全书[M]. 上海：教育出版社，2012：1027.
③ 曹洪辉．基于核心素养的数学导学实践探讨[J]. 中小学教师培训，2017(9)：40－43.
④ 方贤忠．备课：基于教师的专业成长[M]. 上海：华东师范大学出版社，2018：130.

二、研析教材

教材是根据课程标准或教学大纲编写的教学用书[①]。教材是课程标准的具化，是教师教学的依据，是学生系统获取知识的主要途径，是连接教师教学与学生学习的媒介。虽然，特殊情况下没有教材也能进行教学，如孔子传道授业，大学里某些新兴、前沿知识的教学。但是一般而言，教材是教师教学所必不可少的。研析教材是教师整个教学准备过程中关键的环节。教师研析教材一般分为以下三个层次。

（一）解析教材

教师需要通读课程标准，按照教材的编排逻辑，全面系统地了解教材的基本脉络串联整个教学内容。其次，教师需要弄懂教材的每一字句、概念、公式、注释、习题等各个要素。最后，要明确每一章节的教学目标。一般来说，还在适应期的新教师都处于这一层次。

（二）掌握教材

掌握教材则是对成熟期的骨干教师的要求。关键是要理清教材编著者的编写思路、逻辑线索和知识系统，从而找出教材的重难点和一些特别关注点，如课程思政点、知识拓展点、学生的兴趣点等，做到对教材内容的全面掌握、熟练讲解，结合教材内容进行课程思政。

（三）驾驭教材

驾驭教材则是教师对教材理解的最高要求。教师通过教学经验的积累，将教材内化于心，通过对教材的解构与重组，将教材上的“死知识”化为融合教师教学经验、品德情操、学科素养的“活内容”。教学就是教师基于教材的再创造，教材就变成教师教学的“例子”。

无论是新教师在教学能力还有所欠缺时教教材，还是名师大家用教材教，将教材内容掌握得“滚瓜烂熟”，都是教师进行教学准备时的首要任务。

三、了解教学对象

教学对象，即学生，泛指一切受教育的人，可以界定为致力于达到某种教学目标并且拥有学习愿望的人[②]。由此可见，学生学习是具有主观能动性的。学生既是教学的对象，又是教学的主体。一切教学活动都要通过学生自我的努力而内化为自身收获的知识、培养的能力、构建的价值观。因此，教学活动的出发点就是了

---

① 顾明远．中国教育大百科全书[M]．上海：教育出版社，2012：570.

② 顾明远．中国教育大百科全书[M]．上海：教育出版社，2012：2004.

解教学对象。追求因材施教一直是教育教学的理想目标。

(一)了解教学对象的内容

1. 了解学生的现状

了解学生的现状即了解学生“目前是什么”,包括了解学生当前受教育程度、知识储备和能力基础等学习力因素。此外,从“以人为本”和课程思政的角度出发,还要了解学生的兴趣爱好、情感需求、心理特征和对待学习的态度等情感因素。

2. 期望达到的目标

期望达到的目标即了解“应该是什么”。首先,在教学目标前提下,学生所致力于达到的学习目标,即在学习方面知识储备的增加、运用能力的提高、综合素质的提升。其次,通过教学,通过立德树人的过程,所期望学生在认知、情感、学习态度、价值观等各方面要达到的目标。

3. 分析“目前是什么”“应该是什么”之间的差距

优秀的教师在教学准备过程中都十分重视了解学生的状态,将学生的状态作为汲取教学素材的来源,即要沿着“学生已经知道了什么?学生是怎么想的?学生喜欢怎样的学习”的思路设计教学活动。

(二)了解教学对象的途径

1. 借助学生的档案

在教学实施前要仔细阅读学生的档案,了解学生的学业水平、知识基础,并熟悉学生的家庭生活背景、兴趣爱好等,通过档案对学生有一个大体的情况了解。

2. 充分与前任教师沟通

可以向学生的前任教师了解学生的情况,通过前任教师的描述可以更好地了解学生学业发展的动态情况,把握学生的学习态度。

3. 采用考试的方式

可以在教学开始前组织诊断性考试,通过诊断性考试可以较为直接地掌握学生现有知识水平和能力水平。

4. 教师可通过“察言观色”

教师可以通过课外观察去了解学生。一名优秀的教师,除了应具备深厚的教学功底,也应具备敏锐的观察能力。学生的行为、动作,甚至是表情、神态的变化往往能反映出学生在情绪、学习态度方面的波动,教师要及时从这些细微的表现中体察学生在学习中遇到的困难,甚至是生活中遇到的波折。

5. 个别访谈法

教师通过诚恳、和蔼、推心置腹地与学生进行交谈,旨在主动把握学生的内心活动,分析学生的心态,直接或间接地了解学生对当前教学的看法和学习态度。

6. 进行家访

原生家庭是影响学生成长进步的最重要因素。教师通过家访可以详细了解到学生家庭的文化水平、经济条件、家庭氛围和家长的教育理念、家长对教学工作的意见建议等，有助于教师和家长相互配合，形成合力，抓好学生的学习。

四、设计课堂教学

我们探讨了确定教学目标(期望目标)、研析教材和了解教学对象(当前现状)。那么设计课堂教学就是以教材为依托，设计如何实现从“当前现状”到“期望目标”的实现途径。

(一)选择教学方法

第三章已经对教学方法进行了详细的阐述，在此仅简单论述在进行课堂教学设计时，应怎样选用教学方法。

1. 要聚焦教学目标

教师进行教学准备的最终目的就是要实现教学目标。因此，选用教学方法的首要原则就是要选择更能促进教学目标实现的教学方法。

2. 要考虑学生特点

教学方法的选择要充分考虑学生的年龄特征、接受能力、动手能力等因素，只有选择与之相匹配的教学方法，才能有效促进学生的学习效果，锻炼学生的能力素质。

3. 要依托办学条件

办学条件是一个现实的问题。教师选择的教学方法，一定是要在学校当前办学条件下能实现的，既要求硬件设施，如器材、场地、教具等满足实施该教学方法，又要教师素质能够驾驭该教学方法。如果硬件设施不能满足，再好的方法也无法施展。如果教师素质不够，则适应的方法也不能达到预期的效果。

4. 要与课堂教学内容相互适应

教师在设计课堂教学时，应将教学方法和课堂教学内容综合考虑，二者是相互选择、相互促进的。根据课堂教学内容的不同，教师可以灵活地选用不同的教学方法。同样一堂课，选择不同的教学方法，其课堂教学内容也要做相应调整。

(二)设计课堂教学内容

1. 教师要对教材内容进行解析与重构

教材内容是课堂教学内容的主体，但是课堂教学内容并不等于教材内容。教师对教材理解的最高层次是驾驭教材。因此，设计课堂教学首先要求教师对教材的内容进行梳理，明确内容的前后联系、深度和广度，理解教材的编排逻辑和知识脉络，明确教学重难点。另外，教师要结合选用教学方法、教学条件、学生情况对教材内容进行解析与重构。即使是新任教师也不能照搬教材照本选科。

2. 教师要引入教材外资源、丰富教学内容

教师要在生活中重视和积累与教学内容相关的资源，如课外书、历史事件、生活经验、社会新闻、学术前沿等，并善于对其进行研析和开发，充分发掘与教学内容相关的素材。教师要在设计课堂教学内容时，将这些素材与教材内容进行有机的结合，让他们对教材内容进行补充、完善、拓展，以此来加深学生对知识的理解。这些教材外的、源于实践的教学内容也能有效激发学生的学习兴趣。

3. 教师要发掘课堂教学内容中的课程思政元素

课堂教学过程中的课程思政就是以教师为主导，通过教学内容、教学活动、课堂管理、教师行为等课堂教学各个环节形成合力，共同引导学生世界观、人生观、价值观的塑造。课程思政的内容与教学内容应该是相互融合的，而不是相互独立的。因此，需要教师立足课堂教学内容本身去发掘课程思政元素，而不是将思政教育的内容硬塞进课堂教学。特别要注意的是，课堂教学的内容有限，很多时候只能涵盖思政教育的部分要素，甚至一些理工科的课程，与思政元素的结合点更少。这就要求教师进行科学的取舍，在深度上下功夫①。

(三)设计课堂教学流程

课堂教学流程就是将教学内容、方法等各要素统筹到一堂课的课堂教学过程中，使其相互作用，共同促进课堂教学目标的实现。课堂教学流程主要是设计教学内容、教学方法、教师活动、学生参与等要素在逻辑编排和时间上的组合和安排，即教学内容、教学活动的内容层次关系和知识发展脉络的逻辑思路，教师进行提问和演示等活动、学生进行讨论交流等活动与教学内容结合的时机。一般而言，课堂教学流程主要可以分为课堂导入、教学实施、结课三个环节。

1. 课堂导入

课堂导入又叫导课，是教师在开始课堂教学时，运用特定方式，引起学生注意力，激发学生兴趣，使学生产生学习需要，同时对课堂教学目标进行明确的一种课堂教学行为。教师在导入时，可以直接点明课堂主题，提示重难点；可以通过典故、笑话等引起悬念，勾起学生兴趣，使学生快速产生求知欲；还可以通过创设一定的教学情境，让学生“身临其境”地体悟教学内容的内涵；也可以通过讲述新旧知识之间的联系，通过“温故”而启发学生“知新”。总的来说，课堂导入应该在很短的时间内将学生的注意力集中到教学内容上，激发学生的求知欲，引发学生进行思考，从

① 王敏，王滨．热观察与冷思考：新时期推进“课程思政”改革的必然选择[J]．教育探索，2019(1)：102－107.

而进入听课的良好准备状态。导课要有针对性，满足学生的听课需要；要有启发性，发展学生的思维能力；要有新颖性，吸引学生的注意指向；要有趣味性，激发学生的学习兴趣；要有简洁性，节约学生的听课时间[①]。总之，正确恰当地运用课堂导入方式导入新课，能使学生在一堂新课学习中一开始就有一个良好的学习环境和心理准备，为完成本节课的教学任务起到“引人入胜”的作用。

2. 教学实施

教学实施是课堂教学的最主要环节，贯穿一堂课的始终。要想使课堂教学达到良好的效果，教师需要按照心理学规律，针对学生的心理特点、认知发展特点，科学组织实施教学。教师要在设计时将重点聚焦到学生参与学习过程，对学生在课堂教学过程中可能出现的问题和困扰做好预想，准备应对之策。在本章第二节，我们会对教学实施进行详细论述。

3. 结课

结课是教师在课堂教学结束时，对本堂课教学进行回顾，然后通过重复强调、概括总结、呼应导入等方式，对讲授的知识进行即时的巩固和应用，使学生可以将知识系统化地纳入认知结构中的一类课堂教学行为。教师在课堂教学进入尾声时，用简短的时间，简洁明了地归纳总结课堂教学的内容，使整个教学内容连贯完整，主题得以进一步延续和升华，给人一种“言已尽而意无穷”的感觉，给学生留下余味，激起学生对下一次学习的强烈愿望。

五、设计评价任务

在教学准备中进行的评价任务设计，主要是设计针对教学过程的形成性评价。形成性评价是指在教育活动进行过程中不断收集了解教育活动的状态信息，评价教育活动的效果，进而持续调节活动过程，最终确保教育目标实现而进行的评价[②]。评价任务设计功能并不是为了进行学生的学业评定，而是诊断教学效果，及时收集反馈教学相关信息，及时调整和改善教学过程，促进教学目标的实现。教师一般采取课堂提问、随堂练习、课后作业、阶段检测等形式。例如，在鉴赏《忆秦娥·娄山关》时，教师向学生提问：

我们一起来看这首《忆秦娥·娄山关》。开篇“西风”“雁叫”“霜晨月”等词，让我们感到这是“晚秋”之景。结合创作背景考娄山关之战，它发生在 1935 年 2 月，此时已是早春。为什么诗人要以秋词写春景呢？

① 李如密. 教学艺术论[M]. 济南：山东教育出版社，1995：179－183.

② 马建华，范智. 教育学基础[M]. 合肥：中国科学技术大学出版社，2021：130.

又如，在课堂教学结束后，教师布置课后作业：

作业：

1. 请选择毛泽东其他时期一首代表诗词撰写鉴赏报告；
2. 及时完成教材课后练习。

在设计评价任务时，如果采取课堂提问和随堂练习的方式，则要求评价任务相对简单、易于教师进行掌控。教师要能全面设想学生在回答问题、进行练习时出现的情况，并能够给予学生正确指导。如果采取课后作业、阶段测试等形式，则要求评价任务符合教学目标的范围和难度，与教学内容逻辑关联，能促使学生对所学内容进行梳理总结，客观地反映学生的学习效果，一定程度上启发思维。

六、编写教案

不同学者对教案有着不同的认识和定义。《辞海》里对教案的解释是“教师以课时或课题为单位编制的教学具体方案。上课的重要依据，保证教学质量的必要措施”[①]，其内容一般包含课题、教学目的、时间、方法、步骤、作业等。其他学者，如郑金洲认为：“教师在经过精心设计和充分的准备之后，通常以教案的方式来表现自己的教学思考和教学准备的结果。从这个意义上可以说，教案不仅是表达教师教学设计状态和结果的主要载体，还是反映教师教学设计理念和价值追求的外显方式。”[②]黄甫全和吴建明认为：“教案是教师为顺利而有效地开展教学活动，根据教学大纲、教科书要求及学生的实际情况，以课时或课题为单位，对教学内容、教学步骤、教学方法等进行的具体设计和安排的一种实用性教学文书。”[③]何兰芝和韩宏莉认为“教案是教师为课堂教学而准备的书面计划或方案。”[④]

本书认为，首先，教案的本质是载体。教案形式不拘，但是是教师教学准备结果的主要载体，其主要作用是记录教师在教学准备时的关于教学准备各个环节的设计，形成书面记录便于查阅，并在教学实施过程中起到“提词器”的作用。在实际的教学实践中，很多教师在课堂上没有教案一样可以游刃有余、信手拈来。其次，教案是工具。教学管理者通过要求教师编写规范化教案，检查和促进教师教学准备工作。

不同学校、不同学科关于教案编写都有不同的具体要求，但是教案记录的是关

① 辞海编辑委员会．辞海(缩印本)[M]．上海：上海辞书出版社，1985：1469.
② 郑金洲．备课与变革[M]．上海：华东师范大学出版社，2007：2.
③ 黄甫全，吴建明．课程与教学论[M]．北京：人民大学出版社，2019：253.
④ 何兰芝，韩宏莉．教师专业发展与成长规划[M]．北京：北京师范大学出版社，2017：217.

于教学的设计，就有一定的共同要素，且教案必须具备可操作性。本书从可操作性的角度出发，以教案的要素为线索，以某大学大学语文教案为例，简述教案如何编写。一般认为，教案的基本要素有以下九项。

(一)课题

课题是本堂课的名称，如“毛泽东长征诗词赏读”。

(二)教学目标

教案上，教学目标的主体是学生，表述必须是可测的，既有教学的预期结果，又要指出学生“学”的过程。例如：

教学目标：

1. 能熟读六首诗词，并背诵《七律·长征》；

2. 了解毛泽东长征诗词的内容主题，结合文本体会毛泽东长征诗词的壮美与崇高，掌握一定的诗词鉴赏方法；

3. 通过重读经典，体会诗词展现的红军将士的博大胸襟及坚定信念，体悟传承“长征精神”的现实意义，坚定“走好新长征”的信心。

(三)课时

课时是本堂课在教学计划中所计划的课时。

(四)教学重点

教学重点是本堂课教学内容中的核心内容。同一课题因课时不同、教学对象不同，教学重点可以有所区别。教学重点并不意味着在授课时占用更多时间，而是要在分析、阐明上下功夫。例如：

重点：

1. 毛泽东长征诗词经典篇目赏读；

2. 长征精神的现代传承。

(五)教学难点

教学难点是学生理解困难、容易产生困惑和误解的知识点。例如：

难点：诗词鉴赏方法的学习与实践。

(六)教学步骤与内容

教学步骤与内容是教案的主体。一般按照导入—实施—结束的步骤实施。

1. 导入

导入要引起学生注意、激发学生对本节课内容的兴趣、明确学习目标。导入要简洁，仅是授课的初始环节，不应占用太多时间。导入要目的明确，使学生初步了解本堂课的学习目标和怎么学。导入要注重运用启发性的方式来激发学生兴趣。例如：

教学内容	备注
一、教学导入 【引入】 网页版爱课堂预习作业完成情况展示。 【过渡】 总结小创作关键词，引出对毛泽东“长征印象”的文学表现之一——毛泽东长征诗词的学习	从预习任务检测导入，承接课前，引出课堂教学内容

2. 实施

实施首先要落实本堂课的教学内容，尤其要突出重难点。其次，理清教学内容的逻辑，将教学内容结合讲授、演示、讨论、示范等不同的方法传递给学生。

教学内容	备注
二、教学实施 (一)毛泽东长征诗词概述 结合长征路线图，分组配对练习： 请学员将黑板上的经典诗句与图中序号进行配对，并“组团”至小组屏一起完成。 小结：这个题目需要学员熟悉诗词文本，不仅知道每句经典出自哪首作品，还要对诗词的创作背景有一定了解。 1—D，这两句出自毛泽东创作于1934年到1935年之间的《十六字令三首》，1934年10月中央红军主力各军团开始了二万五千里长征，一路上遭遇艰难困苦。红军在高山峻岭中行军，冲破围堵，既历尽艰辛，又充满胜利的喜悦。 2—C，它出自写在遵义会议之后的《忆秦娥·娄山关》。这两句可谓经典，习主席在参观《复兴之路》时就引用这两句作为今日中华民族的总结。红军二渡赤水，再进娄山关，重占遵义构成中央红军长征以来，特别是经过湘江血战后的第一个悲壮的大胜利。本词就写于此时。 (略) 【过渡】 课堂问卷：六首诗词中你最喜欢哪首？	教员小组检视、指导、总结 幻灯片：六首诗词产生背景简要梳理 爱课堂下发问卷 课堂提问交流，可引入学员诵读

续表

教学内容	备注
(二)毛泽东诗词赏读 从统计结果看,得票数最高的是《忆秦娥·娄山关》这首词。学员课堂交流喜欢这首词的原因: 1. 感动于"而今迈步从头越"一句。虽然长征以胜利结束,但是也遭遇了常人难以想象的艰难险阻。一句"而今迈步从头越"就为处于低谷中的中国革命和红军战士重新指明了方向。 2. 景物抓取很有代表性,如结尾"苍山如海,残阳如血"就很有意境。 小结:很好,大家注意到景物的选择,感受到这些景物已经不单纯为自然之景。	教员小组检视、指导、总结 幻灯片:六首诗词产生背景简要梳理 爱课堂下发问卷 课堂提问交流,可引入学员诵读

3. 结束

结束首先要对本堂课教学进行回顾;其次通过重复强调、概括总结、呼应导入等方式,对讲授的知识进行即时的巩固和应用,使学生可以将知识系统化地纳入认知结构。

教学内容	备注
三、课堂教学小结 回顾本课:跟随着毛主席的步伐了解了他的长征路上的诗与远方,将最喜爱的两首诗词《忆秦娥·娄山关》《七律·长征》从意象入手做了深入赏读。 明确:我们喜欢这两首作品,喜欢毛泽东的长征诗词,是因为不同凡响的意象选择,更是因为这些意象已经成为作者和红军将士博大胸怀和英雄气概的绝佳载体,从而带给我们崇高壮美的情感体验。我们感动于毛泽东长征诗词中的雄阔意境,更感动于字里行间洋溢的"长征精神"。在长征路上诞生的这六首诗词,虽然描述对象不同,表达感情不同,但都是"长征精神"的形象注解。在《十六字令三首》中我们看到了共产党人"赖以拄其间"的担当;《忆秦娥·娄山关》中是"雄关漫道真如铁,而今迈步从头越"的坚持与信心;《念奴娇·昆仑》中是"安得倚天抽宝剑"的气势和对革命前景的企盼;《七律·长征》中是"更喜岷山千里雪,三军过后尽开颜"的乐观与豪迈;《清平乐·六盘山》中是"今日长缨在手,何时缚住苍龙?"的自信与期待;《六言诗·给彭德怀同志》中"谁敢横刀立马?唯我彭大将军!"写出了以彭德怀为代表的红军将士敢	课堂回顾总结 提炼"长征精神" 明确学习意义,坚定走好"新长征"的决心

续表

教学内容	备注
打仗、打胜仗的气魄。这就是长征精神,也是我们现在学习长征诗词的重要原因。虽然红军长征的脚步在吴起镇停了下来,但长征还远远没有结束。习主席说:"每一代人有每一代人的长征路,每一代人都要走好自己的长征路。"回望2020,艰辛的抗疫之路、脱贫攻坚,多少人在用坚忍与敬业积极践行着新的长征路;2021建党百年,回首来路,共产党人栉风沐雨、前仆后继,用牺牲与奉献铺就党的百年征程。新的长征路仍有"雄关漫道真如铁"的负重前行,但更有敢于横刀立马的勇气与担当。	课堂回顾总结 提炼"长征精神" 明确学习意义,坚定走好"新长征"的决心

教案中的教学过程要避免两种倾向,一是过于简单,只写成提纲形式,不利于具体教学过程的实施;另一种是写成烦琐的讲稿,授课时照本宣科,不利于教师灵活把控教学过程。

(七)作业

作业是指布置课后作业,即设计评价任务时选择的课后习题、课外实践任务等。例如:

作业:

1. 请选择毛泽东其他时期一首代表诗词撰写鉴赏报告;
2. 及时完成教材课后练习。

(八)板书、多媒体设计

板书、多媒体设计是结合教学过程,设计进行板书、播放多媒体的时机。例如:

教学内容	备注
1—D,这两句出自毛泽东创作于湘江之岸的《十六字令三首》,产生时间在湘江战役之后。湘江一战红军付出了极大牺牲。之后,中央红军进入了湘江西岸老山界。毛泽东驻足山顶,创作此篇。 4—F,它出自《七律·长征》,这也是人们熟知的长征诗,写于甘肃通渭县,此时长征即将告一段落。一路走来,毛泽东感慨万千,因此在一次即兴讲话中,他创作了这首长征名篇。因为诗句浓缩了红军的长征精神和英雄气概,所以历来为人们喜爱,下面让我们再听一听这首经典,重温那份感动。	幻灯:六首诗词产生背景简要梳理 播放经典诵读视频

此外，板书设计还要构思在黑板上书写的整体布局。例如：

板书设计	毛泽东长征诗词赏读 反衬　“悲秋”传统 景物　　　　　　　　意象（美） 借代　侧面 情感　悲——壮　　　崇高（美）

(九)保障条件

保障条件是指教学时所要使用的教材、教辅资料、设备器材、教学场地等，不仅要写明名称、规格型号等基本要素，还要根据实际情况写明使用条件、使用要求等特殊要求。例如：

保障条件：

基本教材：

《大学语文》(文选)。

教辅资料：

1.《毛泽东文集》;2. 毛泽东长征诗词研究资料。

教具和装备器材：

分组研讨教室、希沃白板、电子书包(安装爱课堂软件)。

第二节　教学实施

教学实施就是教师在课堂上向学生“传道、授业、解惑”的过程，它是通过课堂呈现、课堂交流、学习指导来实现的。要想教学实施达到预期效果，那么要求教师还要具备一定的课堂管理能力。

一、课堂呈现

课堂呈现是教师通过语言、文字、表情、肢体语言、图像、声音及多媒体技术等手段将教学内容展示给学生，使学生能够接受到知识的过程。课堂呈现的主体可以是教师，也可以是学生，但是通常课堂呈现以教师为核心。课堂呈现的重点是依托已有教材，在将课堂教学内容结合不同的呈现手段加以改造之后，以更贴近学生当前认知水平的方式展现给学生。不管是以教师还是学生为主体进行的课堂呈现，知识传递的单向性是课堂呈现的基本特点。课堂呈现还具有个性化、启发性的特点，同时还能向学生传递审美情趣。

1)单向性。在课堂教学过程中，不管采用何种手段进行课堂呈现，通过课堂呈现向学生传递的知识都是单向的，学生永远是接受知识的一方。

2)个性化。课堂呈现的重点是要依托已有教材，在将课堂教学内容结合不同的呈现手段加以改造之后，以更贴近学生当前认知水平的方式展现给学生。教师在对教学内容加以改造时，融入自身的理解与情感，在课堂呈现时，呈现出各自不同的带有个人感情色彩的课堂教学内容，同时也启发了学生的个性化发展。

3)启发性。课堂呈现除了可以简单明了地陈述知识和概念，还可以通过在呈现中激发学生的联系和想象，来引领学生积极思考、不断探索。

4)传递审美情趣。课堂呈现除了传递知识，还能让教师在潜移默化间向学生传递自己的审美情趣。教师通过巧妙的构思将课堂教学内容与教学手段相结合，设计出富有感染力和艺术性的课堂呈现内容，将教师作为一个个体的审美和情感传递给学生，给学生以美的启迪，陶冶学生的情操。

课堂呈现是要利用教学手段来实现的，第五章对教学手段有专门的论述，此章节不再赘述，仅对教师在课堂教学过程中进行课堂呈现时需注意的策略进行阐述。

(一)重视文字的力量

语言呈现和文字呈现是教育教学过程中最基本也是最古老的呈现方式，其呈现的知识明确全面、表达清楚、逻辑易懂，但是文字呈现的停留时间更长，相较于语言呈现，其稳定性更高，学生可以将文字呈现的信息进行提炼和加工，转化为自身可以理解的概念、知识、图像。文字呈现在学生理解知识的过程中发挥着至关重要的作用，有效地向学生传递着知识概念、逻辑关系和深层意义。基本概念、基本原理是学生构建知识体系的基础，通过文字呈现的教学内容可以使基本概念更加直观、明确、具体、连贯，并使其形成知识脉络。这样系统和完整的知识更能够促进学生的理解知识概念、厘清知识逻辑、学会解决问题的方法及形成发散思维。虽然随着科技的进步，课堂呈现的手段更加丰富，但是在课堂教学呈现知识时，只是单一地呈现图片、声音、影像等多媒体，会使知识的重点不突出，学生不能将课堂教学所呈现的知识进行串联和构建，难以内化为自身知识。因此，即使采用多媒体手段进行课堂呈现，教师也应适时用板书梳理、串联知识脉络，帮助学生更好地抓住课堂教学内容的重点。

(二)发挥多元呈现的最优效果

20世纪50年代的一位研究肢体语言的先锋人物麦拉宾发现：一条信息所产生的全部影响力中，7%来自语言(仅指文字)，38%来自声音(其中包括语音、音调及其他声音)，剩下的55%则全部来自无声的肢体语言[①]。教师在课堂教学中，使用语言讲授进行课堂呈现可以直截了当地传递知识，讲解概念；在采用语言讲授时配合表情及肢体语言可以向学生传递情绪，带动课堂气氛；使用多媒体呈现表现手段丰富、感染力强，可以直观、形象地展现抽象、概括的知识；使用多媒体呈现的同时，也要注重用板书对学习内容的要点或结构进行梳理，板书呈现停留时间长、稳定性高、清晰明了，让学生即使在短暂的走神后也能迅速回归课堂，调整注意力并及时捕捉到关键的学习内容。不同课堂教学呈现形式的特色各不相同，不同的组合方式更是可以实现千差万别的教学效果，多元化的课堂教学呈现方式可以产生巨大的教学能量。教师在进行课堂教学设计时，应立足课堂教学内容，充分考虑不同课堂呈现形式的优缺点，发掘呈现形式与教学内容的结合点，从力争达到最优教学效果的角度出发进行课堂呈现。

(三)充分利用影音呈现的审美功效

在确定教学目标的时候要渗透思政元素，向学生传递正确的世界观、人生观和价值观。那么，课堂呈现的过程就是教师向学生传递审美价值、培养审美情操的最好途径。教师在进行教学设计时，板书的书写、幻灯片的制作、多媒体的选择与使用等各种课堂呈现的方式直接反映出教师个人的审美，将会对学生的审美价值、审美情操产生潜移默化的影响。因此，教师在教学准备的过程中要善于发掘教学内容的内在审美性，开发出更多具有审美性的教学内容，并选择与之相适应的具有审美性的课堂呈现手段，从而使学生的审美价值与知识、技能的获取能够和谐发展。

当下，越来越强调教学以学生为主体，那么教师在课堂呈现时还应该着重关注学生主体呈现的内在价值。学生作为教学活动的主体，其在学习过程中具有不可忽视的能动性和创造性。由学生来呈现课堂教学内容，不仅可以活跃课堂气氛，提高学生参与的积极性，还可以加深学生对课堂教学内容的理解与记忆，简单如诵读一段课文、推导一个公式；复杂如排演一出情景剧等。学生在进行课堂呈现时，经常会出现紧张、害羞等情绪，这就需要教师在进一步明确教学要求的基础上，合理采用语言鼓励、肢体接触等方式，表现出对学生呈现课堂教学内容的期待，从而使学生完成预期的呈现任务。

二、课堂交流

交流即沟通。马克思指出“人的本质并不是单个人所固有的抽象物，在现实性上，它是一切社会关系的综合。”马克思的论述说明，人需要在社会活动中通过广泛

---

① 夏凤琴，姜淑梅．教育心理学[M]．北京：清华大学出版社，2017：135.

的交流成就自己。教育教学作为一种社会活动也是一样，师生之间、学生之间通过广泛的交流传递知识、经验、感悟。《基础教育课程改革纲要(试行)》中明确提出要培养学生交流与合作的能力[①]。

课堂交流是在课堂教学过程中进行的沟通交流，具体界定是在课堂教学情境中，师生之间、学生之间进行的有目的、有组织的教学信息传递和反馈的行为过程，以发展认识、形成认识、构筑关系。课堂交流的主要形式是提问与讨论。

(一)提问

提问是课堂教学过程中教师和学生之间常见的课堂交流方式。教师通过提问可以了解学生对课堂内容的掌握程度，诊断学生在学习中遇到的障碍，从而获得关于课堂教学效果的反馈。启发性的提问还可以激发学生的学习兴趣，维持学生的课堂注意力。提问可以按对知识认知要求的程度由浅入深分为回忆提问、理解提问、运用提问、分析提问、综合提问和评价提问。

回忆提问一般而言答案是固定的，学生通过回忆起所学知识、概念照原样回答即可，不需要进行深入的思考，学生的回答结果也只分为正确和错误。回忆提问会限制学生的独立思考，一般多用于使学生回忆学习过的概念、事实。

理解提问可以是让学生用自己的话对教学内容进行描述，可以是让学生用自己的话概括中心思想，还可以让学生对教学内容、不同的事物进行对比，区别其本质的不同等。理解提问一般用于检测学生对新知识和新技能的理解掌握情况，它要求学生只有对学过的知识进行回忆、解释和重构才能回答。

运用提问需要教师建立一个简单的情境，将问题带入情境，让学生通过思考、分析学会将新学的知识与旧知识相结合，进而解决实际情境中的问题。

分析提问要求学生识别问题的条件，找出条件之间、条件和答案之间的内在联系。这类问题是没有现成答案的，要求学生能自己组织思想，思考问题的本质并进行逻辑阐释。

综合提问要求学生对问题相关的已有的知识进行综合应用和分析，进而得出创造性的答案，有助于激发学生的想象力和创造力，利于培养学生的思维能力。

评价提问则是在进行分析提问或综合提问之后，要求学生对回答进行分析，教师通过引导学生判断回答是否正确、表述是否准确、理由是否充分、逻辑是否严密，从而来评价回答的价值。评价提问需要学生建立学科逻辑和正确的价值观，以作为其评价判断的依据。

教师进行提问通常可以分为引入、陈述、介入和评价四个阶段。

---

① 中华人民共和国教育部．基础教育课程改革纲要(试行)[Z]．2001.

引入是指教师用不同的语言或方式来向学生告知即将进行提问，让学生做好回答问题的准备。

陈述是指教师将所提问题清晰、准确地表述出来，并做出必要的说明。教师要引导学生理解问题，弄清提问所聚焦的主题，并引导学生将已经学习的知识点前后串联起来。除此之外，教师还可以在一定程度上提醒学生有关答案的组织结构。

在学生回答提问有困难或回答不完全时，教师应以不同的方式介入学生回答，起到鼓励、启发、提示的作用。首先，向学生再次明确提问，可采取重复、举例等方式以确保学生明白所提问题。其次，可以视情给予学生提示，既可以提示问题的重点或答案的结构，也可以适当提示答案以引导学生正确作答。

在学生作答完成后，教师应及时对学生作答予以评价和分析，强化提问的效果。教师通过重复或重述学生的答案，纠正错误答案，根据答案的不足进行追问等方式来检查其他学生是否理解了答案。

(二)讨论

讨论是指在教师的引导和组织下，学生围绕一定的问题各抒己见，从而明辨真伪、提高认识。以讨论为主的课堂交流强调学生的参与度，教师应采取辩论、分组讨论等方式，促使学生全部参与到讨论过程中。

在讨论前，教师要进行充分的准备，包括时间、信息资料、人员安排、讨论的启动等。首先要思考出于什么目的来发起课堂讨论，是帮助学生更好地理解课堂教学的内容，抑或是培养学生的思考能力和表达能力。但不论是出于什么目的，讨论的主题应该与课堂教学的目标相结合。例如，一堂课的教学目标在于明晰概念，则讨论的重点应该聚焦于为概念下定义或者举一些现实例子等；而一堂课的教学目标在于培养学生分析问题的能力，则讨论的重点应该是让学生就某一话题选择立场并加以论述。教师还可以制定一些规则，如举手发言、尊重他人等，从而为学生创造舒适的讨论环境。

在讨论的过程中，教师要重视引导讨论过程，选择一些学生在讨论中提出的代表性观点，不论正确与否，予以阐述和回答。教师可以尝试在讨论的过程中分阶段给出需要学生通过讨论来解决的具体问题，避免讨论偏离主题。如果讨论已经偏题，则教师应该引导学生回到正确的讨论方向。教师因对课堂讨论的方向有所规划，使讨论始终围绕学习主题进行，同时也应该视学生实际灵活变通，帮助学生更好地理解课堂教学的内容。特别要注意的是，学生在阐述自己的观点时容易困于自身，忽视别人的想法。教师应在学生阐述之后，重述学生的观点，确保课堂上其他学生都能理解其想法，然后进行下一步思考。在重述学生观点时，应对其有一定的补充，使观点更聚焦讨论主题。

最后，教师还需要适时终止讨论并做出讨论小结，以避免因开放而导致讨论无休止,并确立正确的观点和认识。

三、学习指导

学习指导是教师在学生将旧知识与新知识建立联系的过程中给予学生的支持。在课堂呈现中,教师只需要将知识呈现给学生,学生只需要被动地接受知识。学习指导则是教师给予学生支持,帮助学生来构建对知识的认知。这种支持包括教师根据学生的学习目标和认知特点,适时、恰当地加以指导或引导,以充分发展学生全部的才能,使他们各尽其才;教师根据学生的特长、兴趣和爱好进行诱导和启发,以使学生的个性得到充分发展;教师根据学生的差异进行个性化的指导和帮助。这种支持不是直接提供答案,而是为学生的学习指明思路,这一思路有可能导致预期的下位概念的"组合"和新概念的形成。教师给予学习指导的形式和内容并不是用确定的术语来表达的,确切地说,教师讲了什么并不重要,重要的是这些指导起到一种具体的"支架"作用,它为学生习得的知识搭建了体系脉络,为学生指明了思考的方向,有助于把学生的学习维系在正确的轨道上。教师给予的学习指导应当能够激起学生紧张、活泼的智力活动,从而使学生深刻地理解并掌握知识,获得多方面的体验和锻炼发展。学习指导应选择对于学生而言具有一定难度,只有学生进行观察、思考、分析才能得出正确结论的知识来进行。学习指导的"量",即教师提问或提示的数量,以及提供"直接或间接提示"的程度,应和学习的内容是相关的。如果学习内容是简单的事实和记忆性的知识,如学习一个陌生事物的名称,如蚕,浪费时间间接提示或提问,以期学生能"发现"这个名称是毫无意义的,即使顺利地"指导、提示"出结果,其付出的时间和收获知识的性价比也是不高的。但是,让学生去养蚕,在两个月左右的时间里,不断通过问题如"蚕喜欢什么样的食物""蚕的体型有变化吗"等,指导学生观察蚕成长的过程,让学生对动物的生命周期有了更好、更直观的认识。在学习指导中使用的暗示或提示的量也因学生而异。某些学生比其他学生需要更少的学习指导,他们不过是"理解"得更快。过多的指导对学习速度较快的学生而言似乎低估了他们的能力,而过少的指导又容易让学习较为迟钝的学生产生挫折感。

教师进行学习指导的具体策略如下。

(一)重视学生主体作用的发挥

教师在课堂教学过程中要指导学生自发思考,自己动手,使学生成为学习的主人,主导自身的学习活动,主动获取知识、增长智慧、提高能力。教师在进行学习指导时要注重对学生学习动力的培育,为学生营造能促进学生动脑和动手的教学环境,在课堂教学中尽可能地给予学生条件、时间,让学生参与到教学之中,展现自我,最大限度地调动学生学习的自主性和探索欲。教师在进行教学指导时要尊重和信任学生，要相信每名学生都有上进的愿望，经过努力都能在学习上取得进步。同时，教师还要不断予以学生鼓励，指导学生树立学习自信心，让学生相信只要通过努力学习就能取得成功，而学习上取得的成功又会反过来进一步增强学生的自信心。教师要及时鼓励和表现学生，哪怕只是很小的一点成功，以增强学生的自信心和成功体验感。

(二)学习指导要系统化

课堂教学是一个复杂的系统，教师在设计一堂课的课堂教学时，每个具体因素的设计都会影响课堂的教学其他因素和整个课堂教学效果。因此，教师在进行学习指导时，既要以课堂教学目标为出发点，帮助学生达成课堂教学目标，又要注意协调好课堂教学过程中学习指导与其他课堂教学因素之间的关系。教师要处理好学习指导与由知识、能力、情操、品德、性格等因素组成的人才培养整体系统和由教学各要素组成的教学系统之间的关系，为学生营造出一个能够发挥其学习自主性、创造性和合作性的学习环境。教师还要根据学科知识的结构特点，优化学生的认知结构和学习方式，促使学生在已有知识的基础上系统地构建新的知识和认知。此外，教师还要系统地了解和掌握学生知识结构、认知能力、个性特征、心理品质等因素，关注学生心理健康。

(三)着眼知识形成过程

教师在进行课堂教学的过程中，不仅要重视学生对知识的获取和掌握程度，还要关注学生构建知识、概念、认知的过程，不能把学生单纯视作接受知识的容器。教师要通过指导学生进行自主、探索的学习发现知识，进而加强对学生知识、概念、认知的构建过程的了解。在此过程中，教师还应该将学生的价值观培养、道德品行培塑与课堂教学相结合，指导学生培养独立自主、刻苦钻研的进取精神。教师要以学生为中心，不能用统一的标准衡量学生，而是要致力于满足每名学生的个性化学习需要，对不同学生进行不同的指导，着眼于激发每名学生的学习潜力，使每名学生都能取得进步。

四、课堂管理

课堂管理是以课堂教学全过程全要素为对象所进行的管理。课堂管理遵循教学活动的基本规律，运用科学管理方法，组织、处理、协调在课堂上人、事、物等因素及其关系的过程，其目的是保证课堂教学秩序，使教学顺利进行，实现教学目标。

课堂管理有利于建立稳定的教学秩序。建立正常的稳定的课堂教学秩序，是课堂教学活动得以顺利进行的基本条件，也是提高课堂教学质量的重要保证。教师要切实做好课堂教学的组织工作，协调课堂教学的各个环节，理顺关系，统筹安排，创造一个稳定的、和谐的、富有活力的课堂教学秩序，提供良好的学习环节，有利于学生在课堂教学过程中将注意力集中于教师的教学，投入教学活动之中，从而提高学生的学习效率。

课堂管理可以调动教师教学的积极性。在课堂教学过程中，教师既是知识的传授者，也是课堂教学的组织管理者。任何教学管理者不能通过施加外部影响去完成教学任务，任何管理方式都不能直接代替教师在课堂教学中的作用。教师只有积极主动地参与到课堂管理，才能在课堂管理的过程中加深对教学的理解、丰富教学经验、增加对自身教学能力的自信，从而实现自身能力素质的升华。因此，在课堂管理中，要发挥教师的主导作用，充分调动教师的积极性，从而提高课堂管理的成效。

课堂管理可以提高学生的主体意识。课堂教学是教师教和学生学的过程。学生在这个过程中，不单是教的对象和被管理的对象，也是学习的主体、课堂管理的参与者。学生在参与课堂管理的过程中会提高学习主动性、培养主人翁意识，激发自我学习、自我教育、自我管理能力，帮助自己成为学习自主、生活自理、工作自治的人。

同时，课堂管理还是课程思政的一个重要组成部分。不论是课堂环境管理中桌椅的排列、学生的座位、教室内的整洁程度等，还是课堂纪律管理中与课堂教学有关的规章制度，还是课堂氛围管理中课堂的人文环境、师生情谊、同学间的情感和态度等无形因素，教师在进行课堂管理时，对上述内容的不同要求、不同态度，都将向学生传递不同的世界观、人生观、价值观。教师在课堂上应要求严格，要求课堂整洁、摆放整齐，重视课堂的规范性，强调课堂纪律和秩序，建立周密具体的课堂行为准则，对学生行为进行规范，对违规行为进行惩戒。这样的课堂管理在潜移默化中向学生传递出尊师重教、遵守规则、按章办事、具有契约精神的价值观，但会限制学生的创造力和积极性。当教师对课堂采取放任的态度，尽可能少地干预和控制学生的课堂行为，让学生自己做出决定，对自己行为负责。同时，课堂规章制度应尽可能地避免烦琐，给予学生极大的行为自由度。这样有利于激发学生的创造力，培塑自由、自治、独立的品格，但会导致学生缺乏合作、漠视规则、推卸责任。

课堂上对教学产生影响的人、事、物都是课堂管理的对象，其中最主要的是课堂纪律管理、课堂问题行为管理和课堂教学环境管理。教师要树立正确的课堂管理意识，学会使用科学的管理办法，驾驭课堂，保证教学的顺利实施，真正促使学生在课堂中学有所得。

(一)课堂纪律管理

纪律是要求人们遵守业已确定的秩序、执行命令和例行自己职责的一种行为规则[①]。课堂纪律则是在课堂教学过程中，教师为维护教学秩序、保证教学顺利实

① 辞海编辑委员会．辞海(缩印本)[M]．上海：上海辞书出版社，1985：1152.

施而要求学生遵守的一系列行为准则和规范。它包括教学规章制度，如《学生守则》《日常行为规范》等；课堂学习秩序，包括上下课时起立向老师敬礼、不干扰正常课堂教学秩序、不随意打断他人、不窃窃私语、不干与教学无关的事等。课堂纪律反映了师生之间、学生之间的关系，受到教学活动的制约。

教师首先要了解学生对课堂纪律的认识情况，确保学生已经完全知晓课堂纪律要求、适用条件及违反课堂纪律将会面临的惩罚。只有当学生对课堂纪律有了全面的认识以后，教师才具备进行课堂纪律管理的基础。

教师进行课堂纪律管理时应当保持公平公正，避免因为学生学习成绩和表现的差异，而做出不同的反应。如果教师在进行课堂纪律管理时，对不同学生区别对待，会损伤教师在学生中的权威，使学生对于课堂纪律的认识出现矛盾和偏差，让课堂纪律的严肃性和公平性受到质疑。因此，公平公正地执行课堂纪律要求教师对全体学生一视同仁，在执纪标准上一以贯之。但是，针对不同学生的个性差异，教师又可以进行不同的教育引导。

教师在课堂教学活动中，运用课堂纪律对学生的行为进行约束和制约，引导学生行为向着期望的目标发展。良好的课堂纪律直接影响教学秩序，确保教学进度按计划进行，是确保教学目标顺利实现和保证教学质量的必要条件。

（二）课堂问题行为管理

学者对于课堂问题行为的内涵有着不同的认知。陈时见认为："课堂问题行为是学生或者教师在课堂上发生的、违反课堂规则、不同程度妨碍及干扰课堂活动的正常进行或者影响教学效率的行为。"①张彩云和申继亮则指出："课堂问题行为指发生在课堂教学中，违反课堂行为规范和教学要求，影响课堂正常教学秩序、教师教学、自身及他人学习，并给教师教学和学生学习带来消极影响的课堂行为。"②但总的来说，课堂问题行为是发生在课堂教学过程中，影响课堂教学正常进行的行为，具体表现为多动、随便说话、不参与合作、不跟随任务等。这样的行为一般来说都是违反课堂纪律的，即影响课堂教学质量，也会对学生行为习惯养成和身心健康造成影响。对于很多教师尤其是新入职教师来说，解决学生课堂中的问题行为既是棘手的事情，也是其职业初期主要的压力来源③。课堂问题行为一旦发生，很容易诱发相同行为或者是其他问题行为。如果教师不及时采取相关措施对问题行为进行纠正，容易引起课堂纪律问题甚至引发学生之间、师生之间的矛盾。因此，教师应在课堂教学过程中，有效识别、判断学生的行为征兆，课堂中施展课堂管理的

① 陈时见．课堂管理论[M]．桂林：广西师范大学出版社，2002：193.
② 张彩云，申继亮．小学教师对学生课堂问题行为的认识[J]．教育科学研究，2007(4)：21－24.
③ 张彩云．中学生课堂问题行为的调查研究[J]．教育理论与实践，2015，35(28)：56－60.

技巧，降低问题行为发生的可能性；对已发生的课堂问题行为要及时采取有针对性的干预措施，及时纠正问题行为，以减少其不良影响。

(三)课堂教学环境管理

课堂教学环境是师生进行教学活动的主要场所环境，一般来说是指教室环境，其内容主要包括设置教室座位、布置教室和维持教室整洁。

教学实践表明，设置教室座位对课堂教学的质量和效果有着显著的影响。在我国学校的教室里，座位都是按照矩阵式排列的，即课桌面向讲台，一排一排进行摆放、左右对齐，一列一列前后对正。学生之间左肩邻右肩、后脑对前额。这样的座位设置方式是有利于教师在课堂上进行讲授示范的，能使教师成为学生关注的焦点，也能让教师对教室情况一览无余，及时发现学生的一些问题行为。但是这样的座位安排不利于学生之间相互交流。当前，许多学者也正在积极探索如何编排座位才能更好地促进教学效果的提升，并提出了圆形、模块型、随意型等更多座位设置的选择，以期提升师生之间、学生之间的语言交流和非语言交流，促进课堂教学效果。但是矩阵型的座位设置方式仍然是绝对的主流，这与班级授课主要是通过课堂呈现来传递知识是紧密联系的。

布置教室要充分利用教室空间，以突显文化氛围、培养学习风气、展现学生创造力要求。可以采用开辟图书角、动植物角、学生美术及手工艺品展览角，张贴名言警句、名人事迹、创作黑板报等形式。

教室可以通过设置值日、分组承担等方式让学生轮流负责教室的清洁工作。同时，教师还要求每名学生都要义务维持教室整洁，如保持座位排列整齐、桌面整洁、不乱扔垃圾等。

课堂教学环节管理可以培养学生养成良好的行为习惯、维护教室整洁，为教学创造良好的环境条件，也是向学生传递价值观的过程。

第三节　教学反思

一、教学反思的内涵

反思是德文 nachdenken 和英文 reflection 的意译。在旧哲学中，“反思”一词从唯心主义的角度来说明人的认识活动。洛克把对意识的内在活动的观察称为内省经验，就是一种对反思的理解。黑格尔专用此词指对思想本身的反复思索，即思想的自我运动[①]。孔子说:“见贤思齐焉,见不贤而内自省也。”[②]孔子的学生曾参说:“吾日三省吾身:为人谋而不忠乎?与朋友交而不信乎?传不习乎?”[③]这都是关于反思的著名论断。由于我国古代以立德修身为价值取向,所以反思的对象是自身的道德修养。

因此,根据本书需要,编者将教学反思定义为:教学反思是教师对自身教学活动及其相关环节进行反复自省和检视,从而发现教学过程中存在的困惑、不足、问题等,并予以完善、解决,以求进一步提高教学质量的过程。反思的目的是提高教学质量。反思的对象是教师自身的教学活动及其相关环节。反思的主体是教师。教师在教学过程中时常会感到困惑,如教学质量、教学效果没有达到自身的预期。这样的困惑就会引起教师反思自身教学活动,以期找出问题所在,分析其原因,并研究探索解决的办法。

特别要注意的是,首先,教学反思不是冥思苦想,它立足于教师自身并回归于教学活动,反思引起教学的变化,反思和教学是密不可分的。其次,反思不困于独立思考。我们鼓励教师主动对自身的教学活动进行反思,在反思过程中也鼓励教师相互交流合作,形成思想的碰撞,更好地解决问题。再次,反思是一个研究和学习的过程。教师教学活动的不足和问题往往带有个性,“思而不学则殆”[④];而带着问题进一步学习,利用教育理论找出其中的本质和普遍因素,能为改进教学提供科学依据。最后,反思不仅限于教学本身。教师在进行教学反思时,只有以立德树人为根本出发点进行自省,从宏观的教育价值、教师德行出发,最后落脚于教学活动,才能使教学反思更具有批判性,让教学更向育人聚焦。

二、教学反思的内容

教学反思的对象是教师自身的教学活动及其相关环节,教学活动包含学生、教学目的、教学内容、教学方法、教学环境、反馈和教师七个方面,因此教学反思的内容包括教学事件,教学过程,教育行为,教育理论,教育信念,教学设计等。其中比较重要的是教学事件的反思、教学过程的反思。

(一)教学事件的反思

事件是突发的、不规则的、个性化的、未经设计的;同时,事件也是具体的、流动的、历史的、清晰的。那么教育教学就是这样一系列教学事件的组合,是教学过程

① 辞海编辑委员会.辞海(缩印本)[M].上海:上海辞书出版社,1985:265.
②《论语·里仁》
③《论语·学而》
④《论语·为政》

的真实表达。教师对于教学事件的反思应关注师生在教学事件的独特境遇，并聚焦学生在此境遇中的成长。事件的中心词是事，事的主体是人。对教育中的事件的研究旨在通过交往让学生发现问题、形成能力、学会做事，生成态度情感价值观，并确认自己的存在，促进人不断地生长与生成。

(二)教学过程的反思

一方面，教学过程的反思可以是在一个教学阶段完成后对整个阶段教学过程的反思，是对整个阶段教学过程的全面分析和评判；另一方面，可以是对一堂课的课堂教学过程进行的反思，反思课堂教学过程的各个方面，以改进课堂教学。教师在日常教学工作中，常常会因为教学过程的机械化、重复化，而变得疏于思考，不能及时发现和解决教学过程中出现的新状况、新问题。因此，教师应对教学过程进行全方位的考察，以怀疑和批判的态度来审视教学过程，分析教学效果，找出问题，予以改进。

此外，教学反思不仅限于教学本身。那么从教育价值、教师德行出发，教学反思还应该包含对教育行为的反思、对教育理论的反思、对教育信念的反思。

(三)教育行为的反思

教师的教育行为对于学生来讲，是一种很重要的行为示范，能对学生产生潜移默化的影响。“古人说：‘师者，人之模范也。’在学生眼里，教师是‘吐辞为经、举足为法’，一言一行都给学生以极大影响。”[①]这包括但不限于从穿着打扮到举手投足、对学生不同意见的态度、对学业较落后学生的态度、对学生不当行为的态度、对国内外热点问题的看法等。教师在进行教学反思时，一定要不断积累教育经验，不断深化对教育行为的认识，从而改进自身教育行为，做到身正为师、德高为范。

(四)教育理论的反思

教师教学一直是理论指导实践、实践再反馈改进理论的过程。教师在进行教学反思时，一定要在反思教学实践的同时回归到教育理论，不管是从教育理论中找到解决问题的方法和经验，还是将实践中的经验进行总结并创新教育理论，教学实践与教育理论都是不可剥离的。

(五)教育信念的反思

教师对教育秉持着怎样的信念，直接决定着教师在教育教学过程中的行为。例如，关爱、尊重学生的教师在言行举止中以学生为本，从而选择有益于学生成长的态度与行为，促进学生学习；相反，淡漠学生、以自我为中心的教师，会造成师生的疏远和对立，给学生学习造成阻碍。这种教育信念对教育行为的影响渗透在日

---

① 习近平在北京大学师生座谈会上的讲话[N]. 人民日报，2018-05-23.

常教学过程中，教师在进行教学反思时，能将隐性的、内敛的支配自身教育行为的教育信念显性化，让教师意识到是怎样的教育信念在支配自身的教育行为，适时将不合适的予以修正。

（六）教学设计的反思

只进行反思，不进行教学的设计，那么反思就是无本之木、纸上谈兵。通过反思指导教学实践，才是教学反思的最终目的。教学反思使教师的知识有拓展、教法有提高、理念有进步，但最终要通过教学设计来落脚到教学实践，在实践中检验反思成效并进行再反思，如此不断往复，最终使教师的教育理念、教学能力、教学技能都得以升华。

三、教学反思的视角

教师的教学反思所追求的是探索、检视、解决教学过程中存在的困惑、不足、问题，而这些问题常常被掩盖于日常教育工作的麻木重复和教师的惯性思维之下。因此，从多视角来看待问题，有助于教学反思的开展。

（一）教师自身视角

教师自身视角是教学反思视角中最重要的一个视角。它要求教师站在一个“超我”的角度，客观地审视和评价自身的教学工作。通过对教学过程的回忆、撰写“教学自传”“教学日志”、教学录像等手段来从第三者的角度审视自身教学过程，以发现教学问题、提出解决方案、提升自身能力素质。教学视角的教学反思主要依靠自我观察、自我分析来实现，但是由于“超我”难以企及，教师自身视角的教学反思容易被困于自身固有经验和思维定式的桎梏，不能完全客观、理性，造成局限。所以教师还需要从不同视角进行教学反思，从而突破固有经验的约束。

（二）学生视角

以学生视角进行教学反思，可以从两个维度出发。一是教师回顾自身作为学生的经历、感受，把自身学习经历作为一面镜子，对照自身教学。思考“我自己做学生的时候，觉得什么样的课堂吸引人，什么样的教师严谨治学、为人师表；现在应该怎么样去做，要避免什么问题”，这样能直接有效地指导自身教学实践。二是站在自己教学对象的角度进行教学反思。教师是“吐辞为经、举足为法”，教师的一举一动都被学生看在眼里、映在心里。当教师知道自己的教学对学生意味着什么，就能更好地改进自身教学。教师的教学效果反映在学生的行为、情感、成绩和对教师的期待等因素中，了解学生的所思所想和需要，通过学生的反应和学习效果来调整优化自身教学活动，会使教育反思更加理性。教师可以通过建立学生学习档案、与学生访谈、让学生撰写学习日志、填写批判事件调查表等方式来获取学生的反馈信息。

(三)同事视角

“三人行,必有我师焉。”[①]同事视角就是教师通过同事对自身教学的感受来为自身提供教学反馈,并与同事交流讨论,共同发现问题,共同探索解决问题。很多专业业务,只有同事之间才具备讨论交流的基础与空间。同事视角的教学反思是一个共同学习、合作解决问题的过程,同学科或者同班教师之间通过讨论交流、相互剖析、分享经验,能对教学中存在的问题有更加清晰的认识,能相互借鉴,从而寻找解决问题的有效途径。

(四)权威视角

权威视角又称教育理论和教育专家视角。通过与权威交流,即阅读教育理论文献或与专家进行对话交流,教师能从不同的角度、不同的方式来接受新的信息和观点,用新的方式方法来审视自身。权威视角有助于帮助教师发现现象背后的本质,解释一些教师觉得熟悉却又无法准确把握问题根源的现象,对共性问题给予科学的解决方法,帮助教师找到理论依据。因此,教师可以借助权威视角进行教学反思,在由现象到本质的反思过程中升华自身经验。

四、教学反思的方式

一般来说,教学反思的方式分为个人反思和协作反思。

(一)个人反思

个人反思又叫独立反思、内省式反思,是指教师在进行教学反思的过程中主要依靠自己独立地发现问题、分析问题、探究解决途径、进行实践验证。教师通常通过教学反思日记、录音录像资料、教师自传、教育叙事、教后记等方式进行反思。被广泛采用的方式主要是行动研究、教育叙事、教后记三种。

行动研究是指教师发现问题、分析问题、探究解决途径、采取行动进行实践验证,行动验证结束后对实际成效进行分析反思,进而又发现新的问题,制订新的行动研究计划,以此循环往复。行动研究是一个开放的系统,是一个不断循环渐进的过程,教师在这样一个循环渐进的过程中反复获取理论知识、锤炼教学技能、积累教学经验,从而得到锻炼和成长。行动研究的反思要求教师立足于教学实际,立足于课堂教学中的问题,从自身的成长需求出发,做到教学和研究相结合,变解决教育教学问题的过程为教育教学研究的过程。

教育叙事是指将教育教学过程中的经历、事件、感悟、期望等真实地记录下来,可以按照时间顺序陈述事件发展,对关键环节进行突出;也可以通过夹叙夹议的形

①《论语·述而》

式来突出教师对教学事件的认识；还可以从学生角度使用学生的语言和思维陈述教学事件。作为研究者的教师以讲故事的方式对教学中包含问题的教学事件进行详细、忠实的描述，并表达自己的看法和体验，阐述自己对教育的理解，通过教育教学事件强调经验的意义。教育叙事不直接论述教育是什么、教学应该怎么做，而是通过对教育事件的详细记叙，让读者在阅读时感悟其中所蕴含的教育理念，需要读者在进行阅读时对教育事件及其情节进行归纳。

教后记是教师在实施教学活动后，对自身在教学活动中的表现进行反思，形成感悟、启示、体会。教后记是在教学活动之后进行的反思，它不仅可以反思课堂教学实施过程和课堂教学过程中出现的问题，又可以对分析问题的过程、解决问题的对策进行反思，还可以总结经验和教训。

(二)协作反思

协作反思是指教师在反思过程中通过与他人进行对话、交流、研讨来完成教学反思，其主要方式有教学观摩、小组研讨。

虽然从教学反思的定义看，教学反思是教师对自身教学活动及其相关环节进行反复自省和检视，但是并不排斥教师在反思过程中寻求他人的帮助。教师由于自身知识储备、固有经验和思维定式的桎梏，会造成反思的局限，无法深入探究教学事件背后的深层次原因和理论依据。因此，教师往往需要通过与同事交流、向专家寻求指导等方式来拓展思路，解决自身疑惑。

教学观摩通常指一名教师上示范课，其他教师进行观摩，课后授课教师与观摩教师共同研讨和进行反思的过程。教学观摩一般有优秀教师示范课、教学专题研究课、新任教师汇报课等形式。除常见的课堂教学现场观摩外，还可以采取观看示范课录像的方式进行观摩。教学观摩为教师提供了走进其他教师课堂的机会，让教师可以从学生的角度审视课堂教学。教师在进行观摩时，要对照自身教学过程，根据自身教学经验和存在的问题来侧重观察的环节，以促进反思的发生；要注意从师范教师的教学行为中总结、归纳、汲取优秀的教学理念。观摩结束后要进行讨论教学、分析点评，多听、多想、多问，将自身的疑惑、感悟与同事进行交流分享，从而知道怎样改进自身教学及为什么这样做能改进自身教学。

小组研讨主要是在教研室或者教学组内共同审视教学理念，分析教学过程，探讨得失的过程，通常按组织结构有计划地定期进行。小组研讨通常由教研室领导或教学组长主持整个小组研讨活动，小组成员描述自身教学过程，特别是课堂教学中遇到的问题，并针对具体问题各抒己见。最后共同讨论，总结小组成员在教学过程中的优缺点，提出改进意见和具体改进方案，以达到共同提高的目的。整个研讨过程中，要记录研讨交流的过程，为最后形成方案提供信息；要由组长或资深教师将研讨由问题表象引入深层次教育教学理论；要及时对研讨产生的思路想法进行进一步总结梳理。

五、教学反思的步骤

教学反思是一个审视行为→发现问题→分析研究→尝试解决，并以此循环往复的过程。本书将教师教学反思的一般步骤归纳如下。

(一)记录教学实践

教师通常采用教学日志、教学录像等手段对教学活动过程简单明了地加以记载，客观地描述整个教学过程，对一些重要的、有意义的教学事件要予以标注。也可以通过自述与会议、他人观察描述、调查问卷等形式来收集关于教学实践的信息。

(二)审视行为、发现问题

教师以客观、理性的态度和科学的方法对教学实践的相关资料信息进行审视，从教学方法、教学技术、班级管理、教学事件等显性行为层面去发现与自身预期不相符合的地方，也可以通过同事和专家帮助审视，从而发现问题。

(三)分析研究、提出解决方案

首先，教师应将发现的问题进行梳理、分类，分析是个人自身问题还是教育实践过程中的共性问题。其次，教师应针对问题，收集资料，为解决问题提供理论依据，比较和分析自身教学过程与教育理论，将教学行为表现上升到教育理论层面进行研究分析，充分挖掘教学行为背后的教育理念、道德准则及社会期待等因素。最后，教师要找到解决问题的方法和理论依据，并结合教学实际形成解决问题的方案，对自身教学过程进行再设计。

(四)回归实践，验证方案

教师按照再设计的设想方案进行教学实践，以检验方案是否能够有效地解决反思过程中发现的问题。在实践验证的过程中又会遇到新的情况，产生新的具体经验，教师就应该根据实际情况，或重复验证、或修改方案、或发现新的问题。

(五)开始新一轮反思

在回归实践，验证方案的基础上，再次反思新的教学过程，重复进行教学反思，让教师在获取知识、解决问题、得到经验的过程中反复打磨，使教学能力得以升华。

第七章　教学改革

本章提要

新时代高等教育肩负着为国家培养创新人才特别是拔尖创新人才的重任，要为国家培养一大批应用型、复合型、技术技能型具有创新精神的人才，必须加强创新型人才培养之路的研究，探索出一条符合高等教育发展和人才培养的具有中国特色的高等教育高质量发展之路。教学改革作为高等教育发展的不竭动力，是高等教育改革的核心，也是高等教育高质量发展的必由之路。一所大学，如果没有世界一流的教学水平，很难说其是一所世界一流的大学。因而积极推进高等教育教学改革，促进高等教育高质量发展的必然选择。鉴于此，本章梳理了教学改革的背景、理论基础及功能，分析了我国教学改革的内容和教学改革应遵循的原则，系统地阐述了教学改革是高等教育质量提升的根本。

第一节　教学改革概述

教学质量是高校的立足之本，是高等院校教育质量的根本体现，是高等教育高质量发展的"晴雨表"，因而，高质量的教学在高等教育高质量发展、提升高等教育核心竞争力之中具有决定性的作用。在高等教育发展进入新形势视域下，加快推进一流大学和一流学科建设，实现高等教育内涵式发展，已经成为国家提出的促进高等教育高质量发展的两大战略构想，为高等教育院校坚持教学改革提供了新的机遇和挑战。因而，进一步厘清高等教育教学改革发生的背景，分析高等教育教学改革的特征、理论基础和功能，具有十分重要的意义。

一、教学改革的背景

教学改革的背景探讨的是"为什么"要改革的问题。我国高等教育经过多年的发展，取得了巨大的成就，但是随着经济社会的发展，高等教育教学过程中出现了人才培养结构不适应社会发展需求的矛盾，特别是一流大学和一流学科建设逐步推进，高等教育内涵式发展及现代信息技术快速发展，促进了大学教学改革的步伐。高等教育的这些新变化，是我国高等教育教学改革的原因或背景。

（一）“双一流”建设逐步推进

建设世界一流大学和一流学科（简称“双一流”）是国家为了适应新时代的新要求、加快推进高等教育内涵式发展、实现高等教育强国的根本目的而实施的重要举措。“双一流”大学建设的根本目的是促进高等教育内涵式发展，增强高等教育的国际竞争力，为中国特色社会主义伟大事业培养合格的建设者和接班人。“双一流”建设突破“211 工程”“985 工程”建设时期高等教育院校发展过程中存在的，诸如创新能力不足、过于依赖“国家单一的高等教育投入体制”的发展路径等问题，从我国高等教育的实际出发，坚持“稳中求进”的原则，在“211 工程”“985 工程”建设成果的基础上，进一步推动我国高等教育高质量发展。因而，无论是“211 工程”“985 工程”还是“双一流”建设方案，本质上都是对世界一流大学和一流学科目标的追求。“双一流”建设方案在使一流大学建设目标更加清晰的同时，消除了高校之间的身份固化、缺乏竞争的弊端，并将进一步创新重点建设机制，以中国特色、世界一流为核心，以一流为目标、以学科为基础、以绩效为杠杆、以改革为动力，推动一批高水平大学和学科进入世界一流行列或前列①。大学教学工作作为高等教育院校的中心工作，对“双一流”建设具有重要影响，教学质量的高低决定着“双一流”建设的实现程度，也是说，一流大学必须有一流的教学质量，否则，就不能称其为一流的大学。因为，教学工作是高等院校的核心工作，高等教育院校开展的其他一切工作都要以有利于教学效果的提高为目的，“双一流”建设也不例外。教书育人是大学的本职工作，是大学之所以为大学的根本特征，也是大学的核心使命。在“双一流”建设背景下，大学教学要适应高等教育发展，培养适应社会发展的拔尖创新人才，必须打破传统课堂教学方式的弊端，积极推进大学教学改革，有效提高大学课堂教学质量。

（二）高等教育内涵式发展

高等教育内涵式发展是相对于外延式发展而言的，它是以提高质量为核心的新型发展模式。实现高等教育内涵式发展，既是党和国家关于高等教育发展的大政方针，也是高校办学的基本要求。内涵式发展是高等教育发展的永恒主题，更是当下我国高等教育发展面临的重大课题。高等教育内涵式发展着眼于高等教育教学质量发展，强调坚持“以人为本”的高等教育发展理念，其根本目的是促进高等教

① 吴增礼，巩红新．“双一流”建设研究的核心问题[J]. 大学教育科学，2017(4)：31－36.

育可持续发展。教学工作作为高等院校人才培养的主阵地，实现高质量内涵式发展已成为高等教育发展的主题词。因而，要实现高等教育内涵式发展，必须以教学改革为契机，带动高等教育其他方面的改革，实现高等教育全面的质量提升。

（三）教育现代化快速发展

教育现代化是用现代先进的教育思想和科学技术武装人们，使教育思想观念，教育内容、方法和手段及校舍和设备逐步提高到现代的世界先进水平，培养出适应参与国际经济竞争和综合国力竞争的新型劳动者和高素质人才的过程。教育现代化的内容包括教育理念现代化、教育内容现代化、教育装备现代化、师资队伍现代化，教育管理现代化等①。随着教育现代化的迅速发展，不但传统的教学模式发生了巨大的变化，而且教师的教学方式和学生的学习方式也发生了翻天覆地的变化，伴随着教学模式、教学方式和学习方式的改变，教学观念也随之发生了改变，现代教学观逐渐取代了传统的教学观。教育现代化为新时代高等教育提供了机遇和挑战，大学教学如何适应信息化条件下教学环境的变化，以学生的学习为中心成为新时代高等教育教学改革需要思考的紧迫问题。

二、教学改革的理论基础

（一）建构主义

建构主义学习理论强调以学生为中心，认为学生是认知的主体，是知识意义的主动建构者，教师只对学生的意义建构起帮助和促进作用，并不直接向学生传授和灌输知识。在建构主义学习环境下，教师和学生地位、作用与传统教学相比已经发生很大的变化。建构主义学习理论的观点主要有以下几点。

1. 强调以学生为中心

为了体现以学生为中心，建构主义认为可以从以下三个方面体现学生的主体地位：第一，要在学习过程中充分发挥学生的主动性，能体现出学生的首创精神；第二，要让学生有多种机会在不同的环境下应用他们所学的知识；第三，要让学生根据自身行动的反馈信息，形成对客观事物的认识和解决实际问题的方案。

2. 强调情境对意义建构的重要作用

建构主义认为，学习总是与一定的社会文化背景即情境相联系的，在实际情境下进行学习，可以使学生利用自己原有认知结构中的有关经验同化和索引当前学习到的新知识，从而赋予新知识某种意义；构建主义注重让学生解决现实问题，强调提供复杂的、一体化的、可信度高的学习环境的重要性。

---

① 夏季亭，帅相志．教育现代化与地方高校转型发展[J]．北京：科学出版社，2019：4.

3. 强调学习过程的最终目的是完成意义建构

在构建主义学习环境下，强调学生是认知主体，是意义的主动建构者，所以把学生对知识的意义建构作为整个学习过程的最终目的。教学设计通常不是从分析教学目的开始，而是从如何创设有利于学生意义建构的情境开始，整个教学设计过程紧紧围绕“意义建构”这个中心展开，不论学习的独立探索、写作学习还是教师辅导，学习过程中的一切活动都要从属于这一中心，都要有利于完成和深化对所学知识的意义建构。

从建构主义学习理论的主要观点中，我们可以看出建构主义教育理论观点认为学习离不开学生主动、自觉地建构知识，学生在原有的知识或经验的基础上建构知识和加强对新知识的理解。由于学生的背景不同，因此他们往往从不同的背景、角度出发来建构自己的信息意义，从而获得知识，掌握解决问题的方法，最终通过优化自身认知结构来推动自身发展。由此可见，建构主义理论强调的是学生的主动建构，强调学生是认知的主体。现代教学改革坚持以学生为中心，强调教学过程中，充分发挥学生的主体地位，从某种程度上来说，体现了建构主义教学观。

（二）人本主义

人本主义心理学是20世纪60年代在美国兴起的一种心理学思潮。人本主义心理学的学习理论从全人教育的视角阐释了学生整个人的成长历程，注重学生的经验和创造潜能，引导其结合认知与经验，肯定自我，进而实现自我。人本主义学习理论重点研究如何为学生创造一个良好的学习环境，让其从自己的角度感知世界，发展出对世界的理解，到达自我实现的最高境界。人本主义强调以学生为中心，突显学生的主体地位，概括来说，人本主义学习理论的主要观点有以下几点。

1. 学习是有意义的心理过程

人本主义心理学创始人罗杰斯认为，学生的学习应该是有意义的学习。有意义的学习是指学生主动参与、全身心投入，积极地自我评价的一种学习过程。通过有意义的学习活动，它能激发学生的学习动机，打动学生的情感，甚至整个心灵，从而使学习成为一种享受。

2. 学习是学生内在潜能的发挥

罗杰斯认为，人类具有学习的自然倾向或学习的内在潜能。人类的学习是一种自发的、有目的、有选择的学习过程。教学的任务就是创设一种有利于学生潜能发挥的情境，使学生的潜能得以充分地发挥。人本主义学习观把学生看作有目的、能够选择和塑造自己并从中得到满足的人。因此，在教学中，罗杰斯强调以学生为中心，教学的任务主要是帮助学生增强对变化的环境和自我的理解。

3. 学习的内容应该是对学生有价值的

罗杰斯认为，只有当学生了解到所学的内容有用时，学习才成为最好的、最有效的学习。因而,他提出教师要尊重学生的学习兴趣和爱好,尊重学生的意愿,尊重学生自我实现的需要。学习过程中应始终以人为本,明确学生是学习活动的主体,重视学生的意愿、情感、需要、价值观等,应坚信学生可以自己教育自己,发展自己的潜能,最终达到自我实现的目的。

4. 最有效的学习是学会如何进行学习

罗杰斯认为,促进学习最有效的方法就是让学生直接面临实际问题,从解决实际问题中进行学习。学生通过实际参加学习活动,进行自我发现、自我评价和自我改造,从而获得有价值、有意义的学习。

从人本主义主要观点中可以看出人本主义就是要调动学生学习的积极性,发挥学生学习的主动性,促进学生不断探索、不断追求,主动发展,自我实现。现代教学改革过程中,强调教师的教学方式从传统的灌输式教学向探究式教学方法转变,其根本目的就是调动学生学习的积极性和主动性,体现了以人为本的教学思想。

(三)社会学基础

1. 马克思主义关于人的全面发展学说

人的全面发展是人的各方面全面提升的过程,是人的所有物质属性与精神属性的全面发展,体现在人的智力与体力上,也体现在人与社会的相互协调统一过程中。马克思主义哲学主张人是具有主观能动性的,这种主观能动性能够帮助人实现全面发展,同时人作为社会中的一分子,人的发展与社会的发展是互为条件、互为因果关系的,彼此不能相互脱离,人与社会是共同发展的。新时代的高等教育教学改革正是考虑到实现学生的全面发展,站在为新时代中国特色社会主义培养创新型人才的高度推进教学改革的,这种理念受马克思主义关于人的全面发展学说的重要影响,关注教学改革过程中学生的身心健康即关注学生的成长,关注学生的全面发展。因此,全面发展学说为新时期的教学改革提供了理论指导。

2. 可持续发展

可持续发展最早于1972年被提出,在斯德哥尔摩举行了联合国人类环境研讨会上正式将可持续发展作为人类环境保护的新理念。20世纪90年代以来,可持续发展受到人们广泛的关注,随着对可持续发展的研究和探讨,从关注物质方面的环境发展到关注人类文化层面的发展,可持续发展逐渐融入了人文科学的思想,延伸到经济、文化等多个领域,并对不同领域的发展有了重要的推动作用。可持续发展的核心问题是人的可持续发展,人是发展的载体,教育是人类可持续发展的永恒主题,教育的基本功能表现为促进个体与社会的发展,学校是实现人的发展的重要平台,学生是教育教学可持续发展的对象,因而,从某种意义上说,学生的可持续发展是教育可持续发展的根本目标,现代高等教育教学改革正是站在促进学生的可持续发展的角度上提出的,可持续发展对现代高等教育教学改革的影响是深远的。

三、教学改革的功能

高等院校教学改革是加快推进“双一流”建设步伐，实现高等教育内涵式发展，实现立德树人根本任务的必由之路，因而，教学改革对高等教育教学具有十分重要的意义。

(一)提升人才培养质量

高等教育改革的实质是不断提高大学教学质量，从而促进大学人才培养质量的提升。大学教学改革的主要途径是改变传统课堂的教学方式、学习方式及教学评价，坚持用现代教学理念指导教学实践，充分调动学生学习的积极性和主动性，不断推动大学课堂教学回归育人使命，鼓励学生勤奋学习，积极向上，不断提高高等教育院校的人才培养质量。

(二)促进高校教育内涵式发展

教学工作是高等教育常抓不懈的中心工作，提升教学工作的质量是促进高等教育内涵发展的关键环节，也就是说，教学质量是高等教育内涵式发展的主要内容，因而，聚焦教学中心，提高高等教学质量始终都是高等教育院校必须关注的关键问题。随着高等教育大众化加快发展，加之新时期我国社会极速发展，人们对高等教育教学质量提出了更高的要求。传统课堂教学质量不高，学生学习成效不理想的现象普遍存在，不利于高等教育的内涵式发展。所以，以提升质量为目的的大学教学改革已经成为必然趋势，必须加快大学教学改革，以适应社会经济发展变化的需求，提高人才培养质量。

(三)推动教学理念更新

理念是一种积极的、能够指导实践活动产生所期待结果的思想认识或观念看法。理念具有认识、指导、激励和文化价值。理念是行动的先导，任何教育活动的开展必有与之相适应的新理念。新时代，高等教育要实现高质量内涵式发展，必须遵循一定的教育教学理念，教学改革就是要改革不适应高等教育快速发展的传统教育教学理念，树立新的适应现代社会和有利于学生全面发展的新的教育教学理念。

第二节　教学改革的内容

改革开放以来。教学改革始终是我国高等教育改革和发展过程中的主要内容，教育管理部门和高等教育自身都十分重视教学改革。教学改革在不同时期取得了不同的改革成效，有效地促进了高等教育的发展。具体来说，高等教育教学经过多年的改革和发展，无论是在教学方式、学习方式及教学评价方面都取得了较大的变化，主要体现在以下几点。

一、教学方式：从灌输式教学到探究式教学

受“教师中心”观点的影响，我国大学课堂教学长期以来始终以教师为中心。“教学中心”将教师置于主体地位，认为学生是教学活动中的客体。在教学实践过程中，教师对学生施加影响，是知识的承担者；学生是被影响和改造的对象，是知识的接受者①。因而，教学过程就是向学生“灌输”知识的过程，教师在教学中起着主导性的作用，学生学习的任务就是接受教师传授的知识，忽略了学生在学习过程中的主观能动性。在灌输式教学过程中，教师眼中没有学生，甚至可以说，顾不上学生，因对不少教师来说，仅“教”已经手忙脚乱了，哪有时间管学生的“学”。以“教育学基础”为例，教师备课时跑了几趟图书馆、资料室，抱回一堆参考资料，甚至不同版本的《教育学基础》就将近十本，提前一个月备课，幻灯片也改了多次，感觉万无一失了，信心满满地走上讲台，可教学效果如何呢？当教师讲完所有用心准备的知识时，离下课还有5分钟时间，堪称完美的一节课。可是当教师走下讲台，走到学生中间，才发现很多同学根本没听，或玩手机，或打盹，几个认真听课的学生却不知道教师在讲什么。在这样一堂精心准备课堂教学中学生的学习效果却不尽如人意。根本原因就在于教师具有错误的教学观，把课堂教学当作教师一个人的“舞台”，忽略了教学对象——学生的“学”，想当然地认为这些知识是有用的，那些知识也是有用的，缺少与学生的互动和沟通，原本相互依赖的教与学，被教师人为地分割了。在教学过程中，教师没有明确教学目的，“满堂灌”，导致学生不知道学什么？为什么学？学了有什么用？教师的一再忽视，让学生没有存在感，成为课堂教学的局外人。教师通过系统地讲解，将书本知识传授给学生，学生只要接受即可，在一定的社会环境下，这种教学方式发挥过积极的作用，但是随着经济社会的发展，我国正在走向创新型国家，创新型人才成为社会的急需人才。灌输式教学方式下很难培养出具有创新精神和创新意识的人才，越来越多地受到诟病。在高等教育课堂教学持续不断地改革的过程下，以学生主动探究为主的探究式教学方式越来受到高校教师的青睐。

探究式教学是指教师根据课程内容和教学目标，构建合理的教学环境，提供给学生可选择的事例或问题，或者学生自己选择合适的问题，让学生以观察、思考、交流等方式开展独立的探究活动，通过自主学习或合作交流的形式自行发现并掌握

① 刘清华．现代教学论[M]．北京：科学出版社，2020：70.

相应的原理及结论的方法。探究式教学注重学习的过程，具有自主性、交互性、探究性等特点。自主性强调的是学生自己探究问题、解决问题，从而获取知识；交互性强调的是学生探究过程中自我的反思，与他人的交流与协作；探究性强调的是整个学习过程中，学生通过亲自参与探究活动，不仅获得知识和技能，更收获学习过程中的体验①。从探究式教学内涵中可以看出，探究式教学是与灌输式教学完全不同的教学方式，在探究式教学过程中，突出强调学生在教学过程中的参与性和主动性，学生的学习不但发生在课堂教学上，而且课前课后都需要学生积极主动地学习。作为现代教学方式的重要组成部分，探究式教学可以培养学生的自主学习能力、合作能力、创新能力及交流沟通等能力，而这些能力正是现代社会所需要的重要能力，特别是创新能力，培养具有创新精神和创新能力的复合型人才是社会经济发展对高等教育院校人才培养结构的重要要求，也是新时代中国特色社会主义经济发展的必要要求。

在探究式教学过程中，教师无论是教学理念还是教学行为方面都发生了根本性的转变。在教学理念上，教师从“以教为中心”转变为“以学为中心”；在教学行为上，教师从知识的传授者、灌输者，转变为教学活动的组织者、引导者、合作者；在教学过程上，教师引导学生积极参与教学过程，充分调动学生学习的积极性、主动性，有利于培养学生的创新能力和实践能力，引导学生体会学习的价值感和成就感。

随着信息技术的深入发展、科学知识更新换代的速度加快，新时代高等教育大众化进程的加快，灌输式教学培养的人才模式已经无法满足社会经济极速发展对人才的需求，高等教育教学面临巨大的挑战，特别是立德树人根本任务的提出，要求高等教育院校培养德才兼备的创新型人才。教学是大学人才培养的主渠道，大学课堂的教学方式直接影响人才培养质量，与传统教学方式相比，探究式教学更加注重对学生综合素质的培养，有利于培养具有科学素养、创新能力等复合型人才，因而，探究式教学是大学教学改革发展的必然趋势。

二、学习方式：从被动学习到自主学习

学习方式是指在教师主导作用下，以学生主动学习为旨趣，学生个体或与他人借助学习工具和学习对象相互作用，进行的一系列外部活动和内部活动相互统一的学习活动②。学习方式对学生的学习结果起着决定性的作用，科学合理的学习方式可以促使学生在学习过程中起到事半功倍的作用。学习方式分为深层学习方

---

① 江毅．探究式教学策略和教学效果研究[D]．南昌：南昌大学，2017：19.

② 潘新民，王升．教学论视域下学习方式概念的新探索[J]．教育研究，2018(2)：88－93.

式和表层学习方式。使用深层学习方式的学生以理解教学内容、探讨教学内容的意义为目的，在学习的过程中，他们对学习充满兴趣并希望通过学习体会到学习的快乐，这类学生采取能够满足他们学习内在需求的学习方法，探寻知识之间的相互联系。使用表层学习方式的学生以完成学习任务为目的，在学习过程中，他们对学习缺乏相应的兴趣，学习是因为外部力量强制的，学习缺乏主动性，学习是为了应付家长和教师，这类学生学习的目的是应付考试，因而，他们一般会采取死记硬背的学习方法。

学生的学习方式受教师的教学方式的影响，有什么样的教学方式就有什么样的学习方式。在以教为中心的课堂教学过程中，教师以灌输式为主要教学方式，导致学生采用被动的学习方式，也就是采用表层学习方式进行学习，缺乏学习的积极性和主动性。学习的过程是听、记和忆。听主要是指在课堂教学中，学生听教师讲，在听的状态下，教师是知识的权威，学生很少甚至不参与课堂教学活动，也没有对问题的质疑，教师讲的就是标准答案，学生不积极主动地思考，被动地处于听讲状态。记是指学生的学习主要靠记，这里的记包括两个方面的内容。一是课堂上的记。课堂上的记就是记笔记，教师讲，学生记，记得越多越好。二是课后记。课后学生根据课堂所记和教学内容，通过死记硬背的方式记住教师所讲的知识，以便通过学期考试。忆也可以说是知识再现，在考试的情形下，学生通过回忆所背的内容，完成考试。如果考试内容正好是学生背的，那么就会高分通过考试。反之，则需要补考，学生通过再次强化记忆，基本上可以通过补考。因而，在灌输式教学方式下，学生的学习过程就是机械地听、记和忆，忽视了学生的主动性、能动性和独立性。很显然，这样的学习方式不利于培养具有创新思维和创新能力复合型人才，不适应社会经济快速发展对高等教育发展的要求。高等教育要实现高质量发展，必须转变被动的学习方式，培养学生的自主学习能力。

自主学习不仅是国际教育教学探讨的热点问题，还是我国教育教学过程中倡导的主要学习方式之一。培养具有自主学习能力的大学生，是高等教育院校教学改革成功的关键。大学生作为高等教育教学的对象，促进其德智体美劳全面发展是高等教育教学的根本目标。高质量的学习必然是学生自主、自愿、自觉地学习，也就是采用深层学习方式进行学习。在这种学习方式下，学生能够主动地参与教学过程，积极地对教学内容进行思考，杜绝对教学内容浅尝辄止，本着学习的浓厚兴趣，把所学内容与自己的知识结构联系起来，探讨知识的内在规律及原理，透过现象看本质。在自主学习过程中，学生对自己的学习有清晰的认识，能够知道自己为什么学、能否学及怎么学。也就是说，学生的学习动机不是来自外部，而是内部动机驱动学习行为的发生。同时，学生在学习过程中，可以结合自身学习特点，自主制订学习计划，选择学习方法，并对学习效果进行自我评价。

自主学习方式有利于培养学生的自我效能感，促进学生体会学习的价值感和成就感。大学生作为未来经济社会发展的主力军，掌握自主学习的能力至关重要，这不仅是社会经济发展的需要，还是新时期高等教育高质量发展的需要，更是自身实现全面发展的需要。

三、教学评价：从一元到多元化

教学评价是对教育教学工作状态和水平进行的综合性质量分析的判断活动，是推动教育教学改革创新、提高人才培养质量的有力抓手。教学评价是对教学活动的一种价值判断，这种价值判断以教学目标为基本依据，以教学活动所要达到的教学目标判断教学情况，通过对教学活动及其质量的检查与评定来判断教学目标的到达程度。教学评价作为一项重要的教育实践活动，是教育教学管理的重要手段，教学评价随着教学活动的发展变化而逐渐发展、深化，教学评论的环境不同，教学评价的标准、内容也不相同，也就是说，没有一成不变的教学评价。我国的教学评价经历了 30 多年的发展变化，无论是教学评价的主体、教学评价的功能，还是教学评价的方法都逐渐走向多元化，在教育教学过程中发挥着越来越重要的作用。

(一)评价主体的多元化

在高等教育快速发展的新时代，推动高等教育走内涵式发展之路以实现教育强国是我国高等教育教学改革发展的重要目标和任务。实现高等教育院校高质量内涵式发展是一项具有复杂性、系统性的工作，需要各个方面发力，采取科学有效的措施。教学评价作为教学环节的重要组成部分，则是促进高等教育高质量发展的关键抓手之一。随着教学评价从水平评估走向审核评估，我国高等教育教学评价也由重视外部评估转变为外部评估与内部评估相结合的形式，由此，教学评价的主体也发生了根本性的变化，总体来说，教学评价主体趋向多元化。

1. 教学管理部门

教学管理部门是教学活动的组织者、管理者和监督者，因而，在教学评价主体中处于统筹领导的地位，主要负责制定教学评价制度，构建教学评价指标体系，组织实施教学评价。同时，为了确保教学工作的有序开展，教学管理部门还负责组建院校督导组专家，开展教学督导，定期发布教学督导情况，并根据教学督导情况，及时协调各方面工作，为学校的教学工作提供保障。

2. 同行评议

同行了解相关学科的专业知识和教学特点，可以说是一定学科的行家，深知学科知识和教学的客观规律，理解教学内容的重难点，对教学内容的深度和广度有很好的把握。因此，同行可以更好地把握评价的标准和评价的指标，同行评价可以促进教师之间相互沟通，共同学习，取长补短，发挥每位教师的优势和特长，有利于教师队伍建设，而建设一支高水平的教师队伍，是实现高等教育高质量发展的必备条件。

3. 学生评教

学生是教学活动的直接参与者和受益者，学生的学习质量是教学效果的最直接体现，学生参与了完整的教学活动。在教学评价主体中，学生最有发言权。同时，学生参与教学评价是改进教育教学质量的重要手段，有效的学生评教可以确保教学评价的客观性和公平性，同时也可以及时发现教学过程中存在的问题，促进教学管理者及教师加以改进和完善，提高教学水平和教学效果。

(二)评价功能的多元化

教学评价在引导和推动高等院校教学改革、提升人才培养质量等方面发挥了至关重要的作用，是促进高等教育高质量内涵式发展、加强一流学科和一流大学建设的有效抓手。随着高等教育教学改革的深入发展，教学评价的功能也逐渐出现多元化，具体来说，新时期教学评价的功能主要有以下几个方面。

1. 导向功能

导向功能是指教学评价的引领作用。教学评价可以深化高等教育院校教学改革，促进高等教育院校及时更新教学改革理念，落实立德树人的根本任务，聚焦教学中心地位，提高高等教育院校的人才培养质量，以不断提高高等院校教学质量和办学效益，从而适应经济社会发展的需要，为中国特色社会主义培养合格的建设者和接班人。

2. 诊断功能

诊断功能是指在高等教育院校教学评价过程之中，通过对其日常教学工作收集的相关资料和数据的分析，直接获取被评院校教育教学工作的原始信息，有助于深入了解被评的高等教育院校教学工作的特点、优势、不足及取得的教学成就，同时，通过对原始资料的分析，可以发现教学工作中存在的各种亟须改进的问题，如教学保障、课堂教学情况及学生学习过程中存在的问题，从而实现“以评促教、以评促建”，为提高教学质量奠定基础。值得注意的是，由于教学评价是按规定的指标体系、评价标准和严格的程序，全面、科学地进行的，因此评价和诊断结果具有科学性、客观性和准确性，是其他手段无法比拟的。

3. 激励功能

通过教学评价，特别是通过高等教育院校间的横向比较，对于交流院校建设信息，互相借鉴优秀、合理的建设思路、方法等，都是非常有效的途径。具有不同发展历史和发展环境的院校，就可以通过评价和比较，进一步明确发展和建设的目标与方向，既保持自己的优势，又能有针对性地弥补自身的不足，从而有力促进高等教育院校建设整体水平的提高，从而实现高等教育的高质量发展。

4. 改进功能

教学评价本身具有促进评价对象为实现理想目标不断改进和完善行动的功效及能力，它是教学评价的功能之一。院校教学评价，可以通过以评价机构、人员为核心的调控反馈体系的反馈调节，使受评院校的教学工作与活动不断地得到改进；可以通过以形成性评价为主的方法技术体系，对上级院校主管部门工作、院校办学工作、教师与学生的教学工作，进行评价、反馈、调节、控制、改进。

教学评价的各项评价功能在评价实践活动中互相联系、互相促进、互相补充、互相制约，发挥了有利于高等教育院校教学改革发展、提高教育质量的综合作用。

(三)评价方法的多元化

新时期，随着教学评价主体和教学评价功能的多元化，教学评价方法逐渐走向多元化。传统的以终结性评价为唯一评价方法的教学质量评价已经不适应新时代的高等教育发展，发展性评价因其自身特有的优势在教学评价过程中被人们广泛接受。发展性评价是20世纪80年代以后逐步发展起来的一种教学评价新理念，它侧重"发展"，更加注重教学过程，主要目的是及时找出教学过程中存在的问题，并及时反馈给教学管理者和教学，从而优化教学过程，确保教学质量持续不断地提高。近几年，高等教育以高质量发展为其根本目标，因而，课堂教学质量受到前所未有的重视，积极倡导淘汰"水课"、建设"金课"，以分级为目的、以奖惩为手段的终结性评价很难起到促进教学质量提升、改进教学的作用，不利于创新型人才培养。因而，以促进学生可持续发展为根本目的的发展性评价以其自身优势，越来越多地被高等教育院校采用，并且效果良好。发展性评价强调对教学过程的评价，在评价过程中，更加关注被评对象在教学过程中的表现，其目的在于及时改进教学过程中存在的问题，对其表现好的给予及时鼓励。相对于终结性评价，发展性评价更加注重被评对象的主体性，有利于调动被评对象的积极性和主动性。

第三节　教学改革的原则

中国特色社会主义进入新时代以来，高等教育为了适应经济社会发展，实现教育强国，全面深化教育教学改革，在以实现高质量内涵式发展为核心的发展目标指导下，提出了建设一流大学和一流学科的"双一流"发展战略，加快推进淘汰"水课"、建设"金课"的课堂教学改革，坚持立德树人，取得了突破性的成效。全面深化教育教学改革，提升高等教育人才培养质量是新时代高等教育的重要使命。教学改革作为新时代高等教育院校教育教学工作的核心，是全面、系统地深化高等教育改革的关键。新时期，高等教育教学改革关系到高等教育是否能够实现高质量内涵式发展？是否能够为中国特色社会主义事业培养高质量的人才？因而，新时代高等教育教学改革必须毫不动摇地坚持社会主义办学方向，把立德树人作为根本任务，坚持以质量为本原则、以学生发展为中心原则、创新性原则，因地制宜地推进高等教育教学改革。

一、坚持以质量为本原则

质量是高等教育发展的生命线。提高高等教育教学质量，全面提升大学人才培养质量是新时代高等教育教学改革的根本目标。同时，质量提升也是高等教育教学工作的核心，为此，高等教育教学改革的过程必须强化质量意识，充分营造质量文化氛围，推进教职员工树立质量第一的工作理念，使提升高等教育教学质量成为学校工作者的自主性行为。具体来说，新时代教学改革要坚持以质量为本，必须加强以"金课"建设为目标的课堂教学质量改革，深化以质量为牵引的教师队伍建设改革，构建高等教育质量保障体系。

(一)加强以"金课"建设为目标的课堂教学质量改革

课堂教学质量是高等教育质量的重要组成部分，是高等教育高质量发展的最直接体现。高等教育改革必须以课堂教学改革为核心，全面提升课堂教学质量。"金课"建设作为提升课堂教学质量的主要方式，在新时代高等教育教学改革中取得了良好的成效。在高等教育教学改革进入关键时期，加快推进"金课"建设步伐，是全面深化教学改革的必然要求。

"金课"是相对于"水课"而言的，它具有高阶性、创新性和挑战度三大特征。高阶性是指知识、能力、素质有机融合，培养学生解决复杂问题的综合能力和高级思维。课程教学不是简单的知识传授，是知识、能力、素质的结合，且不只是简单的知识、能力、素质的结合。创新性主要体现在三个方面，一是课程内容有前沿性和时代性；二是教学形式体现先进性和互动性，不是"满堂灌"，不是教师讲学生听；三是学习结果具有探究性和个性化，不是简单告诉学生什么是对的，什么是错的，而是培养学生去探究，能够把学生的个性特点发挥出来。挑战度是指课程要有一定难度，需要学生和教师一起挑战，教师要认真地花时间、花精力、花情感备课和讲课，学生课上课下要有较多的学习时间和思考做保障①。建设"金课"是全面提高高等教育院校人才培养能力的必然要求，是深化高等教育课堂教学改革的有效手段。因而，高等教育院校要以"金课"建设为突破口，全面推动课堂教学质量提升，以此带动高等教育院校实现以内涵式为核心的高质量发展。

---

① 吴岩．建设中国"金课"[J]．中国大学教学，2018(12)：4－9．

(二)深化以质量为牵引的教师队伍建设改革

教师是高等教育能否实现高质量发展的关键要素,一流的师资队伍是一流大学的根本标志。在高等教育全面深化改革的关键阶段,要确保教育教学改革顺利开展,必须建设一支高水平的教师队伍。

1. 加强师德师风建设

习主席强调指出:“教师的职业特性决定了教师必须是道德高尚的人群。合格的教师首先是道德上的合格者,好教师首先应该是以德施教、以德立身的楷模。”教师作为高等院校人才培养的主体,不仅要有坚实的理论知识和过硬的专业知识,还必须具有良好的师德师风,也就是说,高等教育院校的教师既要教好书,又要育好人。为此,教师在教学过程中必须做到言传身教,始终贯彻习近平强军思想,坚持立德树人,努力把学生培养成有理想、有道德、有文化、有纪律的高素质人才。具体来说,首先,教师要加强自我修养,自觉坚守职业道德。教师要坚定自己的政治立场和理想信念,爱岗敬业,自觉去除浮躁、功利等不正之风,坚持做社会主义核心价值观的传播者、践行者,引领学生努力学习,树立为国家奋斗的目标,实现立德与树人相统一。其次,高等院校要加强教师培训,培养教师立德树人素养。将立德树人融入教师培训课程体系,贯穿于教师岗前培训和入职后培训和管理的全过程,加强对教师职业理想和职业道德教育,引导教师不仅要做学生的“人师”,完成教书的任务,更要做学生的“经师”,完成“立德”的使命。同时,要建立科学有效的教师管理模式,严把教师聘用考核政治关,严格执行师德师风底线要求,将师德师风作为教师考核评功评奖的首要条件,充分调动教师教学的积极性和主动性,形成学院各项工作与教师教书育人同向同行、立德与树人协同发展的良好局面。

2. 提升教师能力素质

立德树人具有“润物细无声”的特征,因而,高等院校教师要把“立德树人”融入教学设计、教学内容、训练过程等实战训练的各个环节,实现全员、全程、全方位育人。这对高等院校教师提出了更高的要求。一方面,教师要心无旁骛、潜心教学,坚持教育者先受教育,不断提高自身的能力素质。另一方面,高等教育院校要加强教师能力素质的提升。首先,要提升教师的教学能力。其次,要重视科研学术能力的提升。立德树人根本任务的实现要求教师不仅精教学,还要善于研究。高等教育院校要充分发挥科院校研的职能优势,优化并完善科研管理制度,强化研为教导向,营造浓厚的科研学术氛围,强化教师的科研意识。最后,要强化思想政治教育能力。思想政治教育不仅是高校课堂教学内容的必要组成部分,还是贯彻立德树人的应有之义。因而,高校教师要具有较强的思想政治教育能力。为此,高等教育院校要强化教师政治理论学习,通过学习,强化“四个意识”、坚定“四个自信”,形成必备的政治素养。同时,重视加强高校教师的党性修养。通过针对性党课教育、严格地组织生活等方式，进一步强化教师的模范意识，树立良好的教书育人形象，从而提高教师的思想政治教育能力。

3. 完善教师考核评价机制

对高校教师进行考核评价是提高其教学质量、促进高等教育内涵式发展的关键问题，在对教师进行考核评价时，应打破用统一标准衡量所有教师的问题，根据不同于专业课课程的教学特点，实用不同的评价指标，遵循各个专业各个学科的教学活动特点，探索教育教学规律的教师考核评价体系，客观地对其教师进行考核评价，充分发挥考核评价的积极作用。同时，进一步完善教师奖励机制，增加教学奖励的范围和力度，强化能力素质和工作实绩的奖励导向，提高教师奖励的科学性、专业性和精准度。

（三）构建高等教育质量保障体系

高等教育质量保障属于高等教育院校内部质量保障机制，构建高等教育质量保障体系是推动高等教育高质量发展的根本要求，其核心在于关注院校内部质量生成环节，牢牢把握院校内部影响教育质量的关键点，重视高等教育质量的品质，推动高等教育教学质量持续不断地提高。新时代，高等教育以内涵式高质量发展为其教育教学改革的主要目标，要深化教学改革，提升教学质量，构建高等教育内部质量保障体系是实现高等教育高质量发展，实现立德树人根本任务的重要保障。

具体来说，高等教育院校首先要加强质量管理和组织建设，协调院校内部各个力量自觉为教学工作服务，确保高等教育质量保障体系有效运行。其次，建立健全教学质量监控与保障机制，促使质量建设成为常态化、经常性工作，保障高等教育教学质量持续不断地提高。最后，强化教学质量保障的主体意识，制定符合自身的质量标准。高等教育院校要结合自身建设发展的实际情况，依据自身的办学定位和人才培养目标，制定行之有效的教育教学质量标准，同时，要依据院校自身的人才培养目标，构建院校自评机制，及时发展教育教学过程中存在的问题和不足并加以改进，保障教育教学改革顺利开展。

二、坚持以学生发展为中心原则

在新时代背景下，提高高校人才培养质量成为新时代高等教育发展的主题，保障人才培养质量是高校的重要责任。人才培养是高等教育发展的根本，新时代高等教育院校教学改革最基础、最根本的工作就是促进学生实现全面、高质量的发展，提高学生的发展质量是高等教育院校工作的重心，这也是高等教育院校持续不断推进教育教学改革的根本目标。离开学生的发展，高等教育教学一切工作都失去了意义。新时期高等教育改革必须以学生发展为中心，无论是高等院校的教育管理者，还是教师，都需要认识到教学目的不在“教”，而在“学”，教学改革的目的不是“教”，而是“学”。因而，以学生发展为中心的高等教育教学改革，必须充分发挥学生的主体地位，以学生的学习质量为关注点，重视学生的学习方法和学习效果，促进学生德智体美劳全面发展，培养具有创新精神和创新意识的高质量人才。

（一）教学改革要关注学生的学习参与度

高等教育院校的根本任务是人才培养，促进学生的全面发展是高等教育院校教育教学改革的出发点和落脚点。高等教育院校的一切教学工作和教学改革都必须紧紧围绕学生的“学”，课堂教学作为高等教育人才培养的主阵地，学生在课堂教学中积极参与是课堂教学质量提升的基本条件。课堂教学中，如果学生成为课堂教学的“局外人”，缺乏参与课堂教学的积极性和主动性，教学过程成为教师一个人的活动，课堂教学效果可想而知。因而，激发学生的课堂参与度已经成为教学改革要“改”的首要任务。

在课堂教学中，教师要贯彻启发式教学思想，运用启发式语言促进自己积极思考教学过程中设计的问题，点燃学生心中的火种，调动学生学习的积极性；加强学生对教学内容的深刻理解，激发学生对学习内容的兴趣，提高学生学习的内在动机；转变教师教学方式，将现代方式诸如探究式教学、案例式教学引入课堂教学过程，积极创造学生参与课堂教学的机会，提高学生的课堂参与度，从而提高课堂教学质量。

（二）教学改革要关注学生的学习方法

学习方法就是人们在学习过程中为达到一定的学习的总目标或具体目的，根据学习的规律作用于学习客体而采取的步骤、程序、途径、手段。学习方法具有目的性、规律性、主体性及对象性等特点①。学生在学习过程中存在两种不同性质的学习方法：一是深层学习法；二是表层学习法。深层学习法和良好的课堂教学、明确的课程学习目标和要求，以及学习中的自主性有着密切的关系。表层学习法和不当的测试方式、学习负荷过重等感知有密切的关系。虽然表层学习法不是理想的学习方法，但还有比它更糟糕的学习法，即感知脱节的学习方法，对于这样的学生来说，学习毫无乐趣可言，而且学习上毫无成就感。学习成绩好的学生往往是采用了深层学习法的学生，他们更有能力把所学课程的各种要素融通起来，更能理解如何把这种对知识的理解及其相互关系运用到新的、非具体化的情境中。科学的学习方法是实现有效学习的条件，可以使学生的学习达到事半功倍的效果，激发学生学习的积极性和主动性，因而，新时期高等教育改革需要关注学生的学习方法，引导学生选择适合自己的学习方法。

---

① 郝贵生．大学生学习理论与方法[M]．北京：人民出版社，2010：208－209．

(三)教学改革要关注学生的学习效果

学生的学习效果是教学效果的体现，课堂教学的目标就是促进学生通过课堂学习取得良好的学习效果。学生的学习效果是信息进入大脑之后，经过内化和转化而生成的知识结构、价值体系和情感态度的总和①。影响学生学习效果的因素有很多，如教师的教学风格、教学方法和教学方式，学生的学习方法、学习态度及学习积极性等。因此，在深化教学改革的过程中，必须关注学生的学习效果，一方面是因为学生的学习效果是教学效果的衡量标准之一，另一方面是因为学习效果关乎学生的学习质量。新时代的高等教育院校改革要聚焦于学生的学习效果，及时反映教学效果，促进并改进教学，提高课堂教学质量。同时，关注学生的学习效果也是以学生发展为中心教学改革理念的必然要求。

三、坚持创新性原则

创新性原则是指着眼于高等教育院校教育教学实践需求，大力推进教育教学改革的创新；着眼于新时代中国特色社会主义发展对人才培养的要求，培养具有创新精神和创新能力的创新型人才，不断提升高等教育院校的人才培养质量。

创新是高等教育教学改革深化的根本途径，也是高等教育院校培养高素质人才的有效手段。坚持创新性原则是全面建成世界一流大学和世界一流学科，培养世界一流人才的必然趋势。需要指出的是，高等教育教学改革在坚持创新性原则的同时，必须具体问题具体分析。因为高等教育院校是教学改革的主体，是教学改革过程中的具体决策者、组织者和直接受益者，每所高等教育院校因其办学定位和发展历史的不同，呈现出不同的特点，新时期高等教育院校必须从其自身发展的实际出发，因时因地因校地推进教学改革，杜绝盲目地照搬照抄其他院校的教学改革方案。创新决定未来，改革关乎高等教育的发展，改革不停歇，创新不止步。新时代高等教育院校教学改革必将在创新之路上绽放生机和活力。

教学改革是高等教育院校持续不断发展的动力，是新时期高等教育教学工作的核心，也是提高高等教育院校人才培养质量的重要途径。进入新时代的高等教育，其发展面临着新的机遇、新的要求和新的挑战，新时代高等教育要培养适合社会发展的全面发展的新型人才，必须持续不断地推动教学改革，以适应经济社会和高等教育自身发展的要求，不断提高人才培养质量，实现高等教育高质量内涵式发展，为新时代中国特色社会主义事业做出新的贡献。

---

① 吴能表，朱亚萍．新时代大学教学改革研究[M]．重庆：西南师范大学出版社，2020(6)：55.

参考文献

著作：

[1] 钟启泉，汪霞，王文静．课程与教学论[M]．上海：华东师范大学出版社，2008.

[2] 高文．教学模式论[M]．上海：上海教育出版社，2002.

[3]（日）佐藤正夫．教学论原理[M]．钟启泉，译．北京：人民教育出版社，1996.

[4]（美）布鲁斯·乔伊斯，玛莎·韦尔，艾米莉·米尔霍恩．教学模式[M]．8版．兰英，等译．北京：中国人民大学出版社，2014.

[5] 李定仁，徐继存．教学论研究二十年：1979—1999[M]．北京：人民教育出版社，2001.

[6] 李森．现代教学论纲要（修订版）[M]．北京：人民教育出版社，2018.

[7] 李朝辉．教学论[M]．北京：清华大学出版社，2010.

[8] 陈佑清．学习中心教学论[M]．北京：教育科学出版社，2019.

[9] 裴娣娜．现代教学论基础[M]．2版．北京：人民教育出版社，2015.

[10] 裴娣娜．教学论[M]．北京：教育科学出版社，2007.

[11] 陈旭远．课程与教学论[M]．北京：高等教育出版社，2012.

[12] 徐继存，赵昌木．现代教学论基础[M]．北京：北京大学出版社，2008.

[13] 沈曦，解飞厚．大学教学的多维透视[M]．北京：中国社会科学出版社，2012.

[14]（捷）夸美纽斯．大教学论[M]．傅任敢，译．北京：教育科学出版社，1999.

[15] 李方．课程与教学论纲[M]．广州：广东高等教育出版社，2017.

[16] 余文森．课程与教学论[M]．福州：福建教育出版社，2015.

[17]（澳）迈克尔·普洛瑟，基恩·特里格维尔．如何提高学生学习质量[M]．潘红，陈锵明，译．北京：北京大学出版社，2013.

[18] 王运武．学习科学与技术[M]．北京：科学出版社，2018.

[19] 杨四耕,李春华．课程群:学习的深度聚焦[M]. 上海:华东师范大学出版社,2017.

[20] 顾明远．中国教育大百科全书[M]. 上海:上海教育出版社,2012.

[21] 索桂芳．课程与教学论[M]. 北京:北京师范大学出版社,2016.

[22] 吴能表,朱亚萍．新时代大学教学改革研究[M]. 重庆:西南师范大学出版社,2020.

[23] 马志颖．当代课程与教学论[M]. 上海:上海交通大学出版社,2020.

[24] 王玉国．学校教学改革研究[M]. 重庆:西南师范大学出版社,2020.

[25] 王文举,王传生,赵慧军．教育教学改革研究与实践[M]. 北京:首都经济贸易大学出版社,2011.

[26] 季诚钧,付淑琼．大学课程与教学[M]. 上海:上海教育出版社,2018.

[27] 钱颖一．大学的改革[M]. 北京:中信出版社,2016.

[28] 陈才扣,卢雪松研究性教学改革探索与实践:扬州大学信息工程学院教改经验汇编[M]. 南京:东南大学出版社,2018.

[29] 籍庆利．大学教学方法的改革创新与实践探索[M]. 长春:吉林人民出版社,2020.

[30] 王洪才,等．大学创新教学理论与实践[M]. 北京:科学出版社,2018.

[31] 常顺英,矫春虹．大学生学习引论[M]. 北京:北京理工大学出版社,2012.

[31] 郝贵生．大学生学习理论与方法[M]. 北京:人民出版社,2010.

[32] 别敦荣．大学教学原理与方法[M]. 青岛:中国海洋大学出版社,2019.

[33] 李纯．教师发展与教学改革[M]. 北京:北京师范大学出版社,2017.

[34] (美)玛丽·凯·里琪．可见的学习与思维教学[M]. 林文静,译．北京:中国青年出版社,2017.

[35] 王洪才．研究型教学:教学共同体建构[M]. 厦门:厦门大学出版社,2020.

[36] (美)苏西·博斯,约翰·拉尔默．项目式教学　为学生创造环境式学习体验[M]. 周华杰,陆颖,唐玥,译．北京:中国人民大学出版社,2020.

[37] 钟启泉．课堂转型[M]. 上海:华东师范大学出版社,2018.

[38] 张会丽．教育信息化 2.0 时代的智慧教学新探索[M]. 长春:吉林科学技术出版社,2020.

[39] 闫守轩．课程与教学论:基础、原理与变革[M]. 北京:北京师范大学出版社,2015.

[40] 陆雪莲．当代课程与教学论的建构及变革[M]. 北京:中国水利水电出

版社,2019.

[41] 刘清华．现代教学论[M]. 北京:科学出版社,2020.

[42] 余文森,刘冬岩．有效教学的基本策略[M]. 福州:福建教育出版社,2013.

[43] 武彩鸿,王兴．多维一体 立德树人:当代大学生综合素质提升研究[M]. 北京:经济管理出版社,2017.

[44] 余文森．有效教学的理论和模式[M]. 福州:福建教育出版社,2011.

[45] 马志强．在线学习评价研究与发展[M]. 北京:中国社会科学出版社,2017.

[46] 常涛．高职院校混合式教学模式改革实践[M]. 北京:中国纺织出版社有限公司,2019.

[47] 赵德成．促进教学的测验与评价[M]. 上海:华东师范大学出版社,2016.

[48] 王策三．教学认识论(修订本)[M]. 北京:北京师范大学出版社,2002.

[49] 石中英．知识转型与教育改革[M]. 北京:教育科学出版社,2020.

[50] 方贤忠．备课:基于教师的专业成长[M]. 上海:华东师范大学出版社,2018.

[51] 杨秀生,张纬．教学基本功训练[M]. 北京:煤炭工业出版社,2000.

[52] (英)麦克·格尔森．从备课开始的50个创意教学法[M]. 黄爱丽,译．北京:中青文出版社,2018.

[53] (美)特里萨·休斯顿．如何讲授新课程[M]. 钟坚,谭云芳,徐玲,译．广州:华南理工大学出版社,2014.

[54] 李森,陈晓端．课程与教学论[M]. 北京:北京师范大学出版社,2015.

[55] 黄甫全,吴建明．课程与教学论[M]. 北京:中国人民大学出版社,2019.

[56] 吴疆．高等教育现代教学技能及其应用[M]. 北京:人民邮电出版社,2018.

[57] 张典兵,王作亮．教师专业发展[M]. 徐州:中国矿业大学出版社,2017.

[58] 张家军,钱晓坚．有效教学策略论[M]. 北京:人民出版社,2018.

[59] 陈琦,刘儒德．当代教育心理学[M]. 北京:北京师范大学出版社,2018.

[60] 罗祖兵．初等教育课程与教学论[M]. 北京:北京大学出版社,2018.

[61] 何兰芝,韩宏莉．教师专业发展与成长规划[M]. 北京:北京师范大学出版社,2017.

[62] (美)加涅．教学设计原理[M]皮连生,等译．上海:华东师范大学出版社,1999.

[63] 杨小微，张天宝．教学论[M]．北京：人民教育出版社，2019．

[64] 李秉德．教学论[M]．北京：人民教育出版社，2001．

[65]（美）凯·M 普赖斯，卡娜·L·纳尔逊．有效教学设计[M]．李文岩，刘佳琪，梁陶英，等译．北京：中国人民大学出版社，2016．

[66] 夏凤琴，姜淑梅．教育心理学[M]．北京：清华大学出版社，2017．

[67] 刘岩，马芸．教学模式与教育方法研究[M]．沈阳：辽海出版社，2018．

[68] 邢红军．大学教学技能精进教程[M]．北京：清华大学出版社，2017．

[69] 李允．课程与教学论[M]．北京：北京大学出版社，2015．

[70] 王彦才，郭翠菊．现代的教师教学技能[M]．北京：北京师范大学出版社，2010．

[71] 王彤．应用型大学教学方法改革与实践[M]．北京：知识产权出版社，2015．

[72] 罗树华，李洪珍．教师能力学[M]．济南：山东教育出版社，2000．

[73]（美）詹姆斯·M·朗．如何设计教学细节：好课堂是设计出来的[M]．黄程雅舒，译．北京：中国青年出版社，2018．

[74] 裴娣娜．现代教学论[M]．北京：人民教育出版社，2005．

[75] 张楚廷．教学论纲[M]．北京：高等教育出版社，1999．

[76] 赵庆年，项聪．高等学校本科教学改革成效研究[M]．广州：华南理工大学出版社，2021．

[77] 张良田．教学手段论[M]．长沙：湖南教育出版社，1999．

[78] 钟启泉，崔允漷．核心素养与教学改革[M]．上海：华东师范大学出版社，2017．

[79] 徐辉，季诚钧．大学教学概论[M]．杭州：浙江大学出版社，2004．

[80] 张楚廷．大学教学学[M]．长沙：湖南师范大学，2002．

[81] 吴立岗．教学的原理、模式和活动[M]．南宁：广西教育出版社，2001．

[82] 闫艳．优质课堂教学研究[M]．杭州：浙江大学出版社，2017．

[83] 王彦才，郭翠菊．现代教师教学技能[M]．北京：北京师范大学出版社，2010．

[84] 皮连生．学与教的心理学[M]．上海：华东师范大学出版社，1997．

[85] 吴志宏，冯大鸣．新编教育管理学[M]．上海：华东师范大学出版社，2000．

论文：

[1] 马英明．微课与翻转课堂融合在普通高校网球教学中的实验研究[D]．

广州:广州体育学院,2021.

[2] 李梦.同步互动课堂教学模式建构及实践研究[D].武汉:华中师范大学,2015.

[3] 张韵娇.慕课与传统教学模式的比较研究[D].呼和浩特:内蒙古师范大学,2015.

[4] 范翔宇.美国翻转课堂教学模式研究[D].长春:东北师范大学,2015.

[5] 阮文平.九段教学法在初中化学中的应用[D].昆明:云南师范大学,2015.

[6] 孙冉.基于问题解决教学模式的导数教学研究[D].大连:辽宁师范大学,2017.

[7] 王思迪.基于网络课程的混合式教学模式应用研究:以大学英语为例[D].长春:东北师范大学,2019.

[8] 裴立妍.基于网络课程的混合教学模式研究[D].西安:西北大学,2013.

[9] 李如雪.基于混合教学模式的大学生网络学习空间应用研究[D].石家庄:河北师范大学,2020.

[10] 李迎.基于高校网络教学平台的混合教学模式的应用研究[D].南昌:南昌大学,2014.

[11] 崔赛.基于发现教学模式的初中数学概念课的教学研究[D].信阳:信阳师范学院,2021.

[12] 李伟.互联网环境下教学模式多样化研究[D].呼和浩特:内蒙古师范大学,2018.

[13] 张鑫.后疫情时代高校在线教学模式的实施与探索[D].太原:山西财经大学,2021.

[14] 白梦妮.高校传统课堂与翻转课堂教学模式比较研究[D].北京:中国地质大学,2017.

[15] 彭红.发现教学模式在中学地理教学中的应用研究[D].武汉:华中师范大学,2005.

[16] 宗太升.发现教学模式在高中地理教学中的应用研究[D].大连:辽宁师范大学,2016.

[17] 甚庭雯.E-learning 网络教学平台在高中英语阅读教学中的应用研究[D].哈尔滨:哈尔滨师范大学,2019.

[18] 陈桠娜."掌握学习"理论在初中物理教学中的应用研究[D].上海:上海师范大学,2021.

[19] 杨莎.智慧教育理念下中职院校数学教学形态的实践研究[D].石家

庄:河北师范大学,2018.

[20] 胡君. 暗示教学法在小学低年级英语课堂的应用研究[D]. 重庆:四川外国语大学,2016.

[21] 陈明健. 暗示教学法在地理教学中的应用[D]. 长沙:湖南师范大学,2011.

[22] 张忠意. 我国高校慕课教学质量保障研究[D]. 长春:吉林大学,2019.

[23] 张静川. 马克思人的全面发展思想及其当代价值研究[D]. 长春:长春工业大学,2021.

[24] 张越. 马克思人的全面发展理论及其时代意义[D]. 沈阳:沈阳师范大学,2021.

[25] 元肖肖. 基于 BOPPPS 教学模式的 SPOC 教学活动设计研究[D]. 石家庄:河北大学,2019.

[26] 叶晓童. 基于 BOPPPS 教学模式的线上对外汉语初级综合课教学设计[D]. 哈尔滨:哈尔滨师范大学,2021.

[27] 宋艳辉."以学生为中心"视角下的本科教学质量提升策略研究[D]. 大庆:东北石油大学,2019.

[28] 位京京. 新时期高校师生关系存在的问题及对策研究[D]. 锦州:渤海大学,2019.

[29] 阮晓磊. 我国师生关系的历史变迁研究[D]. 兰州:西北师范大学,2014.

[30] 廖大鹏. 论师生关系的新发展[D]. 武汉:华中师范大学,2001.

[31] 翟鹏鸽. 改革开放 40 年我国师生关系研究的回溯、反思与展望[D]. 长沙:湖南师范大学,2019.

[32] 曾东霞. 惯习与场域:大学生自主学习能力的实证研究——以中南大学大学生为例[D]. 中南大学,2010.

[33] 王田. 大学生自主学习的现状及影响因素研究[D]. 长春:华东师范大学,2014.

[34] 孙嘉每. 大学生自主学习能力的现状、问题与改进[D]. 北京:首都师范大学,2014.

[35] 孙玥. 地方性院校大学生自主学习问题研究[D]. 长春理工大学,2010.

期刊

[1] 吴越,杨进中. 5G 时代下教学模式发展新趋势[J]. 教育教学论坛,2021(1):133-136.

[2] 曾庆洋."以学生为中心"教育理念的理论解说与践行策略[J]. 教书育人，2012(12):34－35.

[3] 刘献君. 论"以学生为中心"[J]. 高等教育研究，2012,33(8):1－6.

[4] 王志伟，孙路. 应用型本科院校教师教学能力提高途径探析[J]. 黑龙江高教研究，2013,35(5):106－108.

[5] 吴毅君. 论高校"学"的环境建设的重要性与对策[J]. 当代教育论坛，2003(6).

[6] 李宏博，李伟. 对构建高校和谐师生关系的思考[J]. 学习月刊，2011(16):96－97.

[7] 何燕. 大学课堂教学质量提高的制约因素及对策[J]. 长春教育学院学报，2012,29(2):128.

[8] 阙祥才，宋司琦. 大学生自主学习能力存在的问题与对策[J]. 湖北第二师范学院学报，2019(6):57－60.

[9] 何基生. 大学生自主学习能力的内涵、构成及培养[J]. 湖南科技学院学报，2012,33(5):75－78.

[10] 刘颖，沈伯雄. 高校课堂教学中大学生自主学习的缺失与重构[J]. 黑龙江高教研究，2020(2):149－152.